教育教学与人才成长研究文库
校 本 研 究 系 列 丛 书

高等教育普及化阶段的
硕士生学习体验与成长

岑逾豪 著

上海交通大学出版社
SHANGHAI JIAO TONG UNIVERSITY PRESS

内容提要

中国高等教育进入普及化阶段,研究生教育走入"质量时代",本书从硕士研究生的视角入手,探讨和分析研究生教育扩招进程中硕士生的就读体验及其对学生学习与发展的影响机制。本书利用硕士生就学体验的问卷调查和访谈数据,对硕士教育全过程和不同硕士生群体进行实证性考察。本书分为十五章。第一章至第十章考察硕士研究生教育的入口、过程和出口,包括"为什么读研"、课程学习、科学研究、能力增值、导学关系、国际化经历、职业同一性发展、毕业去向研究等。第十一章至第十五章考察有读博意向的硕士生、全日制专业硕士、来华留学硕士生、医学硕士生以及家庭第一代大学生的读研经历和学习成果。本书的读者对象是硕士生及考研保研群体,研究生教育工作者和管理者,以及研究生教育研究领域、大学生学习与发展研究领域的学者。

图书在版编目(CIP)数据

高等教育普及化阶段的硕士生学习体验与成长/岑逾豪著.—上海:上海交通大学出版社,2022.7

(教育教学与人才成长研究文库)

ISBN 978-7-313-26667-5

Ⅰ.①高… Ⅱ.①岑… Ⅲ.①研究生教育-研究 Ⅳ.①G643

中国版本图书馆 CIP 数据核字(2022)第 038162 号

高等教育普及化阶段的硕士生学习体验与成长

GAODENG JIAOYU PUJIHUA JIEDUAN DE SHUOSHISHENG XUEXI TIYAN YU CHENGZHANG

著　者:岑逾豪

出版发行:上海交通大学出版社　　　　地　址:上海市番禺路 951 号

邮政编码:200030　　　　　　　　　　电　话:021-64071208

印　制:上海景条印刷有限公司　　　　经　销:全国新华书店

开　本:710mm×1000mm　1/16　　　印　张:15.25

字　数:246 千字

版　次:2022 年 7 月第 1 版　　　　　印　次:2022 年 7 月第 1 次印刷

书　号:ISBN 978-7-313-26667-5

定　价:78.00 元

自　序

　　研究生教育肩负着高层次人才培养和创新创造的重要使命,是提升核心竞争力、建设教育强国的关键,是国家发展、社会进步的重要基石。我国研究生在学人数从 1949 年的仅 629 人,到 2020 年突破 300 万人,研究生教育事业实现了历史性跨越。在"十三五"期间,我国研究生培养规模迅速扩大,硕士研究生的招生规模从 2016 年的约 60 万人增加到 2020 年的近 100 万人,2017 年、2020 年的硕士阶段招生人数同上一年相比增幅均超过 22%。2022 年考研报名人数达457 万人,比 2021 年增长了 80 万人,预计 2023 年考研人数或超 500 万人。考研大军和保研学生把考上心仪的研究生院校称为"上岸",颇有脱离茫茫困顿苦海、奔向稳定光明福地之意。搜索"硕士研究生"的相关书籍,满屏皆是《考研大纲》《考研真题》,论坛上也不乏考研"三战""四战"的励志叙事。但是,岸上风景几许、人物怎样,上岸后两到三年的学习体验和成长收获如何,埋头备考的学子并不知晓,抬头望路却也茫然。更遗憾的是,很多岸上的局内人,在读硕士研究生、研究生导师、研究生教育管理者对于硕士研究生的体验与成长也缺乏全面深入的认识和理解。

　　2020 年 7 月,我国召开了新中国成立以来首次全国研究生教育会议,这是我国研究生教育史上的重要里程碑。会议指出,要全面贯彻党的教育方针,落实立德树人根本任务,准确把握研究生教育定位,突出"研"字,优化学科专业布局,注重分类培养,加强导师队伍建设,严格质量管理,推动研究生教育新发展。我国研究生教育正在经历从大到强的转变,走入"质量时代",研究生教育是否突出了"研"字,研究生教育是否落实了分类培养,科教融合如何促进研究生学术能力增值,产教融合如何促进研究生专业能力增值,研究生课程教学如何,研究生导学关系如何,研究生教育是否提升了学生的全球胜任力,是否帮助学生做好学术和职业准备?学生是研究生教育实践的对象和参与者,也应是上述一系列问题的重要答题人。但遗憾的是,在高校发展定位和研究生教育变革中,学生的主体地位往往落后于"以学生为中心"的口号和理念。个别研究生的经历或发声常被视为个案,存在被异化、放大或湮灭的可能,而非系统可靠的数据资料,难以作为教育改革和高校决策的依据。

随着我国高等教育从大众化走向普及化、高校教学转向"以学生为中心"的范式,一系列针对本科生学习与发展的实证研究应运而生,大学生的学业状况及学业成就逐渐进入教育决策部门的视野。如今,中国高等教育已迈入普及化阶段,对研究生教育带来深刻影响,报考和在读研究生人数猛增,硕士生群体的多元性和内在差异性显现,研究生培养目标和学习体验与本科生大相径庭,但是硕士生的学习与发展却少有关注。在此背景下,本书尝试从硕士生的视角入手,探讨和分析研究生教育扩招进程中硕士生的就读体验及其对研究生学习成果的影响机制。

本书利用高校硕士生就学体验调查数据和追踪访谈数据,对硕士教育全过程和不同硕士生群体进行实证性考察。本书第一章至第十章考察硕士教育的入口、过程和出口。从第一章的"为什么读研"到第十章的"硕士生的毕业去向研究",本书形成了对硕士生从最初升学选择到最终学业完成的全过程考察。第二章至第八章聚焦硕士生培养中的课程学习、科学研究、导学关系、国际化经历、职业准备等。本书第十一章至第十五章,聚焦五类硕士研究生群体的就学体验和学习成果,分别是升学深造硕士生、全日制专业硕士、来华留学硕士生、医学硕士生以及家庭第一代大学生。费孝通先生指出,社会发展"不仅需看到社会结构,还要看到人",要关注他们"思想和情感、忧虑和满足、追求和希望"。研究生教育作为一种有目的的培养人的社会活动,应当关注研究生的内心世界,包括动机、期望、投入、感受到的挑战和支持、同一性发展、获得感、归属感等。这些也是本书对硕士研究生群体的关切。

本书每一章都呈现了一项实证研究。在文献基础上,部分章节侧重对核心文献的脉络梳理以透视专题全景,部分章节侧重对概念理论的深入阐释以提供分析框架。在研究素材上,部分章节基于案例高校的"硕士毕业生就学体验调查"的问卷数据和访谈资料,部分章节的数据来源于针对特定硕士生群体的深入追踪访谈。在具体数据分析方法上,既包括倾向得分匹配法、结构方程模型等定量分析方法,也包括扎根理论等质性研究方法。基于对翔实数据的深入分析,本书试图揭示硕士研究生的学习体验和学习成果之间的关系以及影响作用机制,指出普及化高等教育背景中研究生培养的一般性、普遍性问题,思考研究生教育在规模发展和质量提升过程中面临的挑战,发现和总结硕士研究生人才培养和学习成长的规律,拓展我国研究生学习与发展的研究领域。因此,本书不仅是研究生及报考群体、研究生教育工作者和决策者认识和理解硕士生的一扇窗,也希望引发学者立足本土研究、构建我国研究生群体的学习与发展理论。

这本著作是"研究生就学体验课题组"共同努力的结晶。徐伟琴参与了第三章、第四章、第十一章和第十五章的撰写,杨媛参与了第六章、第七章和第十三章的撰写,祁银杉参与了第一章和第八章的撰写,马安奕参与了第二章和第十章的撰写,张兴参与了第五章和第十二章的撰写,李婉婷参与了第九章和第十四章的撰写。全书由本人负责策划、组织、修改和统稿,文责由本人承担。

各章写作体例风格不尽相同,囿于本人能力,研究存在一定局限性,撰写过程中也可能存在纰漏,敬请读者批评指正。

目　录

第一章
为什么读研？对硕士生入学时职业同一性的质性考察

一、问题的提出

我国研究生教育规模不断扩大，硕士研究生的报考和招生数量持续增长。学生选择攻读硕士学位并非完全出于学术追求，可能是出于职业发展的考量。提升学历、增强就业竞争力、为未来职业发展增加砝码已成为硕士生读研的主要动机。[①②] 近十年读研目的调查数据分析显示，硕士生读研的就业功利性目的始终高于学术兴趣。[③] 研究生成为高校尤其是重点高校就业群体的主力军，绝大多数硕士生毕业后直接就业，岗位性质多为非学术科研类。[④⑤] 因此，对大部分硕士而言，2—3 年的硕士生涯是正式进入职场前最后的学生时代，是关键的职业准备期。但部分硕士生入学时并无明确的职业规划，入学后最为焦虑的事情是未来的就业问题，就业压力显著高于本科生和博士生。[⑥⑦] 手握研究生录取通知书、怀抱读研后就业的心态，硕士生入学时是否站在职业发展的同一起跑线？硕士生入学时表现出哪些职业同一性状态，不同状态有哪些特点？本章从理解

① 鲍威,张倩.扩招后我国研究生入学选择的实证研究[J].复旦教育论坛,2009,7(5):5-11.
② 麦可思研究院.2021 年中国本科生就业报告[M].北京:社会科学文献出版社,2021.
③ 王霄霞,张颖.目标导向的类型化研究生培养模式改革研究——基于近十年读研目的调查的数据分析[J].学位与研究生教育,2017(07):38-43.
④ 研究生教育体制改革研究课题组.中国研究生教育体制改革研究[M].北京:高等教育出版社,2013.
⑤ 于菲,邱文琪,岳昌君.我国研究生就业状况实证研究[J].学位与研究生教育,2019(06):32-38.
⑥ 信忠保,张雯,关立新.高校研究生科研态度调查与激励措施研究[J].中国林业教育,2010,28(6):50-54.
⑦ 北京青年压力管理服务中心.2015 年中国大学生就业压力调查报告[EB/OL].(2015-05-29)[2022-01-20]. http://edu.qq.com/a/20150529/032180_all.htm.

硕士生入学时的职业同一性状态入手，通过质性研究探究不同状态的特点，深究"读研为了职业发展"这一表面话语下的深层动机，以期从学生视角为硕士研究生的招生和培养提供启示。

二、核心概念与理论视角

同一性是一种心理结构，是个体与世界互动的框架，该框架是个体理解和解释自身和外界时的"个人理论"。同一性的形成过程即个体对"我是谁"这个问题的回答过程，是个体对自身进行反思和定义的过程。[①] 职业同一性是同一性的维度之一，是同一性在职业领域的具体表现。

马西亚(Marcia)提出的同一性状态理论(Identity Status Paradigm)把同一性的研究引入了实证领域。同一性形成的表征分为两个维度：探索(Exploration)和承诺(Commitment)。探索指个体积极投身到生活中的各种可能性的过程，在这一过程中，个体不断进行尝试、选择和反思。承诺指个体对某些活动或信念表现出的投入程度。根据是否进行同一性探索和是否达成同一性承诺可把个体的同一性状态分为四种类型，分别为同一性实现(Identity Achievement)、同一性早闭(Identity Foreclosure)、同一性延缓(Identity Moratorium)和同一性弥散(Identity Diffusion)(见表1-1)。[②]

表1-1 马西亚的同一性状态分类

		同一性承诺	
		是	否
同一性探索	是	同一性实现	同一性延缓
	否	同一性早闭	同一性弥散

通过探索过程达成承诺的状态称为同一性实现。同一性实现者拥有明确而坚定的生活重心和目标，同时他们又能保持开放性和灵活性。他们不会因外界压力而轻易改变选定的人生道路，遇到困难和阻力时，他们不会轻易放弃。

---

① 埃里克森.同一性:青少年与危机[M].孙名之,译.北京:中央编译出版社,2015.
② MARCIA J E. Development and Validation of Ego Identity Status [J]. Journal of Personality and Social Psychology,1966(3):551-558.

未经探索或经历极其有限的探索而达成承诺的状态称为同一性早闭。同一性早闭者的承诺来自重要他人的"授予",而非自主的"建构"。表面看来,同一性早闭者和同一性实现者一样坚定和目标明确。实际上,他们的承诺具有内在脆弱性。

正在经历同一性探索、还未达成同一性承诺的状态称为同一性延缓。同一性延缓者试图摆脱早期重要他人对自己的定义,一直在努力寻找并定义他们自己,他们希望达成同一性承诺。一方面,他们积极主动,乐于参与和尝试;另一方面,他们在多种选择中感到困惑和一种"撕裂感",有时还会感到疲倦。

既没有达成同一性承诺,也基本没有进行有意义探索过程的状态称为同一性弥散。同一性弥散者的生活没有方向感,并不在乎同一性承诺的缺失,很容易受到外界影响而改变。同一性弥散存在多种表现形式。最好的情况下,同一性弥散者似乎非常灵活和具有适应性,他们可以被外界塑造成各种样子。但是,因为缺少内在的自我定义,他们必须不断根据外界去定义自己是谁和将是谁。最坏的情况下,同一性弥散者感到迷失和孤独,他们被空虚感和无意义感所困扰。①

本章使用同一性状态理论框架分析硕士生入学时职业同一性的具体表现和特点,结合高等教育普及化背景理解硕士生读研的深层次动机,为新形势下研究生招生和培养提供基于学生视角证据的启示。

三、研究设计

本章研究数据来自一项对硕士研究生职业同一性探索与形成的质性研究。② 质性研究是以研究者本人作为研究工具,在自然情境下采用多种资料收集方法对社会现象进行整体性探究,使用归纳法分析资料,通过与研究对象互动对其行为和意义建构获得解释性理解的一种研究范式。③

研究在东部沿海一所"双一流"建设高校展开,遵循目的性抽样原则邀请访谈对象。目的性抽样指按照研究的目的抽取能够为研究问题提供最大信息量的

---

① KROGER J, MARCIA J E. The Identity Statuses: Origins, Meanings, and Interpretations Handbook of Identity Theory and Research [M]. 31 - 53. New York: Springer, 2011.
② 祁银杉. 读研过程与职业准备[D]. 上海交通大学,2019.
③ 陈向明. 质的研究方法与社会科学研究[M]. 教育科学出版社,2000.

研究对象。① 本研究结合使用了目的性抽样的若干策略：

（1）强度抽样：此抽样策略旨在抽取具有较高信息密度和强度的个案进行研究。本研究倾向于抽取对职业探索、职业选择等问题进行过深入思考的硕士毕业生作为访谈对象。此类个体一般是职业同一性的积极探索者，对硕士生职业同一性发展问题颇有见地，对本研究怀有浓厚兴趣并认同研究的现实意义，乐意与访谈者分享经历与看法。此类受访者能为本研究提供丰富的原始资料，对研究有启发。

（2）最大差异抽样：此抽样策略旨在使被抽中的样本所产生的研究结果最大限度地覆盖研究现象中各种不同的情况。研究伊始，研究者考虑了性别、专业、学位类型、就业行业、职位类型等可能与职业同一性探索过程相关的因素，抽样时尽可能使得受访者的相关特征覆盖每种因素的各种类型。研究过程中，研究者发现硕士生与导师的关系、硕士生家庭背景等因素与职业同一性的发展有关，因此抽样时也力求在上述因素实现差异化。采用最大差异抽样法可使研究结果尽可能展现现实情况的丰富性。

（3）证实和证伪个案抽样：此抽样策略一般在研究后期使用，此时研究者已经建立初步结论，希望通过抽样来证实或证伪初步理论假设。本研究中，此策略主要用来指导二次访谈对象的选取。通过对首次访谈资料的分析编码，研究者已形成初步结论。这时，研究者发现用以支撑某些结论的原始资料略显单薄，结论的可靠性有待提高。同时，某些典型个案的关键信息有待进一步挖掘以全景式深入了解受访者的硕士职业同一性探索经历。基于上述原因，本研究于研究后期对部分受访者进行了二次访谈。

在上述抽样策略的指导下，本研究邀请了 22 位硕士毕业生开展了 32 次访谈，采用一对一半结构访谈法。获得受访者同意后，访谈全程录音并转录为文字。访谈录音累计逾 30 小时，访谈文本近 37 万字。受访时，被访者均已完成硕士学业。相比通过入学阶段访谈探索读研动机，毕业后的回顾访谈能够让受访者拨开"只缘身在此山中"的迷雾，也能够打消受访者对自我披露影响学业的顾虑。22 位受访者中，女性 10 名，男性 12 名；学术型学位硕士研究生 16 名，专业

---

① PATTON M Q. Qualitative Evaluation and Research Methods (2nd ed.)[M]. Newbury Park, CA: Sage Publications，1990.

硕士 6 名。访谈对象分属不同学科：工学 9 名，理学 5 名，文学 3 名，管理学 2 名，教育学 1 名，法学 1 名，农学 1 名。职业分布较为广泛，包括 17 种职业，如产品经理、客户代表、工程师、高中教师及选调生等；行业分布同样广泛，覆盖互联网、金融、咨询、医疗卫生、教育、食品加工、机器人、汽车等 15 种行业。访谈对象的基本信息见表 1-2。

表 1-2 研究对象基本信息

化名	性别	出生年份	学位类型	学科	职业	行业	首次受访时的工作状态
小鱼	女	1990	专业	工程	战略分析岗	智能家电	工作约一年
小毅	男	1992	专业	工程	产品经理	互联网	工作约一年
小清	男	1992	学术型	农学	博士在读	/	/
小然	女	1989	学术型	教育学	心理治疗师	医疗卫生	工作八个月
小多	男	1990	专业	工程	技术员	食品加工	工作约一年
小乐	女	1988	学术型	理学	研究人员	环保	工作约一年
小英	女	1992	专业	翻译	技术翻译	工程	工作约一年
小言	男	1991	学术型	文学	美国读博	/	/
小誉	女	1991	学术型	理学	客户代表	化工	工作约一年
小红	女	1991	学术型	文学	选调生	人民法院	工作约一年
小南	女	1990	学术型	理学	工程师	事业单位	工作约一年
小马	男	1992	学术型	工学	技术售前	互联网	工作约一年
小转	男	1991	学术型	理学	工程师	信息与通信	工作约一年
小亮	男	1993	学术型	工学	工程师	汽车	签约未入职
小广	男	1992	学术型	工学	技术岗	机器人	签约未入职
小航	男	1993	学术型	工学	即将赴美读博	/	/
小化	男	1993	专业	工程	高中教师	教育	工作实习期
小安	女	1993	专业	会计	咨询岗	战略咨询	签约未入职
小佳	女	1992	学术型	法学	选调生	国家行政	等待签约
小金	男	1993	学术型	工学	通信技术岗	信息与通信	签约未入职
小兰	女	1993	学术型	管理学	人力资源岗	金融	签约未入职
小周	男	1992	学术型	工学	工程师	汽车	工作两个月

资料分析与资料收集同时进行。资料分析过程中,文本编码和撰写备忘录交替进行。文本编码是资料分析的第一种方式。对于信息较为密集和丰富的段落,研究者使用逐行编码方式;若某一大段访谈稿讲述了一个较为简单的故事,研究者采用逐段编码的方式,用简洁的话语总结段落的中心思想或故事情节。撰写备忘录是资料分析的第二种方式。① 备忘录或是对某段原始资料的总结与评论,或是根据某一主题按照时间或逻辑顺序汇合分散在个案访谈稿中的原始资料,或是使用同一性理论分析个案的职业探索过程,形式较为灵活。通过撰写关键个案备忘录,研究者形成了资料组织的思路和文章撰写的框架。

四、研究发现

通过对访谈资料的梳理和编码,本研究发现硕士入学时的职业同一性在四种状态中均有分布,大部分为弥散和延缓者,早闭和实现者较少。各状态呈现了不同的特点和读研动机。

(一) 职业同一性弥散者:没有认真思考过读研与职业发展的关系,选择读研出于读书惯性和逃避就业

职业同一性弥散者在硕士入学前基本没有系统思考过职业选择问题,他们对自己的职业兴趣和职业能力了解不足,对将来"希望从事什么工作"以及"能够从事什么工作"处于没有明确概念的状态。攻读硕士是职业同一性弥散者的"出路"而非主动选择。职业同一性弥散者的读研动机包括逃避就业压力、出于读书惯性以及对职业现状不满。

逃避就业压力是职业同一性弥散者持有的第一类读研动机,小金是典型代表。虽然在大一入学时就决定了毕业后直接工作,但是临近本科毕业时才发现自己并没有为就业做过准备。因此,小金感到"**非常没有自信**",不敢进入职场。听周围人说攻读硕士可以增强职业竞争力,小金就匆匆选择了推免研究生的道路以逃避就业压力:"**有点随大流,大家都读研,好像身边的说法就是读完研究生还是可以的,然后我就读了研。**"读研成为延迟就业的稳妥选择。

---

① 科宾,施特劳斯. 质性研究的基础:形成扎根理论的程序与方法[M]. 朱光明,译. 重庆:重庆大学出版社,2015.

第二类读研动机是出于读书的惯性，持有该动机的职业同一性弥散者认为本科毕业后读书是自然的选择，无需思考"为什么要读研"，读研就是"继续读书"，没有额外意义。同时，因为没有考虑过就业，此类学生本科期间基本没有进行过职业探索。小红用"盲目"评价自己出于惯性的读研动机。**"所有人都上了大学，你没上大学，那你干吗呢？似乎除了读书也没有其他更多的选择，所以就选择读研。"**同逃避就业者类似，惯性读书者既没有职业目标也未进行过职业探索。

职业同一性弥散者的第三类读研动机是改变生活方式。小乐报考硕士研究生前有过五年基层公务员工作经历，因对工作不满而辞职读研。她并未思考过学业深造和职业发展的关系，只是把读研当作工作五年后**"名正言顺的休息机会"**，认为读研是**"两年的度假时间"**，对研究生生活既不了解也无准备。

职业同一性弥散的个体呈现了两个典型特点：①读研前没有进行过系统的职业探索；②读研不是慎重考虑和选择的结果。无论是为了逃避就业压力，还是出于读书的惯性，抑或是期待转变生活方式，他们都未把读研和职业发展联系在一起，对专业选择和生涯规划没有想法，也没有视读研为职业同一性探索的机会，"稀里糊涂"地选择了读研。

（二）职业同一性早闭者：读研动机明确，希望在选定的职业方向上增强就业竞争力，但外部授予、未经内化的职业承诺较易改变

职业同一性早闭者入学时已经达成了较为坚定的职业同一性承诺，但是这个承诺并非慎重思考、广泛探索和深入评估的结果，只是根据年幼或大学时期对某些职业的刻板印象或重要他人的期待而做出了要从事某个职业的打算，未经深度探索就做出的职业承诺往往是脆弱和考虑不周的。

小毅是硕士入学时处于职业同一性早闭状态的典型个案，选择读研时有较为明确和坚定的职业目标。通过本科阶段的学习，小毅打算未来从事专业对口的医疗器械行业。做出该决定是因为小毅的专业成绩优异，并隐约觉得医疗器械是可以实现个人情怀的行业，但小毅并未深度全面地了解这个行业，也并未把职业目标和生活规划联系在一起。访谈时，小毅反思当时的职业目标决策并不成熟：**"随着本科成绩越来越好，就觉得这个行业也能做做，而且我对这个行业比较有情怀，有点像做医生救死扶伤。渐渐地我就没有了职业选择上的焦虑，蛮**

好。但是,这就是因为你没有接触真正的社会,也不知道(现实是什么样子)。你说你有情怀,也要吃饭对不对,应该有面包嘛。当时可能就是比较的,怎么说呐,没脑子,小的时候也没能想那么多,觉得还好,就在这个行业干吧。"

未经历职业探索而达成的"坚定"的职业方向使小毅摆脱了职业规划的迷茫和焦虑,也使得他的读研动机较为明确:增强专业能力,在医疗器械行业更有职业竞争力。然而,硕士毕业后,他转向互联网行业任产品经理,脱离了原定的专业和职业方向轨道。职业同一性早闭者的特点为读研时已经确定了职业方向,未经充分探索但较为坚定。相比职业同一性弥散者,同一性早闭者在读研之初持有明确的动机,即在选定的职业方向上增强专业能力和就业竞争力,但是读研期间很容易动摇,毕业时出现学用不匹配的现象。

(三) 职业同一性延缓者:视读研为宝贵的职业探索机会,期待在硕士阶段通过广度和深度探索,达成自我建构和高度认同的职业承诺

大多数硕士生入学时处于职业同一性延缓的状态,三个典型特点是:①本科时已经萌发了职业同一性探索的意识,主动进行过职业同一性探索;②硕士入学时还未达成坚定的职业同一性承诺,但已形成初步职业承诺;③读研动机泛化为提升通用能力、拓展社交圈,视读研为继续探索职业同一性的机会。

小鱼硕士入学时处于职业同一性延缓状态,体现了上述三个特点。本科时,她有意识反思了自己的职业兴趣和职业能力,并对职业方向有了初步的打算。通过课程学习和专业竞赛,她认为走专业研发道路不具优势,于是主动参与课外活动进行自我探索。校内课外活动使小鱼初步认识自我,并进一步激发了自我探索的意识,随后她积极寻找校外实习机会。在这一广度探索阶段,她**"做了很多份实习"**,涉及互联网、咨询、战略等领域,对自己的能力和兴趣有了初步判断,但还没有对某一职业达成坚定的承诺。于是,通过读研继续进行探索成了最佳方案。对职业同一性延缓者而言,提升专业能力并非读研主要目的,继续评估自身与初步职业同一性承诺的契合度以达到认同某个承诺是读研的首要动机。

在职业同一性领域,用是否达成承诺二分承诺水平稍显绝对,那些达成了初步承诺且仍在探索的个体也应属于职业同一性延缓类别。职业同一性延缓者选择读研时已经有了较为强烈的职业探索意识,读研是继续进行职业同一性探索的宝贵机会。

（四）职业同一性实现者：入学时已达成内化于心的职业承诺，目标坚定，读研是他们达成职业目标的重要手段或必经之路

硕士入学时达到职业同一性实现的状态，即通过充分探索达成了对某个职业的坚定承诺，是理想却罕见的状态。本研究 22 位访谈对象中，只有两位受访学生，小然（女，教育学硕士，医疗卫生行业心理治疗师）和小佳（女，法学硕士，国家行政机构选调生），在硕士入学时达成了职业同一性实现状态，并且研究生毕业后朝着既定的职业规划方向坚定地走下去。

本科专业课程和教学点燃了小然对学科的热爱："**本科不知道应用心理学是什么，但学了以后觉得很有意思。年轻老师很有激情，让人觉得这是一个很有活力的学科。**"内部学习动机激发了自主学习的热情，她逐渐形成了对心理咨询师的职业承诺："**看了很多心理学的书，有非常喜欢的心理学家，很崇尚这样的职业！**"除了课堂和书本学习，她还通过心理援助热线的接线员实习探索了解心理咨询师的真实工作状态，意识到自己理论知识储备不足、无法解决实际工作问题。于是，小然决定通过读研来进一步增强自己的专业能力。职业目标坚定，考研方向明确，一定是临床和咨询心理学方向。硕士毕业后，小然在医院任心理治疗师，她热爱工作，有强烈的职业归属感和认同感。职业同一性的实现需要深度探索自己的职业兴趣和职业能力，并在真实的职业环境中检验兴趣和能力是否和职业要求相匹配。

小佳是所有受访者中最早达成职业同一性实现状态的个体，高中时即形成了坚定的职业同一性，原因是对自己的性格和向往的生活有清晰的认识："**由于家庭原因，向往稳定的生活，希望踏实过日子，陪在家人身边**"。小佳分析在家乡小城市，当老师或公务员是达到这种状态的最好选择，并对两种职业可能性进行了充分了解和探索：大学报考行政管理专业，读研选择政治类专业有利于报考公务员。研究生毕业后，小佳如愿以偿成为家乡政府机关的选调生。

硕士入学时就实现了职业同一性的个体对自身的职业兴趣、职业能力和生活愿景有明确认识，也找到了能实现自己理想生活的职业。他们的读研动机非常明确，即朝着既定目标坚定不移地走下去，这类硕士生毕业后最可能达到学用结合和人职匹配的状态。

五、讨论与启示

个体职业同一性的发展是一个长期过程,若把这一过程比喻为一场通关游戏,胜利的标志即达成经过探索、自我建构、高度认同的坚定职业承诺,达成职业同一性的实现;职业同一性弥散的个体似乎还未意识到自己已身处通关游戏中。22 位受访者皆为"双一流"建设高校的硕士毕业生,三四年前,当他们手握该校研究生录取通知书开启硕士生涯时,看似从同一起跑线出发,实则处于职业同一性发展的不同状态。本研究对我国研究生教育有如下启示。

(一) 认识和理解硕士生复杂多样的深层读研动机,在招生阶段甄别学生的主动和被动升学选择

研究生入学时的职业同一性状态不一,体现了对职业生涯规划的认知多元化和升学动机的多样化。职业同一性弥散者持有被动顺应导向的读研动机。针对在读硕士生的大规模调查显示,规避就业市场、实现父母愿望、受他人和社会影响、对原有单位不满意等读研动机占相当比例,约七分之一硕士生的首要读研目的为被动选择。①② 高等教育普及化背景下,被动升学选择的非自愿性升学者的比例明显增加。但是,研究生教育作为最高层次的教育,其规模和质量关系国家核心竞争力发展,在我国和全球仍属稀缺资源。研究生教育的决策和实践者须甄别主动和被动读研动机,理解学生的学术和非学术动机、主动和被动升学目的,在招生过程中平衡考生能力素质和读研动机的关系,将入学机会倾向于主动升学者。

(二) 硕士研究生入学考试可以将职业同一性发展状态纳入考查范围

研究生招生尤其是复试环节须提升科学性,在公平公正的基础上,评估影响研究生成功的非认知因素,将职业同一性状态作为一项考查维度。国内学者提出的研究生核心胜任特征模型包括六个维度,其中最后一个维度为职业愿景与

---

① 鲍威,张倩. 扩招后我国研究生入学选择的实证研究[J]. 复旦教育论坛,2009,7(5):5-11.
② 王霁霞,张颖. 目标导向的类型化研究生培养模式改革研究——基于近十年读研目的调查的数据分析[J]. 学位与研究生教育,2017(07):38-43.

自我导向维度,从理论上支持了本研究的建议。[①] 落实到评价操作,考官在复试面谈中须询问考生是否有职业目标,而且须追问其目标的探索过程。在其他条件相当的情况下,优先考虑职业同一性实现的个体,其次是职业同一性延缓和早闭者。

(三) 继续大力发展专业学位硕士研究生教育,将职业规划教育和就业引导融入研究生培养过程

入学硕士生大多为职业同一性弥散者,意味着他们在职业规划上可塑性强、探索欲强,并愿意付诸行动。一方面,专业教师和导师应发挥引领示范作用,激发研究生热爱所学专业,为研究生在专业领域提供深度探索的机会。另一方面,研究生培养过程也应注重对学习能力、创新能力、团队合作能力等通用能力的培育,给予硕士研究生职业同一性探索的空间,不仅能满足大部分研究生希望在读研阶段进一步职业探索的个体需求,而且适应现代社会职业结构变迁对高层次人才的需求。对处于职业同一性延缓状态的硕士生,导师和研究生培养单位对其读研期间开展深度和广度职业探索的行为要有预期,这类学生既有主动参与和尝试各类职业探索活动的时间需求,在自我探索中经历的困惑和疲倦也会产生心理需求,可能与学位点的培养目标形成偏差,同时也对学校的就业和心理支持提出更高要求。

---

① 孙晓敏.关于研究生复试考核维度的思考——国外研究生胜任特征研究的启示[J].中国高教研究,2012(9):40-48.

第二章
研究生课程学习：目标、挑战与收获

一、研究背景

　　研究生课程教学是研究生培养的基础环节,近年来受到国家教育主管部门的重视。2014 年,教育部印发《关于改进和加强研究生课程建设的意见》,明确加强研究生课程建设的重要意义和总体要求,即课程学习是我国学位和研究生教育制度的重要特征,要立足研究生能力培养和长远发展加强课程建设。《意见》指出,课程改革要"以研究生成长成才为中心,以打好知识基础、加强能力培养、有利长远发展为目标,着眼于构建符合培养需要的课程体系、改进研究生课程教学、完善课程考核制度、提高教师教学能力和水平等方面,旨在尊重和激发研究生兴趣,注重培育其独立思考能力和批判性思维,全面提升创新能力和发展能力"。[①] 2017 年,教育部、国务院学位委员会印发《学位与研究生教育发展"十三五"规划》,将课程体系建设纳入研究生教育综合改革。[②] 2020 年,教育部等三部门联合颁布《关于加快新时代研究生教育改革发展的意见》,明确要加强课程教材建设,提升研究生课程教学质量。培养单位要紧密结合经济社会发展需要,完善课程设置、教学内容的审批机制,优化课程体系,创新教学方式,突出创新能力培养,加强体育美育和劳动实践教育。通过发布《研究生核心课程指南》,规范研究生课程设计和教学内容、教学方式,打造精品示范课程,构建科学的研究生

---

① 中华人民共和国教育部. 教育部关于改进和加强研究生课程建设的意见. (2014 - 12 - 05)[2022 - 01 - 20]. http://www.moe.gov.cn/srcsite/A22/s7065/201412/t20141205_182992.html.
② 中华人民共和国教育部. 教育部　国务院学位委员会关于印发《学位与研究生教育发展"十三五"规划》的通知. (2017 - 01 - 20)[2021 - 08 - 04]. http://www.moe.gov.cn/srcsite/A22/s7065/201701/t20170120_295344.html.

课程知识体系。①

　　硕士研究生教育本质是创新教育，课程学习作为其中的关键环节，核心目标是培养既符合专业培养目标和社会发展需求、又具有个性化特征的创造性人才。然而，长期以来我国研究生培养存在重科研、轻教学的现象，研究生课程处于弱化或边缘化的状态。《2019 年我国研究生满意度调查》结果显示，当前我国研究生的课程教学满意率低于研究生教育的总体满意率，其中有关课程体系合理性、课程内容前沿性的评价低于对课程教学的总体评价，对课程教学在夯实知识基础、增加学习兴趣、提高创新能力、提升实践能力方面作用的满意度相对较低。② 本章通过对过去二十年来研究生课程相关文献的梳理，以及对一所研究型大学硕士生课程学习体验的追踪研究，试图点面结合勾勒硕士生课程建设的现状。

二、文献回顾

　　课堂是研究生获取专业知识、培养专业技能的主要渠道。"泰勒原理"指出课程开发和教学包括确定教育目标、选择教育经验、组织教育经验和评价四个步骤。③ 二十年来我国研究生课程与教学的相关研究涵盖了两大主题：课程目标、内容、结构与实施，即泰勒原理中的前三个环节；学生的满意度与收获，即泰勒原理的最后一环课程评价。

（一）我国研究生课程教学的现状与特点

　　本节围绕课程目标、课程内容、课程结构和课程实施呈现文献中对我国研究生课程教学的讨论。

　　第一，硕士研究生课程目标不明，适应不同培养目标的研究生课程体系尚待

---

① 中华人民共和国教育部. 教育部 国家发展改革委 财政部关于加快新时代研究生教育改革发展的意见. （2020 - 09 - 04）［2022 - 01 - 20］. http://www. gov. cn/zhengce/zhengceku/2020-09/22/content_5545939. htm.
② 周文辉,黄欢,牛晶晶,刘俊起. 2019 年我国研究生满意度调查［J］. 学位与研究生教育,2019(07):5 - 12.
③ TYLER R W. Basic Principles of Curriculum and Instruction［M］. Chicago：University of Chicago Press，1949.

完善。明确研究生课程目标,使研究生通过课程学习增进对人类文明的认识,提升创新能力、开拓精神,增强社会意识与责任心,对提高研究生课程质量至关重要。① 研究生阶段,各专业的课程体系都是以专业培养目标为基础制定,在遵循"创新"这一研究生课程目标价值取向的基础上,不同学位类型、学科门类的研究生课程应当具有各自的课程目标。② 然而,当前我国高校对研究生培养目标的表述较为笼统,部分学科的学术型硕士和专业硕士的课程设置趋同,同一学科在不同学校的课程设置大相径庭。③

　　第二,硕士研究生课程内容缺乏前沿创新性与实践性,研究方法类课程开设不足。课程内容是课程教学的核心,具体指根据研究生教育观及相应课程目标,从科学知识、经验中选择事实、概念、方法价值等构成有机要素,即历经选择与组织等过程所生成的课程知识。④ 相较学术会议、论文阅读、课题研究等学术活动,课程学习仍然是硕士生获取专业前沿知识的主要渠道。⑤ 硕士生课程内容应随学科发展与时俱进,及时反映专业领域的最新知识和科研成果,特别是热点、重点、边缘学科和高新技术的研究等正在探索的内容,但现实中由于过分强调学科的系统性与完整性,一方面导致教学内容与本科阶段的重复,另一方面致使课程内容缺乏适时性与创新性。⑥ 2011 年,我国专业硕士学位研究生招生占比不到 1/3,当年的一项多院校问卷调查研究显示,硕士生课程实施的实践性与应用性不足。⑦ 2025 年我国专业学位研究生招生规模将扩大到硕士生招生总规模的 2/3 左右。⑧ 目前,专业硕士课程是否突出了实践性和应用性? 文献中并未提供线索。硕士生的研究方法类课程与培养研究兴趣、夯实学科基础相关,综合了理论性、方法性和实践性,直接服务于学术型研究生学位论文研究和未来学

① 田晶.我国硕士研究生课程设置存在的问题及对策[J].教育探索,2012(11):51-52.
② 罗尧成,李利平.论研究生教育课程目标的价值指向及其构成要素[J].学位与研究生教育,2007(07):32-35.
③ 李海生,范国睿.硕士研究生课程设置存在的问题及思考[J].学位与研究生教育,2010(07):59-63.
④ 张广斌,陈向明.研究生课程内容研究:价值、选择与组织——基于我国研究生课程现状调研的分析[J].学位与研究生教育,2011(10):23-30.
⑤ 罗尧成.我国高校硕士生课程设置与实施:调查分析及改革建议[J].学位与研究生教育,2012(07):1-5.
⑥ 田晶.我国硕士研究生课程设置存在的问题及对策[J].教育探索,2012(11):51-52.
⑦ 罗尧成.我国高校硕士生课程设置与实施:调查分析及改革建议[J].学位与研究生教育,2012(07):1-5.
⑧ 中华人民共和国教育部.国务院学位委员会　教育部关于印发《专业学位研究生教育发展方案(2020—2025)》的通知.(2020-09-30)[2022-01-20].http://www.moe.gov.cn/srcsite/A22/moe_826/202009/t20200930_492590.html.

术发展,是学硕开展学术探究、挖掘学术潜力的"钥匙"。不同层次与学科的研究生都将"研究方法类知识"作为最为欠缺的知识类型,硕士生对研究方法类课程的满意度相对较低,甚至存在根本未开设这类课程的情况。①

第三,硕士研究生课程结构不够合理,公共基础课与专业课比例失衡,专业选修课与跨学科课程偏少。课程结构是课程体系中包含的各种课程要素以及各要素之间所形成的关系形态,其合理性直接关系课程体系的整体功能。硕士生的课程结构需要突出重点、加强针对性,符合学位对基础知识、工具性知识、基本素质、实践能力的基本要求,其评价主要包括总学分及学分分配、公共基础课和专业必修课、专业理论课和专业实践课及专业必修课和选修课比例的合理性。② 我国硕士生课程体系中存在公共课、专业课和选修课的结构分布失衡的问题。比如,公共课学分占比过大,选修课比重被压缩,跨学科课程偏少等。课程结构更关注本学科知识体系而非关联学科、交叉学科,保证学生专业性的同时却也限定了学生跨学科学习的机会,并且忽视了学生个性化需求和其他科研兴趣的多样化发展,不利于实现从单一学科的封闭式教学到跨学科综合性开放式教学的转变。③④

第四,硕士研究生课程实施缺乏科学性,灌输式教学仍然存在。研究生课程实施的过程和环节具有研究性、自主性、实践性与灵活性,即通过科学研究的方式组织教学过程,引导学生自主学习,旨在培养学生创新精神与独立研究能力。首先,研究生教学方式强调学生知识与能力的转化和提高。课堂讲授等基础介绍性和重知识学习的教学方式更适合本科生教学,课堂讨论、实践教学、专题讲座、案例研讨等提升学生投入和培养独立思考的教学方法在研究生教学中更为常见。其次,面授和网络教学相结合是研究生教学的主要手段。后疫情时代,网络教学已成为研究生和本科生课程普遍使用的教学手段,但由于研究生课程内容和考核要求的灵活性,且相对较少的授课对象数量,当面交流在研究生教学中仍具有重要地位,有利于师生对问题的共同研讨。⑤ 研究生教学方法和教学手

① 罗尧成. 对我国研究生教育课程体系改革的思考——基于调查问卷统计结果分析的建议[J]. 高等教育研究,2005(11):65-71.
② 汪霞. 研究生课程的衔接性设计:原理、经验与策略[J]. 研究生教育研究,2019(03):22-28.
③ 李金碧. 硕士研究生课程设置的反思与范式重构——基于后现代主义课程理论的视角[J]. 教育研究,2017,38(04):49-54+116.
④ 刘国瑜. 专业学位硕士研究生课程体系建设之省思[J]. 研究生教育研究,2016(03):81-84.
⑤ 宗芳,李志瑶,唐斌. 研究生课程教学方法研究[J]. 现代教育科学,2014(03):129-131.

段的特殊性,对教师的教学水平提出了更高的要求,如是否有体系有重点地组织课程内容、是否形成自由互动的课堂氛围等。然而,有学者指出目前不少高校的研究生教学实施缺乏科学性,研究生和本科生教学方式同一化,重视知识继承的传统灌输教学仍然存在,师生交流互动不足,忽视研究生问题意识、批判思维、创新能力的培养;有的教师虽然认识到研究生教学的特殊性,但过分夸大学生在课堂中的主体地位,忽视了对其观点的积极有效引导,这都难以调动学生课程学习的兴趣,不利于其创造性思维的激发。[1]

(二) 研究生课程满意度与课程收获的现状与特点

研究生是课堂的直接参与者与受益者,对课程的满意度与收获是对课程的直接评价。

研究生课程满意度的评价指标主要包括学生期望、感知质量、学生满意、学生抱怨和学生忠诚。[2] 根据不同院校研究生教学的实际情况和特点,研究生课程满意度衡量指标有所不同,可以从课程设置、教学内容、教学方法和课程考核等方面评价,具体包括课程目标达成度、课程层次提升、课程的创新性、教学计划和学习要求、学术规范、因材施教、师生互动、作业反馈、课堂表现及学习过程考察等维度。[3] 以成果为导向的理念下,研究生课程满意度还可以从课程目标、课程实施和课程结果入手,涵盖了课程的过程目标、结果目标、课程内容、课堂教学、考核评价、环境支持、知识获取、能力获取、感知体验等方面。[4]

研究表明,硕士生的课程满意度不仅有别于博士生,在不同学科门类、学位类型上也体现了特殊性。具体而言,硕士生在课程设置、教学方法、内容前沿性、与科研联系的满意度显著低于博士生;专业硕士对课程体系满意度低于学术型硕士,对课程内容前沿性与实践性的满意度较低。另外,课程教学满意度也体现出明显的培养单位、性别差异:原"985"高校硕士生对教师教学方法评价最低,女生对教师教学水平与教学方法的满意度均高于男生;对内容前沿性的满意度上,工科类学术型硕士研究生显著低于经管类与理科类学生;对内容实用性的满意

① 佟光霁.我国研究生课堂教学存在的问题与改进措施[J].黑龙江高教研究,2013,31(04):162-164.

② 刘武,张金凤,陈玉芬,高青.硕士研究生课堂教学满意度评价模型的实证分析[J].现代教育管理,2009(12):101-104.

③ 代斌.云南大学文科硕士专业课课程教学满意度调查研究[D].云南大学,2018.

④ 金欢.基于OBE视角的硕士研究生课程满意度研究[D].湖南师范大学,2019.

度上,理科类学术型硕士生显著低于经管类、工科类学生;对内容难度的满意度上,工科类学生显著低于文史哲法类与经管类学生。[1][2]

教育收获,也称为学习成果,是"学生在接受相应学段的教育过程中逐渐形成的,适应个人终身发展与社会发展的人格品质与关键能力"。[3] 具体到研究生培养,学习成果包含治学态度、科学精神、专业认同、学术诚信、学术规范等基本素质;独立研究、文献检索等基本学术能力;人际沟通、组织领导、团队协作等通用技能;基础理论、专业知识、方法论等基本知识的发展。以教育学学术型硕士研究生为例,学生自我评价的教育收获由高至低依次为基本素质、基本学术能力、通用技能和基本知识,且基本知识中方法论知识的增长幅度最小;研究生课程对通用技能的提升幅度最显著。[4]

需要补充的是,硕士生的课程参与既包含课堂听讲、随堂笔记、讨论发言等课内活动,也包括文献阅读、作业完成等课下活动。绝大多数硕士生认为个人研究兴趣是影响其课程投入时间和精力的最主要因素,而教师要求的严格程度、与研究课题及就业的相关程度也是影响课程投入的重要因素。相较而言,教师自身的学术魅力与积极投入的影响并不大。因此,提升研究生对课程学习的兴趣,加强课程的实践性与个性化,使课程能够与学生的研究兴趣、科研任务与未来就业紧密相连,而非单一强调教师的投入,对提高研究生对课程的投入、提升研究生的教育收获至关重要。[5]

三、案例高校研究

东部沿海一所"双一流"建设高校自 2017 年始开展硕士毕业生就学体验调查,至 2021 年连续开展了五年。每年毕业季,全体应届硕士毕业生均收到问卷调查的邀请,回复率介于 20%—55% 之间;样本和总体数据在性别、学位类型、

---

① 周文辉,陆晓雨. 专业学位硕士研究生课程教学现状及改革建议——基于研究生教育满意度调查的分析[J]. 研究生教育研究,2014(06):60-64.
② 廖文武,程诗婷,廖炳华,金鑫,刘文. C9 高校学术学位研究生教育现状的调查研究[J]. 复旦教育论坛,2016,14(05):67-74.
③ 钟启泉. 基于核心素养的课程发展:挑战与课题[J]. 全球教育展望,2016,45(01):3-25.
④ 刘丽,钟秉林,周海涛. 研究生课程对其教育收获的影响分析——以教育学学术型研究生为对象[J]. 学位与研究生教育,2018(02):45-50.
⑤ 罗尧成. 我国高校硕士生课程设置与实施:调查分析及改革建议[J]. 学位与研究生教育,2012(07):1-5.

学科门类、录取方式等特征上的分布接近,在学校层面样本具有很强的代表性。愿意接受访谈的研究生在问卷末尾留下联系方式,研究者采用最大差异化的抽样方法,每年访谈约20人。

研究生课程学习体验和收获是问卷调查和学生访谈的重要内容,本节回顾五年的数据,从课程与培养目标的对应度、课程挑战度、课程收获、课程质量四个方面呈现案例高校硕士研究生的课程学习体验与评价。

(一) 研究生课程与不同学位类型硕士生培养目标的对应度不足

培养目标是研究生教育工作的顶层设计,是课程体系构建的灵魂。[①] 调查结果显示,在2017—2021届硕士生中,每届近七成学生表示本专业培养目标清晰,符合学校定位和自我期待。然而,对培养目标的认可不等同于培养目标的落实。课程体系设计是落实培养目标的关键手段,无论是学术型硕士还是专业硕士,对本专业课程体系设置的满意度保持在五至六成(见图2-1)。

图2-1　硕士生对专业课程体系设置的满意度("比较满意"或"非常满意")

多位访谈对象尤其是专业硕士表示,尽管"专硕(指专业硕士)和学硕(指学术型硕士研究生)的培养目标应有所区分"这一观点在高等教育领域和社会大众期待中都是共识,但落实到教育教学实践中,却出现了专硕和学硕培养过程趋同的现象。一位工科男生表示,"**一般来说学硕应该偏学术,专硕可能会偏工业实践方面,但实际在培养过程中是完全没有区别的。**"

---

① 汪霞.研究生课程的衔接性设计:原理、经验与策略[J].研究生教育研究,2019(03):22-28.

（二）研究生课程的挑战程度存在学科差异

　　总体来说，66％的硕士生认为专业课程"有挑战"或"非常有挑战"，促使自己尽全力学习。不同学科类别硕士生的专业课满意度和挑战度评价有所不同，其中，73.9％的理科硕士生认为课程"有挑战"或"非常有挑战"，其次是人文社科（71.6％）和工科（63.9％），生命科学最低（50％）。

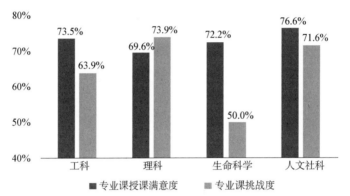

图 2-2　各学科类别硕士生对专业课授课满意度、挑战度的评价
（"比较满意"或"非常满意"；"有挑战"或"非常有挑战"）
注：此处为 2021 年数据，$N=633$。

　　就课程挑战度和满意度的关系，无论是全体受访者还是不同学科类别的毕业生，两者都成显著正相关。这说明，研究生并不喜欢"水课"，专业课挑战度越高，学生对课程的满意度越高，两者的相关系数近年来都稳定在 0.48—0.49（见图 2-3 抖动散点图）。

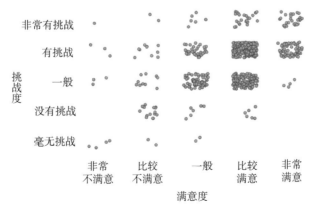

图 2-3　研究生专业课挑战度和满意度的关系
注：此处为 2021 年数据，$N=633$。

学生访谈也印证了上述观点。一位工科毕业生描述了"收获大、有挑战"的专业课："研究生期间,我收获最大的课程是计算流体力学,感觉是我上过最难的一门课,一个学期要做四次大作业,最后还有一次考试,第四个大作业特别难,原来那些其他作业都能做出来的同学也被难到。这门课的任课老师特别大牛,讲得比较难,挺难跟上的。但我还是很喜欢,因为老师全程英文讲,感觉很厉害,上课讲的都是干货,特别深厚、扎实,我学到了很多东西,这样上课比较好。总之,这门课程让我印象深刻的原因,很大部分是它的难度和容量,信息量特别大。"

(三) 研究生课程对提高硕士生的实践与创新能力的作用有限

本研究通过学生自我汇报评估其通过研究生课程提升的各种能力,如学习能力、创新能力等。逾八成学生认为修读的课程提高了自主学习能力,逾七成学生认为夯实了知识基础,近七成学生认为研究生阶段修读的课程促进了科研方法学习(68.4%)、了解了学科前沿知识(67.9%)、锻炼了批判性思维(66.6%),66%的学生认为增加了学习兴趣,64.6%的学生认为提升了实践能力,61.4%的学生认为提升了创新能力。历年调查数据显示,研究生课程各类学习收获的相对顺序没有重大变化,"自主学习能力"的提升始终位列首位,"提高创新能力"始终排在末位(见图2-4)。

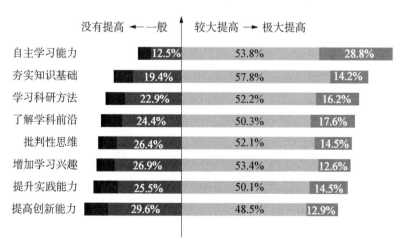

图 2-4 硕士生的课程学习收获
注:此处为2020年数据,$N=1478$。

硕士生未从课程中充分锻炼实践与创新能力,而这两项能力却正是大部分学生渴望得到提升的素质。一位工科专业硕士评价实践课的教学方法和能力提升:"**我收获最大的课程是复杂动力系统实践,是我们专硕的实践课。它不同于其他课程,其他课程都是老师在前面讲、学生听,这门课程培养了我们的动手能力。没有老师讲,就是运用所学知识,去查资料、买东西、跟商家沟通、买部件,然后自己组装,我觉得这个很好。通过这门课程,我的动手能力得到提升,这门课程动手实践的形式让我觉得收获很大。老师上的课程我可以自己去看去学,课下自己看书都可以,但是动手能力是自己看书学不来的。我不是做实验的,所以我很少能够接触到这样的实验设备。这对于做实验的同学也很需要。**"部分课程、平台、项目一体化的研究生课程有助于学生提升实践动手能力,深受研究生欢迎。

(四) 研究生课程质量建设的效果并非立竿见影

自开展硕士毕业生调查的五年以来,硕士生对公共课程的满意度呈上升趋势。三类公共课中,硕士生对数学课的满意度最高最稳定;对公共英语课的满意度稳步增长;对公共政治课的满意度较前几年有所提高(见图 2-5)。2020 届硕士毕业生对专业课和公共课的满意度有较大幅度的提升,2021 年满意度数据与 2020 年持平。需要说明的是,硕士生的课程学习大多集中在研究生一年级,因此 2020 年毕业生调查数据体现了调查对象 2017 学年的课程学习体验,反映了 2017 学年课程质量建设的结果。

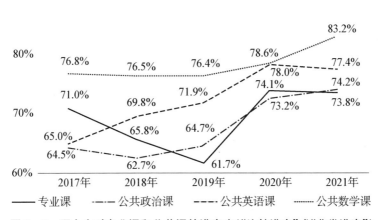

图 2-5 硕士生对专业课和公共课的满意度("比较满意"或"非常满意")

2017 年案例高校的研究生院成立了质量建设办公室,参与指导学院开展研究生课程体系改革,规范研究生课程教学秩序、推动研究生精品课程建设。2017年启动的一系列研究生课程建设举措的效果在 2020 年的硕士毕业生调查数据中才得以体现。研究生教育管理政策存在一个运行周期,从问题的认定到政策的制定,再经过执行和监控,落实到课程教学变革,最后由学生评价反馈体现。

四、讨论与启示

学生是课堂参与的主体,他们对于课程学习的反馈反映了研究生课程与硕士生培养目标的对应度不足、课程挑战程度存在学科差异、课程对提高实践能力与创新能力的作用有限、课程质量建设的效果显现滞后等现状。基于此,本研究提出以下优化研究生课程的启示与对策。

(一)落实研究生分类培养,优化课程体系

培养目标作为课程体系构建的灵魂,是各专业课程体系制定的基础,明确并落实培养目标对课程体系的科学设置至关重要。作为由相互关联课程组成的系统,课程体系主要解决两个问题:一是实现培养目标需要哪些课程及其内容的深度与广度;二是各课程在内容和呈现上如何互相配合、衔接。[①] 案例高校硕士研究生对所在专业培养目标的认可度较高,但是培养目标有待进一步落实、课程体系的设置仍具提升空间。由此可见,如何在明确培养目标的基础上,真正落实研究生分类培养、适当调整专业课程体系的设置尤为重要。

不同学位类型、学科门类的硕士生培养目标,决定了其课程设置和教学环节应存在本质差别。学术型研究生教育旨在培养具有扎实的理论基础和方法,有较强科研和教学能力的高层次人才。因此学术型研究生教育应建立以学科为核心的课程体系,其课程教学对于硕士生习得并掌握理论知识与科学研究能力的要求更高。[②] 区别于学术型研究生,专业学位研究生的培养目标是以职业为导向,培养具有较强解决实际问题能力的高层次应用型专门人才,其课程设置要以

①　李波.按培养模式重构地方高校课程体系[J].教育研究,2011,32(08):59-63.
②　甄良,康君,英爽.建构我国研究生培养模式的改革思路[J].学位与研究生教育,2013(01):14-18.

实际应用为导向,以综合素养和应用知识与能力的提高为核心。[①] 然而,在实际课程设置中,仍然存在专业硕士课程和学术型硕士课程趋同,并未凸显以实际应用为导向、以职业需求为目标的价值导向。这就需要管理部门、培养单位及任课教师在课程设置上坚守不同类型研究生的人才培养定位,完善研究生课程与培养目标的衔接性设计。

(二) 监测课程挑战度,平衡修课数量与难度

硕士阶段是本科阶段的延伸和拓展,其课程内容在深度和广度上都应有加强。参照教育部对"金课"高阶性、创新性与挑战度的解释,课程挑战度指"课程具有一定难度,需要学生和老师一起,跳一跳才能够得着,老师要认真花时间、花精力、花情感备课讲课,学生课上课下要有较多的学习时间和思考作保障。"[②]研究生并不喜欢"水课",适当提升课程挑战度有助于提高其课程满意度。因此,专业课教师可以从设置课程高阶认知目标、鼓励高挑战课堂学习、提升阅读与写作质量要求、制定详细的课程学习考核明细、增加课程过程性考核以适度提高考核难度入手,提升研究生的学业挑战度,合理增加课程难度。[③]

在监测课程挑战度的同时,也要充分考虑研究生的课业压力,达到修课数量与难度的平衡。案例高校硕士学位点的课程由公共基础课、专业基础课、专业前沿课和专业选修课组成,近 30 学分(1 学分对应 16 课时)的硕士生课程大多压缩在研究生第一学年完成。课程"提质"和学时"增效"须并行不悖:一方面,对单门课程求"金"即强调挑战性;另一方面,课程体系要"精"即强调合理性。此外,一味强调课程的难度可能让学生丧失信心和兴趣,围绕教学目标设计和组织有挑战的教学活动的同时,任课教师还要给予足够的引导与支持,让学生能够应对而非回避挑战。

---

① 中华人民共和国教育部. 教育部关于做好全日制硕士专业学位研究生培养工作的若干意见. (2009 - 03 - 19)[2022 - 01 - 20]. http://www. moe. gov. cn/srcsite/A22/moe_826/200903/t20090319_82629. html.

② 中华人民共和国教育部. 教育部关于狠抓新时代全国高等学校本科教育工作会议精神落实的通知 (2018 - 08 - 27)[2022 - 01 - 20]. http://www. moe. gov. cn/srcsite/A08/s7056/201809/t20180903_347079. html.

③ 翟洪江,张铁. 地方高水平院校课程挑战度:评价指标、特征与对策[J]. 中国高教研究,2020(04):59 - 64+70.

(三) 探索多元教学方式,加强创新和实践能力的培养

研究生课程承担着激发学生学习兴趣、培养创新精神和实践能力的功能,要求其在掌握系统的专业知识的基础上,形成独立研究的能力。[①] 案例高校的历年调查表明,研究生课程带给硕士生的各类学习收获的相对顺序没有重大变化:创新能力、实践能力、学习兴趣始终排在末位。借鉴项目式学习、探究型学习等教学方法,以科学精神为引领,以市场需求为动力,尝试跨学科教学与产学研融合,从理念和方法上改进研究生教学。

通过研究生课程培养硕士生创新精神和实践能力的路径多元。在教学模式和方法上,通过课程、平台与项目一体化培养,开展研讨式的探究型学习;以"学术会议"为原型,构建具有学术探究功能的模拟学术平台;开展以项目为导向的科研实践训练,多维度融合专业素养,形成理论与实践的良性循环。[②③④] 在课程体系构建上,按照一级学科制订培养方案,开设跨学科课程与综合性课程,允许跨专业选修课,由不同领域的专家分课时授课引入交叉学科研究最新成果等。

---

① 毛景焕.为思维而教　构建研究生课程教学"金课"[J].研究生教育研究,2019(03):60-65.
② 褚旭,罗安,何敏,章兢,帅智康,陈燕东."层次递进、多维融合"研究生课程与实践教学模式研究与探索[J].中国高等教育,2019(12):55-57.
③ 夏玉成.提高研究生培养质量的思考与实践[J].学位与研究生教育,2006(05):28-31.
④ 龙宝新,焦龙保.缩微学术训练:文科研究生课堂的理想范型[J].研究生教育研究,2020(04):27-34.

第三章
导师支持如何影响学术型硕士研究生的科研获得感?

一、问题的提出

研究生阶段是学者学术成长的起点和关键期。个体在研究生阶段通过科研工作获得的乐趣、成就感及学术能力提升感与其今后学术选择乃至学术发展紧密相关。[1][2][3] 当前,我国正大力推进学术型和专业硕士研究生分类培养工作,其中,学术型学位硕士研究生(以下简称"学硕")培养工作的重要任务便是加强学生科学方法训练和学术素养培养,为博士研究生教育输送后备人才。[4] 但相关研究显示,国内逾六成学硕表示"不愿意"或"一般愿意"从事与学术研究相关的职业;且随着年级的升高,硕士生在学术期望、知识探究、完善自我等方面的学术动机呈下降趋势。[5][6] 与此同时,网络社交平台出现"研究僧""廉价劳动力""学术打工者""科研打工者"等带有消极或自嘲情绪的词汇,这体现了部分研究生在科研过程中的获得感较低。

① 娄雨,毛君. 谁会成为研究者? ——从"逃离科研"看博士生为何选择或放弃科研工作[J]. 教育学术月刊,2017(06):73-80.
② 罗英姿,韩霜,顾剑秀. 过程性视角下博士学术职业选择的形成机制研究[J]. 中国高教研究,2021(03):82-88.
③ 鲍威,杜嫱,麻嘉玲. 是否以学术为业:博士研究生的学术职业取向及其影响因素[J]. 高等教育研究,2017,38(04):61-70.
④ 中华人民共和国教育部. 教育部、国家发展改革委、财政部关于深化研究生教育改革的意见[EB/OL]. (2013-04-19)[2022-01-20]. http://www.moe.gov.cn/srcsite/A22/s7065/201304/t20130419_154118.html.
⑤ 刘爱春,谭顶良,赵小云. 学术型硕士生学术动机的调查研究[J]. 学位与研究生教育,2014(04):54-59.
⑥ 李志,曹倩,明兴建. 高校学术型硕士研究生学术观的实证研究[J]. 学位与研究生教育,2012(03):56-60.

当前,我国正处在深化研究生教育体制改革的进程中,人才评价理念和方式逐渐发生变化,多次强调高校在人才培养评价中不宜过度追求论文等指标,要求导师不仅要注重培养研究生的学术创新能力,还应注重对研究生的人文关怀,引导其自觉遵守科研诚信与学术道德,帮助其正确认识时代责任和历史使命。①② 这在一定程度上释放出国家试图扭转高校人才培养评价中"唯分数""唯论文"等不良倾向,试图促进导师支持以提升研究生科研获得感的信号。导师支持是两种支持的混合体:一是学术支持,包括在学术活动中提供帮助和及时反馈学生的进步,二是个人支持,即当学生遇到困难时,在情感上给予其支持并增强其自信。③④ 根据社会支持理论(social support theory),个体从社会关系网络中得到的支持对其心理健康和发展有着促进作用。⑤ 有效的导师支持作为研究生科研工作的重要支持来源,可以在科研知识与能力训练、学术认同与学术职业塑造等方面给予其帮助。⑥ 一项全国性的调查问卷结果显示,超过80%的研究生认为导师对其学术兴趣、科研自我效能感、学术规范、职业规划等方面的影响"较大"或"很大"。⑦

尽管不少学者关注到导师支持对学术型研究生科研收获的重要影响,但相关研究多以研究生科研能力尤其是科研创造力为结果变量,⑧⑨而较少关注学硕

① 中华人民共和国教育部. 教育部、科技部印发《关于规范高等学校 SCI 论文相关指标使用　树立正确评价导向的若干意见》的通知[EB/OL]. (2020 - 02 - 20)[2022 - 01 - 20]. http://www. moe. gov. cn/srcsite/A16/moe_784/202002/t20200223_423334. html

② 中华人民共和国教育部. 教育部关于全面落实研究生导师立德树人职责的意见[EB/OL]. (2018 - 01 - 18)[2022 - 01 - 20]. http://www. moe. gov. cn/srcsite/A22/s7065/201802/t20180209 _ 327164. html.

③ ENGEBRETSON K, SMITH K, MCLAUGHLIN D, et al. The Changing Reality of Research Education in Australia　and Implications for Supervision:A Review of the Literature [J]. Teaching in Higher Education, 2008,13(1):1 - 15.

④ OVERALL N C, DEANE K L, PETERSON E R. Promoting Doctoral Students' Research Self-efficacy:Combining Academic Guidance with Autonomy Support [J]. Higher Education Research & Development, 2011,30(6):791 - 805.

⑤ BERKMAN L F, SYME S L. Social Networks, Host Resistance, and Mortality:A Nine-Year Follow-Up Study of Alameda County Residents [J]. American Journal of Epidemiology, 1979,109 (2):186 - 204.

⑥ 杜嬡. 导师指导与博士生专业素养的发展:自主性的调节作用[J]. 研究生教育研究,2019(03):36 - 43.

⑦ 周文辉,黄欢,牛晶晶,等. 2020 年我国研究生满意度调查[J]. 学位与研究生教育,2020(08):28 - 36.

⑧ 瑾琎,郭利敏,程垦. 苛敛型导师对科研创造力的影响:情感事件理论视角[J]. 科技进步与对策,2021,38(12):137 - 143.

⑨ 姚添涵,余传鹏. 导师—同门支持、科研自我效能感与研究生科研创造力的关系研究[J]. 高教探索, 2019(04):46 - 53.

在导师支持下通过科研训练得到的其他收获,尤其是主观层面的收获。同时,学界关于导师支持对学术型研究生获得感影响机制的考察阙如。有鉴于此,本章尝试使用科研效价和科研投入两个概念,探察导师支持影响学术型研究生科研获得感的作用机制,以期加强对研究生内心世界的关注,也希冀在"破五唯"背景下为提升科研育人成效提供新思路。

二、核心概念与研究假设

(一) 科研投入的中介效应

科研投入是一种以活力(即充沛的精力与坚韧性)、奉献(即对工作富有意义感、自豪感与挑战感)和专注(即对工作全神贯注并很乐意沉醉于工作)为特征的、积极的、充实的精神状态。① 当研究生在科研工作中表现出一种积极的、持续的情感状态时,即科研投入高。社会交换理论(social exchange theory)指出,受惠者与施惠者的关系遵循"互惠原则"(reciprocity),当个体从施惠者处获得良好的环境和支持时,通常会以合作或报偿性行为对其进行回馈;反之,则容易产生消极情感。②③ 在导学关系中,当研究生感知到来自导师等团队成员学术、情感等方面的支持后,也会相应付出更多投入以回报对方的期望。此外,根据工作要求—资源模型(job demands-resources model),增加工作资源(如社会支持、绩效反馈、参与决策等)能够在减少个体工作倦怠的同时提高个体工作投入。④ 导师支持作为研究生科研工作的重要资源,对其科研投入有重要影响。通常而言,良好的导学关系有利于提升研究生的学术志趣,而导师的不支持、不尊重则容易造成研究生学术热情的衰退。⑤⑥ 与此同时,那些具有高工作投入的个体对工作

① SCHAUFELI W B, BAKKER A B. Job Demands, Job Resources, and Their Relationship with Burnout and Engagement: A Multi-Sample Study [J]. Journal of Organizational Behavior, 2004, 25 (3): 293 - 315.

② EMERSON R M. Social Exchange Theory [J]. Annual Review of Sociology, 1976, 2: 335 - 362.

③ BLAU P M. Exchange and Power in Social Life [M]. New York: Wiley, 1964: 25 - 31.

④ XANTHOPOULOU D, BAKKER A B, DEMEROUTI E, et al. Reciprocal Relationships between Job Resources, Personal Resources, and Work Engagement [J]. Journal of Vocational Behavior, 2009, 74(3): 235 - 244.

⑤ 刘博涵,赵璞,石智丹,刘明. 学术型研究生学术志趣的影响因素探讨[J]. 研究生教育研究,2019(06): 35 - 41.

⑥ 杜嬙. 导师指导与博士生专业素养的发展:自主性的调节作用[J]. 研究生教育研究,2019(03): 36 - 43.

和组织的心理认同较高,对工作意义和组织愿景的理解更为深刻;且他们往往对工作具有较高的责任感,会投入更多时间和精力在本职工作上,甚至愿意付出额外时间和劳动来完成工作任务,从而容易产生较高的创造力和收获感。①②③④

　　基于上述分析,本研究认为,有效的导师支持提升了学硕的科研投入,而高水平的科研投入促成了其较高水平的科研获得感。据此,本研究提出如下假设:

　　H1:科研投入在导师支持和学术型硕士研究生科研获得感的关系中起中介作用。

(二) 科研效价的中介效应

　　效价(valence)指个体"对特定结果的情感取向",即某一特定结果对个体的重要程度和价值大小。⑤ 科研效价是个体根据已有经验和未来规划对读研期间学术训练对自身长远发展需要的判断。期望理论(expectancy theory)指出,人总是渴求满足一定的需要并设法达到一定的目标。这个目标在尚未实现时,表现为一种期望,这时目标反过来会对个人动机产生一种激发力量,激发力量的大小取决于效价和期望值(expectancy)的乘积。效价受个人价值取向、主观态度、优势需要及个性特征的影响,当个体倾向于实现而不是逃避某个结果时,该结果是正效的;当个体对实现或实现某个结果漠不关心时,该结果的效价为零;当个体倾向于逃避而不是实现某个结果时,该结果是负效的。⑥ 诺尔斯(Knowles)的成人学习理论指出了成人学习者的以下六个特征:一是成年人已经建立了自我概念,并为自主学习做好了准备;二是成年人拥有比青少年更为丰富的生活经验,这些经验可以促进他们的学习;三是成年人愿意学习那些他们需要知道的知

①　RICH B L, LEPINE J A, CRAWFORD E R. Job Engagement: Antecedents and Effects on Job Performance [J]. Academy of Management Journal, 2010,53(3):617-635.

②　HALL G B, DOLLARD M F, WINEFIELD A H, et al. Psychosocial Safety Climate Buffers Effects of Job Demands on Depression and Positive Organizational Behaviors [J]. Anxiety Stress & Coping, 2013,26(4):355-377.

③　SCHAUFELI W B, SALANOVA M, GONZÁLEZ - ROMÁ V, et al. The Measurement of Engagement and Burnout: A Two Sample Confirmatory Factor Analytic Approach [J]. Journal of Happiness Studies, 2002,3(1):71-92.

④　SHALLEY C E, GILSON L L. What Leaders Need to Know: A Review of Social and Contextual Factors that can Foster or Hinder Creativity [J]. The Leadership Quarterly, 2004,15(1):33-53.

⑤　VROOM V H. Work and Motivation [M]. New York, Wiley:1964:15.

⑥　J·史蒂文·奥特,桑德拉·J·帕克斯,理查德·B·辛普森. 组织行为学经典文献(第三版)[M]. 王蔷,朱为群,孔晏,等译. 上海:上海财经大学出版社,2009:188-195.

识,以有效应对现实生活中的情况;四是成年人在学习时倾向于以问题为导向,以便他们能在现实生活中用到这些新的知识和技能;五是成年人需要了解他们将如何学习,为什么学习,以及学习什么;六是相比于外部动机,成年人对内部动机更为敏感。[1][2][3] 硕士生作为成年学习者,其科研投入通常受到科研活动形式、内容、目的等因素影响:当科研活动能够帮助其获得与实践、就业相关的技能并应对现实世界的挑战时,往往会促使其形成较强的学习动力。[4] 导师支持向研究生传达了导师对科研工作的态度,增加了学生对科研工作价值的认同,使其更加看重科研工作对自身长远发展的价值,即科研效价。

综合以上分析,本研究认为,有效的导师支持提升了学硕的科研效价,并使其以更高的热情投入到科研工作,从而达至更高的科研获得感。据此,本研究提出以下研究假设:

H2:科研效价在导师支持和学术型硕士研究生科研获得感的关系中起中介作用。

H3:科研效价通过影响科研投入在导师支持和学术型硕士研究生科研获得感之间起链式中介作用。

基于上述分析,本研究拟从科研效价与科研投入入手,考察导师支持影响学术型学位硕士研究生科研获得感的作用机制,并提出导师支持、科研效价、科研投入与科研获得感关系的理论模型(见图3-1)。

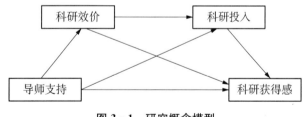

图 3-1　研究概念模型

① KNOWLES M S, HOLTON III E F, SWANSON R A. The Adult Learner: The Definitive Classic in Adult Education & Human Resource Development [M]. Burlington: Taylor & Francis, 2014:72.
② MANCUSO D S, CHLUP D T, MCWHORTER R R. A Study of Adult Learning in a Virtual World [J]. Advances in Developing Human Resources, 2010, 12(6):681-699.
③ DACHNER A M, POLIN B. A Systematic Approach to Educating the Emerging Adult Learner in Undergraduate Management Courses [J]. Journal of Management Education, 2016, 40(2):121-151.
④ DACHNER A M, POLIN B. A Systematic Approach to Educating the Emerging Adult Learner in Undergraduate Management Courses [J]. Journal of Management Education, 2016, 40(2):121-151.

三、研究设计

(一) 数据来源

本研究数据来源于案例高校 2020 年硕士毕业生就学体验调查,该校是东部沿海一所"双一流"建设高校。研究生毕业季,全体应届硕士毕业生收到了问卷调查邀请,校本部和医学院的 934 位学术型学位硕士研究生(不含留学生)填写了问卷,构成了本研究的样本。934 名学硕中,男生 414 人(44%),女生 520 人(56%);农业户口生源 373 人(40%),非农业户口生源 561 人(60%);家庭第一代大学生 550 人(59%),非第一代大学生 384 人(41%);本科来自重点建设院校或国外高校的学生 655 人(70%),来自非重点建设院校的学生 279 人(30%);填答问卷学生的平均年龄为 26.9 岁。

(二) 变量选择

《硕士毕业生就学体验调查问卷》中的若干题项构成了科研获得感、导师支持、科研效价和科研投入四个构念。

(1) 科研获得感。科研获得感可以理解为研究生在参与科研工作过程中,因自身需要满足而体验到实实在在的收获,由此产生的正向主观感受。[①] 调查问卷中一组题项考察学生通过科研工作获得的乐趣、意义、品质与能力,具体包括"参加科研工作让我有探索与发现的乐趣""参加科研工作让我产生帮助到国家和他人的成就感""科研工作培养了我诚实守信、实事求是的品质""科研工作增加了我处理复杂工作的能力"四个题项。采用 5 点计分法,1—5 表示"非常不同意"到"非常同意",得分越高,则表示硕士生的科研获得感越高。量表的克隆巴赫 α 系数为 0.87。

(2) 导师支持。以门哈德(Mainhard)等人的研究为基础,硕士生导师支持量表包含"导师支持我探索自己的研究兴趣""导师对我的研究工作给予专业且有效的指导"等 11 个题项。[②] 量表采用 5 点计分法,1—5 表示"非常不同意"到

---

① 邬小撑,陶安娜. 学生获得感:高校辅导员工作创新的着力点[J]. 思想教育研究,2020(12):136 - 140.
② MAINHARD T, VAN DER RIJST R, VAN TARTWIJK J, et al. A Model for the Supervisor-Doctoral Student Relationship [J]. Higher Education, 2009,58(3):359 - 373.

"非常同意",将所有题项得分求均值,均值越高表示个体感知到的导师支持越高。量表的克隆巴赫 α 系数为 0.96。

(3)科研效价。科研效价由受访者自我报告的以下三项活动对其长远发展的重要程度测得:①做科研、发文章,②上好课、打好基础,③学术探讨与交流。量表采用 5 点计分,1—5 表示"非常不同意"到"非常同意",均值越高则表明硕士生科研效价越高。量表的克隆巴赫 α 系数为 0.68。

(4)科研投入。硕士生科研投入量表以《乌特勒支学生投入量表》(Utrecht Work Engagement Scale-Student)为基础。[①] 本研究根据我国学硕的科研情境做了改编,如将"我对我的学业充满热情"转成"我对我的研究充满热情"。该量表包括"活力""奉献"和"专注"三个维度,每个维度包括三个题项。采用 7 级计分法,1 表示"从不/从来没有",3 表示"很少/一个月一次或更少",5 表示"经常/一周一次",7 表示"总是/每天"。量表的克隆巴赫 α 系数为 0.96。

为揭示导师支持对学硕科研获得感的影响机制,本研究控制了其他可能影响学硕科研获得感的背景变量。参考相关文献并结合数据可得性,最终控制了性别、家庭所在地、民族、本科高校类型、读研期间期刊论文发表数量等五项变量。[②]

(三) 共同方法偏差检验

采用哈曼单因素检验对所有自评题项进行共同方法偏差检验。结果显示,主成分分析抽取了四个因子,解释了总变异量的 78.09%,其中因子 1 解释了 22.36%,低于 40% 的临界标准,表明本研究数据不存在严重的共同方法偏差。

四、研究发现

(一) 各变量的描述统计与相关分析

导师支持、科研效价、科研投入、科研获得感四个变量的均值、标准差和相关

① SCHAUFELI W B, BAKKER A B, SALANOVA M. The Measurement of Work Engagement with a Short Questionnaire:A Cross-National Study [J]. Educational and Psychological Measurement, 2006,66(4):701-716.
② 高耀,杨佳乐,沈文钦.学术型硕士生的科研参与、科研产出及其差异——基于 2017 年全国研究生离校调查数据的实证研究[J].研究生教育研究,2018(03):36-44.

系数见表 3-1。学术型硕士学位研究生"比较同意"导师为自己提供了有效支持（$M=4.16$，$SD=0.77$），认为科研工作对自己的长远发展而言"比较重要"（$M=4.11$，$SD=0.62$），对自己的研究产生"快乐""充满热情""振奋""自豪"等积极情绪的频率接近"经常/每周一次"（$M=4.74$，$SD=1.23$），对于"读研期间的科研经历让自己产生了科研获得感"这种表述"比较同意"（$M=3.99$，$SD=0.66$）。

表 3-1　各变量的均值、标准差与相关系数

	均值	标准差	(1)	(2)	(3)	(4)
(1) 导师支持(1—5 分)	4.16	0.77	—			
(2) 科研效价(1—5 分)	4.11	0.62	0.36***	—		
(3) 科研投入(1—7 分)	4.74	1.23	0.40***	0.43***	—	
(4) 科研获得感(1—5 分)	3.99	0.66	0.54***	0.46***	0.58***	—

注：$N=934$。* $p<0.05$，** $p<0.01$，*** $p<0.001$。

导师支持、科研效价、科研投入和科研获得感四个变量两两之间呈现显著正相关，相关系数在 0.36—0.58 之间，表明导师支持、科研效价、科研投入可能影响学硕的科研获得感。然而，上述结果仅反映了变量间的零阶相关，未能考虑测量误差的影响以及变量间相互影响的作用机制。因此，下节采用结构方程模型综合考察导师支持、科研效价、科研投入和科研获得感之间的关系及作用机制。

(二) 导师支持影响学术型硕士研究生科研获得感的机制

本研究中的"导师支持""科研效价""科研投入"与"科研获得感"概念均具有难以直接测量与难以避免主观测量误差的基本特征，而结构方程模型是处理这种难以测量的潜变量的一种有效多元数据分析技术，不仅能有效控制测量中的随机误差，还能通过路径分析探查变量之间的影响机制。[1] 因此，本研究使用Amos24.0 软件建立结构方程模型，考察科研效价和科研投入在导师支持和科研效能感之间的中介作用。为节约自由度并增强模型的简约性，本研究采用内部一致性法(internal-consistency approach)对导师支持、科研投入等多维潜变

---

① 邱皓政,林碧芳.结构方程模型的原理与应用[M].北京:中国轻工业出版社,2009:2.

量分别进行打包处理,打包后的观测变量以每个题项组内题项的均值代替。[1] 最终,导师支持形成导师情感支持、学术指导和学术引荐三个题项组,科研情感投入形成活力、奉献和专注三个题项组。该模型的拟合参数如下:$\chi^2 / df = 2.975 < 3$, CFI $= 0.972 > 0.9$, IFI $= 0.972 > 0.9$, NFI $= 0.958 > 0.9$, RMSEA $= 0.046 < 0.05$, RMR $= 0.040$(接近于 0)。模型的整体适配度指数均满足可接受水平,整体拟合度较高。各变量之间的路径系数如图 3-2 所示。

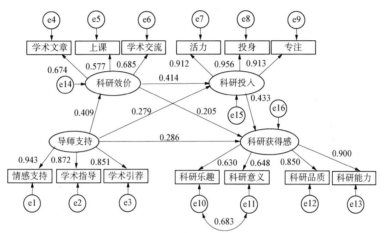

图 3-2 导师支持、科研效价、科研投入与科研获得感的关系结构模型

注:模型中控制了性别、家庭所在地、民族、本科院校层次、读研期间期刊论文发表数量。

在此基础上,采用偏差校正非参数百分比 Bootstrap 检验,重复取样 2 000次,计算 95% 的置信区间。由导师支持影响学硕科研获得感的路径及效应分解情况可知,导师支持对学硕科研获得感的总效应为 0.564,95% 的置信区间为 [0.486, 0.634](见表 3-2),不包括 0,这意味着学生感知到的导师支持越有效,其科研获得感越高。

表 3-2 导师支持对学硕科研获得感影响的效应

中介路径	估计值	效果量	95%置信区间
导师支持→科研效价→科研获得感	0.084	14.89%	[0.046, 0.141]
导师支持→科研投入→科研获得感	0.121	21.45%	[0.076, 0.169]

① 卞冉,车宏生,阳辉. 项目组合在结构方程模型中的应用[J]. 心理科学进展,2007(03):567-576.

（续表）

中介路径	估计值	效果量	95％置信区间
导师支持→科研效价→科研投入→科研获得感	0.073	12.94％	[0.051, 0.105]
总中介效应	0.278	49.29％	[0.230, 0.335]
直接效应	0.286	50.71％	[0.203, 0.363]
总效应	0.564	100.00％	[0.486, 0.634]

　　导师支持影响学术型硕士研究生科研获得感的内在机制是什么呢？根据结构方程模型（见图 3-2）及效应分解表（见表 3-2），导师支持正向影响大学生的科研投入（$\beta=0.279$，$p<0.01$），而科研投入水平越高，学生的科研获得感越高（$\beta=0.433$，$p<0.01$）；导师支持通过科研投入对学硕科研获得感的间接效应显著（$\beta=0.121$，$p<0.01$），由此，假设 H1 得到支持。"工作要求—资源模型"为这一发现提供了解释：有效的导师支持为研究生科研工作提供了良好的资源，而获得更多资源的学生为回报导师支持则以更积极的状态参与科研工作，进而在科研乐趣、意义、品质、能力上产生更高的获得感。此外，结构方程模型还显示，导师支持提升了学生的科研效价（$\beta=0.409$，$p<0.01$），科研效价越高，则其科研获得感越高（$\beta=0.205$，$p<0.01$）；导师支持通过科研效价对学硕科研获得感影响的间接效应显著（$\beta=0.084$，$p<0.01$）。由此，假设 H2 得到支持。研究生的科研效价越高，其工作投入越高（$\beta=0.414$，$p<0.01$），导师支持通过学生的科研效价和科研投入而对其科研获得感产生作用的具体间接效应为 0.073（$p<0.01$）。这表明科研效价、科研投入在导师支持对学硕科研获得感的影响中起链式中介作用。由此，假设 H3 得到支持。

　　在不控制科研效价和科研投入的情况下，导师支持对学硕科研获得感的效应值为 0.562（$p<0.01$）；控制这两个变量后，导师支持对学硕科研获得感的直接效应降为 0.286（$p<0.01$）。* 这说明，导师支持对硕士生科研获得感的促进作用有近一半是通过提升其科研投入实现的，如果导师仅为自身需求（如完成课题要求）而让学生"跑腿打杂"，这样的导师支持为学硕科研获得感带来的提升非常有限。由此可以看出，对学术型硕士生而言，有效的导师支持通常以促进学生

---

　　* 受篇幅所限，未控制科研效价和科研投入的结构方程模型没有呈现。如有需要，可向作者索取。

科研效价和科研投入为主要特征。

五、结论与启示

在国家要"坚决克服唯论文的顽瘴痼疾"的导向下,很多高校不再将论文发表作为学术型学位硕士生申请学位的前提条件。当前,旧的评价体系正在变革,新的学术评价体系尚待建立。在"破旧立新"之际,将科研获得感作为研究生育人成效的评价指标是一种有意义的尝试。本研究发现导师支持可以正向影响硕士生科研获得感;科研效价和科研投入在导师支持和学术型硕士生科研获得感的关系中起部分中介作用,中介效应占总效应的49.29%,即导师支持对硕士生科研获得感的促进作用近一半是通过提升其科研效价和科研投入实现的。上述结论不仅有助于加深我们对导师支持与学硕科研获得感关系中的"黑箱"的认识,也印证了思辨理论研究提出的研究生导师立德树人效果"具有潜隐性、迟滞性特征"的观点。[①] 本研究可为培养单位和导师带来如下启示。

(一) 优化管理服务,提升导师的科研育人水平

近年来,教育部大力推进"三全育人"综合改革试点工作,鼓励高校在学生培养过程中将知识传授、能力培养与理想信念、价值理念、道德观念教育有机结合。[②] 本研究的实证分析验证了导师支持不仅可以直接促进硕士生科研获得感,还可以通过提升学生对科研的重视程度和投入程度产生链式反应,对其科研乐趣、意义、品质和能力产生间接影响。有鉴于此,培养单位有必要进一步优化导师管理和研究生支持体系。具体而言,一是突出导师考评的育人导向,一方面考核导师指导研究生的过程和投入,另一方面从学术型硕士研究生的科研获得感评价导师的育人成效,加强导师对科研引路人、价值引导者角色定位的认识。二是完善导师指导保障机制,通过限定导师指导名额、减少导师非学术负担、改善导师办公环境、组织导师培训等手段,确保导师有足够的精力、能力、动力与学

---

① 刘志,刘健康,许畅. 研究生导师立德树人评价需要平衡三对矛盾冲突[J]. 学位与研究生教育,2019
(04):8-12.

② 中华人民共和国教育部. 教育部办公厅关于开展"三全育人"综合改革试点工作的通知[EB/OL].
(2018-05-25)[2022-01-20]. http://www.moe.gov.cn/srcsite/A12/moe_1407/s253/201805/
t20180528_337433.html.

生"相约"。三是加强培养单位对研究生的直接支持,考虑到部分学位论文与导师课题无关或未参与导师课题的硕士生感知到的导师支持水平较低,有条件的院系可设立面向研究生的课题基金,鼓励硕士生自主探索具有创新价值的研究课题,为提升学生的科研效价、促进科研投入创造条件。

(二) 注重情智双育,促进学术型硕士研究生的科研投入

受中国传统文化影响,人们主要关注教师在"传道""授业""解惑"方面的"提智"职责,而较少强调教师在学生学术热情培养方面的"育情"作用。当前,不少导师在硕士生培养过程中仍延续着这一传统教育思维,在科研指导过程中重视知识的积累和规范的训练,而在激发学生科研热情方面相对薄弱。[1][2] 进入研究生阶段后,学生的学习任务逐渐由基础教育和本科阶段的"学习已知知识"转变为"探索未知知识",在探索的道路上,必然会经历"山重水复疑无路"的无奈、愤懑与沮丧,如果研究生无法体会到研究的乐趣和意义,或缺少作为一名合格研究者所必备的学术品质,则其科研境界至多停留在"望尽天涯路"的"忍受",而难以到达"衣带渐宽终不悔"的"接受",更无法体会到"那人却在灯火阑珊处"的"享受"。[3] 因此,作为研究生培养的第一责任人,导师的角色不仅仅是"传道授业解惑者",也应当是硕士生科研热情的培育者和唤醒者,注重"情智双育",引导学生把科学研究的意义和愿景内化为个体前进的内驱力,进一步转化为对具体科研工作的活力和专注。

(三) 加强科教协同,提高学术型硕士研究生的科研效价

专研学术是研究生分类培养背景下国家对于学术型硕士的培养目标。本研究发现科研效价不仅直接影响学硕的科研获得感,还通过科研投入间接作用于其科研获得感,这说明提高研究生对读研期间学术训练价值的认识是提升其科研获得感的有效途径。为进一步提高研究生的科研效价,培养单位和导师可从

① 周文辉,黄欢,牛晶晶,刘俊起.2019 年我国研究生满意度调查[J].学位与研究生教育,2019(07):5 - 12.
② 周文辉,黄欢,牛晶晶,刘俊起.2020 年我国研究生满意度调查[J].学位与研究生教育,2020(08):28 - 36.
③ 王进,彭好琪.从"怠惰因循"到"力学笃行"——论研究生科研意识的唤醒[J].现代大学教育,2017(01):20 - 26.

以下几个方面入手。一是将眼前的科研训练和长远的个人发展结合起来，提升学硕对科研活动重要性的认识，培养其专业学术能力的同时有意识地发展其综合素养。二是优化科研活动质量，鼓励教师或相关领域的专家结合自身团队研究进展为学硕开展课程或讲座，帮助学生解决在研究进展中遇到的实际难题；针对院校未予开设的课程或院校课程中未曾涉及的知识点，可鼓励学生通过网络课程进行自主探索。三是加大课程和学术交流活动信息的公开性，如在选课系统中除了公开课程名称、时间与教师信息，可进一步公开课程大纲、课程形式、学生评价等信息，以便学硕知道他们在校期间将学习什么、如何学习以及为何学习，并结合自身研究兴趣与需要从庞杂的学术活动中选择适合自己的科研"工具包"。

第四章
课题参与对硕士生能力增值的影响
及作用机制

一、问题的提出

寓教于研、科教融合是现代研究生教育的基本特征之一。在我国研究生教育规模迅速扩大、培养质量问题逐渐凸显以及协同创新战略实施的大背景下,研究生教学与科学研究的深度融合日益成为政府和教育学界高度关注的重要议题。课题参与作为研究生科研训练的重要途径,对研究生能力增值的作用越来越受到国家、高校以及研究生个人的重视。在国家层面,1980 年通过的《中华人民共和国学位条例》明确提出硕士学位获得者必须"具有从事科学研究工作或独立担负专门技术工作的能力"。[①] 进入 21 世纪后,国家进一步强调要"建立以科学与工程技术研究为主导的导师责任制和导师项目资助制",强调"促进科研与教学互动、与创新人才培养相结合"。[②] 在学校层面,不少高校将导师课题和经费状况作为其研究生招生资格的重要指标,部分学校探索将科研团队建设与研究生培养相结合,致力于构建"团队负责人—核心成员—青年骨干教师—研究生"的人才梯队。[③] 在学生层面,我国研究生参与课题的比例一直保持着较高水

---

① 全国人民代表大会常务委员会. 中华人民共和国学位条例[EB/OL]. (1980 - 02 - 12)[2022 - 01 - 20]. http://www.npc.gov.cn/wxzl/wxzl/2008-12/15/content_1462106.htm.
② 中华人民共和国教育部. 国家中长期教育改革和发展规划纲要(2010—2020 年)[EB/OL]. (2010 - 07 - 29)[2022 - 01 - 20]. http://www.moe.gov.cn/srcsite/A01/s7048/201007/t20100729_171904.html.
③ 华中农业大学工学院. 关于印发《工学院高水平科研团队建设实施办法》的通知[EB/OL]. (2020 - 08 - 24)[2022 - 01 - 20]. http://cet.hzau.edu.cn/info/1020/9827.htm.

平，一些课题直接成为研究生学位论文研究的重要选题。[1][2]

当前，我国正处在深化研究生教育体制改革的进程中，国家在大力倡导研究生科教融合的同时，对人才的评价理念和方式也在逐渐发生变化，试图改进以结果为导向的评价方式，积极探索增值评价。[3] 在此背景下，深入研究课题参与影响研究生能力增值的过程机制，对于有针对性地提升研究生课题参与成效，实现寓教于研具有重要意义。有鉴于此，本章主要回答三个问题：第一，我国高水平研究型大学硕士生的参与课题现状如何？ 第二，课题参与的量和质是否影响硕士生能力增值？ 第三，如果课题参与影响研究生能力增值，这种影响背后的发生机制为何？

二、文献综述

科研参与是大学生参与教育活动的重要形式。在高校对学生的影响力理论中，阿斯汀（Astin）的学生参与理论（student involvement theory）最具代表性，该理论指出大学生从大学经历中所获得的收获与其上学期间在有意义的活动上投入的时间和经历紧密相关。[4] 库（Kuh）等人提出学生投入（student engagement）的概念，指出学生在教育活动中的投入水平不仅取决于学生付出的时间和努力程度，也取决于学校为促进学生投入提供的服务与支持，学生付出与学校环境相辅相成。[5] 伯奇（Burch）等人进一步强调真正的投入不仅需要"认知和行为层面的投入"，还需要"情感层面的投入"，且前者经过后者的催化能更好地起到促进学生发展的作用。[6] 我国学者岑逾豪的大学生成长金字塔模型指出学生须在参与的基础上加以选择，在特定活动中专注投入"人、心、脑"，即行为

① 赵世奎,张帅,沈文钦.研究生参与科研现状及其对培养质量的影响——基于部分高校和科研单位的调查分析[J].学位与研究生教育,2014(04):49-53.
② 周文辉,黄欢,牛晶晶,等.2020年我国研究生满意度调查[J].学位与研究生教育,2020(08):28-36.
③ 中华人民共和国中央人民政府.中共中央　国务院印发《深化新时代教育评价改革总体方案》[EB/OL].（2020-10-13）[2022-01-20].http://www.gov.cn/zhengce/2020-10/13/content_5551032.htm.
④ ASTIN A W. Student Involvement：A Developmental Theory for Higher Education [J]. Journal of College Student Personnel, 1984,25(4):297-308.
⑤ KUH G D. The National Survey of Student Engagement：Conceptual and Empirical Foundations [J]. New Directions for Institutional Research, 2009(141):5-20.
⑥ BURCH G F, HELLER N A, BURCH J J, et al. Student Engagement：Developing a Conceptual Framework and Survey Instrument [J]. Journal of Education for Business, 2015,90(4):224-229.

投入、情感投入和认知投入,不能流于"签到式参与"。[①] 纵观已有研究可以发现,科研课题等教育活动在不同情境下对学生发展产生不同影响,可谓"多重影响,存在于多重情境,影响着多重结果"。[②]

课题参与作为研究生科研训练的重要组成部分,对研究生能力发展究竟有怎样的影响? 一直以来,研究生教育工作者和研究者都希望得到确切答案。已有研究发现,课题参与不仅对研究生科研产出有显著影响,而且能很好地解释其创新能力和综合素质的差异。[③④] 首先,课题研究工作本身对研究生学术能力和态度培养大有裨益。具体而言,课题研究需要研究生在复杂的现象中将问题逐步剥离、抽象和聚焦,提炼概念,建立假设,从而发现规律。[⑤] 科研课题的不确定性和复杂性导致的研究过程的各种困难和问题不仅可以磨练研究生的意志和品格,还有助于提升其综合能力。[⑥] 其次,课题参与有利于为研究生带来更多导师指导。当前高校导生互动主要围绕课题、实验等内容展开,不少导师对研究生学位论文的指导也主要是依托课题项目进行。[⑦⑧⑨] 社会交换理论(social exchange theory)认为受惠者与施惠者的关系遵循"互惠原则"。[⑩⑪] 当导师感知到研究生为课题付出的努力后,将提供更多学术指导和资源作为回报。再次,课题参与为硕士生提供了科研训练环境,有效的科研训练环境包括教师榜样作用、正向学术激励、早期科研参与、容忍研究瑕疵、向内探寻设想、教授统计工具、人际互动体

① 岑逾豪.大学生成长的金字塔模型——基于实证研究的本土学生发展理论[J].高等教育研究,2016,37(10):74-80.
② 李湘萍.大学生科研参与与学生发展——来自中国案例高校的实证研究[J].北京大学教育评论,2015,13(01):129-147.
③ 周文辉,吴晓兵,李明磊.研究生参与导师课题研究的现状与对策[J].清华大学教育研究,2011,32(04):113-117.
④ 郝彤亮,杨雨萌,孙维.博士生科研项目参与对科研创新能力影响的实证研究[J].高教探索,2020(09):50-57.
⑤ 李澄锋,陈洪捷,沈文钦.课题参与对博士生科研能力增值的影响——基于全国博士毕业生离校调查数据的分析[J].中国高教研究,2019(07):92-98.
⑥ 周文辉,吴晓兵,李明磊.研究生参与导师课题研究的现状与对策[J].清华大学教育研究,2011,32(04):113-117.
⑦ 郭瑞,王梅,马韶君.专业硕士导生关系的归因分析——基于NVivo11的质性研究[J].高教探索,2018(09):86-91.
⑧ 阎光才.学术团队的运作与人才成长的微环境分析[J].高等教育研究,2013,34(01):32-41.
⑨ 范皑皑,沈文钦.什么是好的博士生学术指导模式?——基于中国博士质量调查数据的实证分析[J].学位与研究生教育,2013(03):45-51.
⑩ EMERSON R M. Social Exchange Theory [J]. Annual Review of Sociology, 1976,2:335-362.
⑪ BLAU P M. Exchange and Power in Social Life [M]. New York: Wiley, 1964:25-31.

验、教授研究方法、科研实训机会等要素。[①②] 课题参与为研究生接触或获得上述要素提供了有利条件，进而有利于其研究志趣和能力的提升。最后，课题参与往往为研究生带来相应的研究经费和生活费，从而促进其新思想、新思路以及新方法的应用与实践。[③]

与此同时，亦有学者对研究生课题参与的成效持保留态度，认为在当下项目制流行的学术领域，不当的课题参与给研究生的能力增值带来负面效应。首先，课题参与在一定程度上压缩了研究生自由探索的时间与空间。有学者指出，课题组设立的基本宗旨是为完成项目而非培养人才，在以课题为牵引的研究团队日益盛行的高等教育领域，为满足课题委托方需求，高校师生开展的研究越来越具有任务取向，课题组内部的研究活动逐渐呈现结构化、组织化甚至运行方式科层化和官僚化特征。[④] 作为课题负责人的教师，为满足课题进度要求，不得不限制硕士生自主选择研究方向的自由，甚至浪费其智力资源。[⑤] 第二，"过度的合作"往往会妨害研究必需的独立证实和验证，从而不利于研究生形成卓越学者所必备的独立思考、判断、质疑、探究、求证的精神和能力。[⑥] 第三，过多的课题参与可能引发重复劳动，造成研究生研究时间和精力的浪费，于其能力增值无益。[⑦]

上述文献为本研究提供了借鉴：一是以研究生能力增值水平判断课题参与的效果是具有共识的方法；二是学生投入课题项目不仅关系学生自身的投入，包括"行为投入"和"情感投入"，也涉及学校为促进学生投入的努力。但目前国内相关研究尚存局限。首先，已有关于学生科研参与或课题参与的研究多以博士生或本科生为研究对象，较少聚焦硕士生的课题参与和能力增值。事实上，在研究型大学的课题组中，硕士生规模比博士生和本科生更为庞大，尤其在以年轻导

① GELSO C J，BAUMANN E C，CHUI H T，et al. The Making of a Scientist-Psychotherapist：The Research Training Environment and the Psychotherapist [J]. Psychotherapy，2013，50(2)：139 - 149.

② 巩亮，张万红，李卿. 学术型研究生培养环境调查与分析[J]. 学位与研究生教育，2015(11)：10 - 17.

③ 谢治菊，李小勇. 硕士研究生科研水平及其对就业的影响——基于 8 所高校的实证调查[J]. 复旦教育论坛，2017，15(01)：62 - 69.

④ 阎光才. 学术团队的运作与人才成长的微环境分析[J]. 高等教育研究，2013，34(01)：32 - 41.

⑤ HACKETT E J. Essential Tensions：Identity，Control，and Risk in Research [J]. Social Studies of Science，2005，35(5)：787 - 826.

⑥ FOX M F，FAVER C A. Independence and Cooperation in Research：The Motivations and Costs of Collaboration [J]. The Journal of Higher Education，1984，55(3)：347 - 359.

⑦ 肖春，毛诗焙. 高校科研团队与研究生创新人才培养[J]. 黑龙江高教研究，2011(06)：69 - 71.

师领衔的科研团队中,硕士生往往是主力军。并且,硕士生是我国各行各业高层次拔尖创新人才的"生力军",即使未来不从事科研工作,其读研期间通过课题参与得到的能力增值水平依然值得关注。其次,国内学者通常关注科研参与对学生能力的影响,"科研参与"是包括"课题参与"在内的多种形式科研活动的上位概念,读者难以通过科研参与相关研究深入了解某一类具体活动对研究生能力增值的影响。再次,已有关于大学生科研参与的实证研究多基于大样本数据,侧重探讨不同类型院校间学生参与及效果差异。国内已有研究表明,研究生能力发展的院校内差异大于院校间差异;[①]且相较"院校类型"等难以改变的因素,"课题参与"这类高校能够"左右"的因素往往对其研究生培养工作更具借鉴意义。最后,相关研究在分析课题参与和能力增值的关系时多停留在前者对后者的影响是否显著层面,而鲜有研究关注课题参与对学生能力增值的路径为何。

有鉴于此,本研究将从以下几方面改进:一是以硕士生为对象,深入探究课题参与对硕士生能力增值的作用机制。二是将研究重点由"科研参与"缩小到"课题参与"这一具体活动,深入分析"课题参与"对研究生能力增值的影响机制。三是针对案例高校硕士生的课题参与及能力增值等情况进行分析,控制学生能力增值的院校间差异,突出院校内差异。四是考虑到课题参与主观动机、导师学术指导、科研工作投入、学术能力增值、通用能力增值等变量均具有难以直接测量的特征,本研究同时采用回归方法和结构方程模型,以弥补已有研究对难以观测的潜变量之间的关系缺乏关注这一不足。

三、研究设计

(一) 数据来源

本研究数据来源于东部沿海一所"双一流"建设高校2021年的硕士毕业生就学体验调查。研究生毕业季,2021届全体硕士毕业生收到了线上问卷填答邀请,最终回收有效问卷633份(不含留学生),覆盖全校所有研究生培养单位,回

---

① 李澄锋,陈洪捷,沈文钦. 课题参与对博士生科研能力增值的影响——基于全国博士毕业生离校调查数据的分析[J]. 中国高教研究,2019(07):92-98.

收率为 20%。其中,男生 392 人(61.9%),女生 241 人(38.1%);学术型学位硕士生 254 人(40.1%),专业学位硕士生 379 人(59.9%);理工农生学生 492 人(77.7%),人文社科专业 141 人(22.3%)(见表 4 - 1)。样本和总体数据在性别、学位类型、学科门类、录取方式等特征分布趋于一致,样本具有很强的代表性。

表 4 - 1　调查对象的样本特征

变量	样本(N=633)	
	人数	百分比
性别		
男	392	61.9%
女	241	38.1%
学位类型		
学术型硕士	254	40.1%
专业硕士	379	59.9%
学科大类		
理工农生	492	77.7%
人文社科	141	22.3%
录取方式		
全国统考	266	42.0%
推荐免试	367	58.0%

(二) 变量选择

(1) 课题参与。借鉴已有研究,本研究用"课题参与数量""课题卷入度""课题参与内部动机"三个自变量表征受访者读研期间的课题参与情况。[①] 具体而言,"课题参与数量"为硕士生在校期间参与的导师和其他老师的课题总数。"课题卷入度"由硕士生在校期间"是否曾在课题中担任主要完成人角色"测量,是二分变量。"课题参与内部动机"由"'个人学术兴趣'、'技能发展'、'为找工作做准

---

① 郝彤亮,杨雨萌,孙维. 博士生科研项目参与对科研创新能力影响的实证研究[J]. 高教探索,2020 (09):50 - 57.

备'对你参与课题的重要程度"三个题项的均值测量,这三个题项的克隆巴赫α系数为 0.79。

(2) 能力增值。能力增值反映了硕士生从入学到毕业这一完整的培养周期内个人能力的提升幅度。借鉴已有研究,本研究将研究生能力划分为"学术能力"和"通用能力"两个维度。[①] 前者侧重于个体从事科学研究、生产原创性知识等学术能力,包括"知识基础""学习兴趣"和"科研方法",后者则侧重于适用范围更广的通用技能,包括"批判能力""创新能力""实践能力""自主学习能力"和"跨文化能力"。采用 5 点计分(1=没有提高,5=极大提高),得分越高表明硕士生的能力增值幅度越大。"学术能力"量表和"通用能力"量表的克隆巴赫α系数分别为 0.87 和 0.89。

(3) 科研工作投入。工作投入是一种与工作倦怠相对立的积极的、充实的精神状态。本研究的科研工作投入量表改编自《乌特勒支学生投入量表》(Utrecht Work Engagement Scale-Student),结合其短表形式,选用了活力、投身、专注三个维度共 9 个题项。[②③] 为使该量表符合硕士生的科研参与,本研究对部分题项表述进行了修改,如将"我对我的学业充满热情"转成"我对我的研究充满热情"。采用 7 点计分(1=从不/从来没有,3 表示"很少/一个月一次或更少",5 表示"经常/一周一次",7=总是/每天),得分越高则默认受访者的科研工作投入水平越高。量表的克隆巴赫α系数为 0.96。

(4) 导师学术指导。导师学术指导指的是导师为帮助学生完成学术训练而为其提供的学术资源与帮助。[④] 该量表由课题组在借鉴导学关系相关文献的基础上编制而成,包括"导师对我的研究工作给予专业且有效的指导"等 4 个题

① 王传毅,李福林,程哲."申请—考核"制入学的博士生培养质量更高吗? ——基于"研究生满意度调查"[J].高校教育管理,2021,15(01):18-28.
② SCHAUFELI W B, MARTINEZI M, PINTO A M, et al. Burnout and Engagement in University Students: A Cross-National Study [J]. Journal of Cross-Cultural Psychology, 2002,33(5):464-481.
③ SCHAUFELI W B, BAKKER A B, SALANOVA M. The Measurement of Work Engagement with a Short Questionnaire: A Cross-National Study [J]. Educational and Psychological Measurement, 2006,66(4):701-716.
④ OVERALL N C, DEANE K L, PETERSON E R. Promoting Doctoral Students' Research Self-Efficacy: Combining Academic Guidance with Autonomy Support [J]. Higher Education Research & Development, 2011,30(6):791-805.

项。[①] 采用 5 点计分(1＝非常不同意,5＝非常同意),得分越高则默认受访者感知到的导师学术指导越有效。量表的克隆巴赫 α 系数为 0.96。

（5）背景变量。本研究将可能影响硕士生能力增值的专业课程满意度、学术研讨参与频率、性别、学位类型、学科大类、本科高校类型等变量进行了控制。相关变量的描述性统计如表 4-2 所示。

表 4-2　变量选择与描述统计

变量	定义	均值	标准差	人数	百分比
学术能力增值	"夯实知识基础"等 3 个题项取均值(1—5)	4.01	0.75		
通用能力增值	"提高创新能力"等 5 个题项取均值(1—5)	4.02	0.75		
课题参与数量	0＝0 项			30	4.7%
	1＝1 项			116	18.3%
	2＝2 项			188	29.7%
	3＝3 项			148	23.4%
	4＝4 项			79	12.5%
	5＝5 项及以上			72	11.4%
课题卷入度[a]	0＝未曾担任主要完成人			189	31.3%
	1＝曾担任主要完成人			414	68.7%
课题参与内部动机[a]	"个人学术兴趣对你参与课题的重要程度"等 3 个题项取均值(1—5)	3.89	0.77		
科研工作投入	"我对我的研究充满热情"等 9 个题项取均值(1—7)	4.74	1.31		
导师学术指导	"导师对我的研究工作给予专业且有效的指导"等 4 个题项取均值(1—5)	4.09	0.93		
专业课程满意度	1＝非常不满意,2＝比较不满意,3＝一般,4＝比较满意,5＝非常满意	3.80	0.84		

---

① MAINHARD T，VAN DER RIJST R，VAN TARTWIJK J，et al. A Model for the Supervisor-Doctoral Student Relationship [J]. Higher Education，2009,58(3):359-373.

(续表)

变量	定义	均值	标准差	人数	百分比
学术研讨参与频率	1＝从来没有,2＝一年一次或更少,3＝每学期两次,4＝每月一次,5＝每周一次	2.56	1.18		
本科高校类型	0＝非重点建设高校			94	14.8％
	1＝重点建设高校			539	85.2％

注:$N＝633$。a. 633名受访者中,30人未曾参与课题,因此,"课题卷入度"和"课题参与内部动机"两个变量的样本量为603。

(三) 数据分析方法

本研究主要回答的问题是课题参与的哪些维度——数量、卷入度、内部动机,——显著影响硕士生能力增值,这些维度又通过怎样的路径影响硕士生能力增值。为回答上述两个问题,本研究先采用多元线性回归识别影响硕士生能力增值的关键因素;在此基础上,采用结构方程模型进一步分析这些关键因素对硕士生能力增值的影响路径。

四、研究发现

(一) 硕士生课题参与的现状

硕士生就读期间平均参与课题2.6项。其中,超过95％的硕士生入学以来参与过课题,近一半硕士生(47.3％)在校期间参加过两项以上(不含两项)课题。近七成(68.7％)硕士生曾担任过课题主要完成人的角色。课题参与内部动机均值为3.89(接近4),即平均而言,硕士生认为"学术兴趣""技能发展""为职业做准备"对自身决定是否参与科研课题"比较重要"(见表4-2)。

相较于读研期间没有课题参与经历的硕士生,读研期间有课题参与经历的硕士生在导师学术指导、科研工作投入、学术能力增值、通用能力增值方面的评价均较高。但在有过课题参与经历的硕士生中,导师学术指导、科研工作投入以及能力增值水平并未随其课题参与数量的增加而持续上升(见表4-3)。

表4-3 不同课题参与数量下硕士生的能力增值和科研过程

	0项 ($N=30$)	1项 ($N=116$)	2项 ($N=188$)	3项 ($N=148$)	4项 ($N=79$)	≥5项 ($N=72$)	总人数 ($N=633$)
学术能力增值 (1—5)	3.72	3.86	4.00	4.05	4.18	4.11	4.01
通用能力增值 (1—5)	3.87	3.93	4.01	4.02	4.13	4.11	4.02
导师学术指导 (1—5)	3.98	4.03	4.10	4.11	4.29	3.97	4.09
科研工作投入 (1—7)	3.71	4.55	4.73	4.85	5.10	4.85	4.74

(二) 影响硕士生能力增值的主要因素

本研究采用多元线性回归估计课题参与数量、课题卷入度和课题参与内部动机对硕士生能力增值的影响。表4-4的模型显示:在纳入导师学术指导和科研工作投入之前(模型A和B),课题参与数量仅对硕士生学术能力增值有显著的正向影响,具体表现在,相较只参加过一项课题的硕士生,参加过4项课题的硕士生对自身学术能力增值的评价较高($B=0.203$,$p<0.001$)。课题参与卷入度对硕士生学术能力和通用能力增值的影响均不显著。课题参与主观动机对硕士生的学术能力增值($B=0.264$,$p<0.001$)和通用能力增值($B=0.260$,$p<0.001$)均有显著的促进作用。这说明,从硕士生能力培养的角度而言,主观的课题参与动机较客观的课题参与数量及卷入度更能解释硕士生能力增值的差异。若硕士生只是被动参加若干与自身学术兴趣、能力增长、未来职业规划无关的课题,奔走于各项课题,哪怕担任过主要完成人,若主观意愿不强,则他们的研究生生活看似充实忙碌,但实际能力却很难有所提升。

表4-4 硕士生能力增值的影响因素[a]

	A 学术能力增值	B 通用能力增值	C 学术能力增值	D 通用能力增值
课题参与数量:2项[b]	0.020 (0.071)	−0.030 (0.073)	0.031 (0.066)	−0.018 (0.069)

（续表）

	A 学术能力增值	B 通用能力增值	C 学术能力增值	D 通用能力增值
课题参与数量：3 项[b]	0.082	−0.012	0.074	−0.019
	(0.074)	(0.077)	(0.069)	(0.072)
课题参与数量：4 项[b]	0.203*	0.097	0.133	0.028
	(0.087)	(0.090)	(0.081)	(0.085)
课题参与数量：5 项及以上[b]	0.139	0.073	0.164	0.095
	(0.090)	(0.094)	(0.084)	(0.088)
课题卷入度：曾担任主要完成人[c]	0.087	0.086	0.049	0.046
	(0.054)	(0.056)	(0.051)	(0.054)
课题参与主观动机	0.264***	0.260***	0.156***	0.152***
	(0.033)	(0.035)	(0.034)	(0.035)
导师学术指导			0.217***	0.199***
			(0.029)	(0.030)
科研工作投入			0.102***	0.108***
			(0.022)	(0.023)
常数	1.224***	1.453***	0.885***	1.142***
	(0.176)	(0.183)	(0.170)	(0.179)
背景变量[d]	控制	控制	控制	控制
Pseudo R^2	0.368	0.315	0.452	0.394
F	30.176***	24.097***	36.518***	28.944***

注：$N=603$，不包括未参与课题的 30 个样本。a. 括号外为非标准化回归系数（B），括号内为标准误；b. 参照组：参与过 1 项课题；c. 参照组：未曾担任主要完成人；d. 背景变量包括专业课程满意度、学术研讨参与频率、性别、学位类型、学科大类、本科高校类型。* $p<0.05$，** $p<0.01$，*** $p<0.001$。

模型 C 和 D 进一步显示，在纳入导师学术指导和科研工作投入之后，课题参与数量对硕士生能力增值的影响不再显著；课题参与主观动机对硕士生学术能力增值（B 值由 0.264 下降至 0.156）和通用能力增值（B 值由 0.260 下降至 0.152）的促进作用均明显下降。同时，模型 E 和 F 显示，课题参与主观动机显著正向影响硕士生导师学术指导（$B=0.157$，$p<0.001$）和科研工作投入（$B=0.505$，$p<0.001$）（见表 4-5）。结合已有研究发现导师学术支持和个体努力程

度对学生能力增值存在显著影响,[1][2]本研究推测课题参与主观动机可能是通过导师学术指导和科研工作投入间接作用于硕士生的能力增值。下面将对课题参与动机在形塑硕士生能力增值方面所发挥的路径展开进一步分析。

表4-5　导师学术指导和科研工作投入的影响因素

	E 导师学术指导		F 科研工作投入	
	非标准化系数	标准误	非标准化系数	标准误
课题参与数量:2 项[a]	0.015	0.094	−0.112	0.123
课题参与数量:3 项[a]	0.012	0.098	0.031	0.129
课题参与数量:4 项[a]	0.145	0.116	0.250	0.152
课题参与数量:5 项及以上[a]	−0.140	0.120	0.074	0.157
课题卷入度:担任过主要完成人[b]	−0.028	0.073	0.334***	0.094
课题参与主观动机	0.157***	0.047	0.505***	0.059
科研工作投入	0.138***	0.031	—	—
导师学术指导	—	—	0.239***	0.053
背景变量	控制	控制	控制	控制
常数	1.634***	0.233	−0.499	0.318
Pseudo R^2	0.278		0.354	
F	18.847***		26.405***	

注:$N = 603$,不包括读研期间未参与课题的 30 个样本。a. 参照组:参与过 1 项课题。b. 参照组:未曾担任主要完成人。* $p < 0.05$,** $p < 0.01$,*** $p < 0.001$。

(三) 课题参与主观动机影响硕士生能力增值的路径分析

前文初步辨识了课题参与主观动机、导师学术指导、科研工作投入为影响硕士生能力增值的关键因素,本节试图通过结构方程模型进一步分析这些关键因素对硕士生能力增值的影响路径。为节约自由度并增强模型的简约性,本研究

[1]　王传毅,李福林,程哲."申请—考核"制入学的博士生培养质量更高吗?——基于"研究生满意度调查"[J].高校教育管理,2021,15(01):18-28.
[2]　李澄锋,陈洪捷.主动选择导师何以重要——选择导师的主动性对博士生指导效果的调节效应[J].高等教育研究,2021,42(04):73-83.

根据相关学者的建议,采用内部一致性法(Internal-Consistency Approach)对科研工作投入这一多维潜变量分别进行打包处理,打包后的观测变量以每个项目组内题项的均值代替,[①]最终形成活力、奉献和专注三个项目组。本研究通过运行不同的结构方程模型筛选出拟合度最好的两个模型。模型的整体适配度指数均满足可接受水平,整体拟合度较好(见表4-6)。

表4-6　SEM 整体适配度的评价指标体系及拟合结果

	χ^2/df	RMR	RMSEA	CFI	NFI	TLI	GFI	IFI	RFI
模型1	2.761	0.049	0.053	0.988	0.981	0.984	0.963	0.988	0.975
模型2	2.973	0.054	0.056	0.983	0.975	0.978	0.952	0.983	0.967
可接受水平	1—3	接近0	<0.08	>0.9	>0.9	>0.9	>0.9	>0.9	>0.9

　　结构方程模型结果显示,课题参与内部动机通过四条路径对硕士生学术能力增值产生影响(见图4-1)。第一,课题参与内部动机到硕士生学术能力增值的直接路径显著($\beta=0.09$,$p<0.05$),表明课题参与内部动机能直接正向影响硕士生学术能力增值。第二,课题参与内部动机正向影响导师学术指导($\beta=0.19$,$p<0.001$),导师学术指导正向影响硕士生学术能力增值($\beta=0.43$,$p<0.001$),表明课题参与内部动机可通过导师学术指导间接促进硕士生学术能力增值。第三,课题参与内部动机正向影响硕士生科研工作投入($\beta=0.30$,$p<0.001$),科研工作投入正向影响硕士生学术能力增值($\beta=0.32$,$p<0.001$),表明课题参与内部动机可通过硕士生科研工作投入间接促进硕士生学术能力增值。最后,在课题参与内部动机通过导师学术支持影响硕士生学术能力增值的基础上,导师学术指导正向影响硕士生科研工作投入($\beta=0.37$,$p<0.001$),表明导师学术支持和科研工作投入在硕士生课题参与内部动机和学术能力增值的关系中起链式中介作用。

　　课题参与内部动机通过三条路径对硕士生通用能力增值产生影响(见图4-2)。第一,课题参与内部动机正向影响了导师学术指导($\beta=0.19$,$p<0.001$),导师学术指导正向影响硕士生通用能力增值($\beta=0.40$,$p<0.001$),表明课题参

① 卞冉,车宏生,阳辉.项目组合在结构方程模型中的应用[J].心理科学进展,2007(03):567-576.

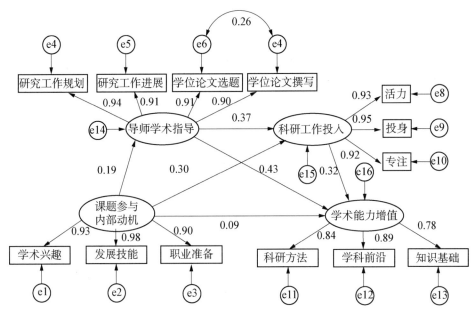

图 4 - 1　模型 1:课题参与内部动机对硕士生学术能力增值的影响机制

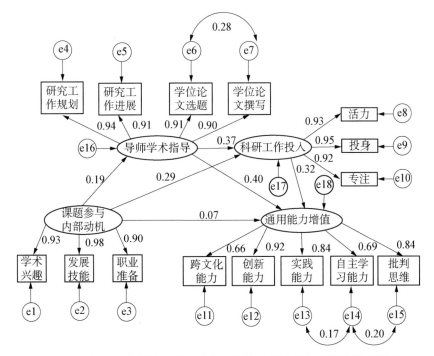

图 4 - 2　模型 2:课题参与内部动机对硕士生通用能力增值的影响机制

与内部动机可通过导师学术指导间接促进硕士生通用能力增值;第二,课题参与内部动机正向影响硕士生科研工作投入($\beta=0.29$,$p<0.001$),科研工作投入正向影响硕士生通用能力增值($\beta=0.32$,$p<0.001$),表明课题参与内部动机可通过科研工作投入间接促进硕士生通用能力增值;第三,导师学术指导能正向影响硕士生科研工作投入($\beta=0.37$,$p<0.001$),表明导师学术支持和科研工作投入在硕士生课题参与内部动机和通用能力增值的关系中起链式中介作用。

为检验上述两个模型的中介效应是否显著,采用偏差矫正百分位 Bootstrap 法,重复抽样 2 000 次进行中介效应检验,计算出中介效应的 95% 置信区间(见表 4 - 7)。结果显示,模型 1 中,导师学术指导和科研工作投入在课题参与内部动机与硕士生学术能力增值的关系中起部分中介作用,且硕士生科研工作投入较导师学术支持在课题参与内部动机和学术能力增值之间的中介效应更为显著。具体而言,"课题参与内部动机→导师学术指导→学术能力增值"(效应值为 0.079)、"课题参与内部动机→科研工作投入→学术能力增值"(效应值为 0.094)、"课题参与内部动机→导师学术指导→科研工作投入→学术能力增值"(效应值为 0.022)这三条间接效应均显著(95% 置信区间不包括 0),总中介效应值为 0.195,占总效应值(0.287)的 67.94%。

表 4 - 7　课题参与内部动机影响硕士生能力增值的路径及效应分解

	中介路径	效应值	效果量	95% 置信区间
模型 1	课题参与内部动机→导师学术指导→学术能力增值	0.079	27.53%	[0.038, 0.129]
	课题参与内部动机→科研工作投入→学术能力增值	0.094	32.75%	[0.061, 0.134]
	课题参与内部动机→导师学术指导→科研工作投入→学术能力增值	0.022	7.67%	[0.010, 0.038]
	总中介效应	0.195	67.94%	[0.129, 0.260]
	直接效应	0.092	32.06%	[0.010, 0.176]
	总效应	0.287		[0.190, 0.390]
模型 2	课题参与内部动机→导师学术指导→通用能力增值	0.075	28.30%	[0.036, 0.124]
	课题参与内部动机→科研工作投入→通用能力增值	0.097	36.60%	[0.060, 0.143]

（续表）

中介路径	效应值	效果量	95％置信区间
课题参与内部动机→导师学术指导→科研工作投入→通用能力增值	0.023	8.68％	[0.010, 0.039]
总中介效应	0.195	73.58％	[0.128, 0.260]
直接效应	不显著		
总效应	0.265		[0.166, 0.366]

模型 2 中，导师学术指导和科研工作投入在课题参与内部动机与硕士生通用能力增值的关系中起完全中介作用，且硕士生科研工作投入较导师学术支持在课题参与内部动机和通用能力增值之间的中介效应更为显著。具体而言，"课题参与内部动机→导师学术指导→通用能力增值"（效应值为 0.075）、"课题参与内部动机→科研工作投入→通用能力增值"（效应值为 0.097）、"题参与内部动机→导师学术指导→科研工作投入→通用能力增值"（效应值为 0.023）这三条间接效应均显著（95％置信区间不包括 0），而"课题参与内部动机→通用能力增值"这一直接效应不显著。

五、结论与启示

（一）研究结论

本研究基于东部一所高水平研究型高校硕士毕业生就学体验调查数据，探讨了课题参与对硕士生能力增值的影响及其作用机制。结果发现：

第一，在案例高校中，超过 95％的硕士生读硕期间参与过课题，硕士生课题参与平均数量为 2.6 项；其中，参与过两项以上（不含两项）课题以及担任过课题主要完成人角色的硕士生比例分达到 47.3％和 68.7％。上述比例显著高于国内相关调查结果。例如，2014 年一项针对 C9 高校研究生的问卷调查显示，学术型硕士生在校期间课题参与量多集中在 0—3 项之间，平均参与量为 1.9 项。[①] 2020 年我国研究生（包括 88.2％的硕士生和 11.8％的博士生）满意度调

---
①　廖文武,程诗婷,廖炳华,金鑫,刘文.C9 高校学术学位研究生教育现状的调查研究[J].复旦教育论坛,2016,14(05):67 - 74.

查显示,我国一流大学建设高校、一流学科建设高校和其他高校研究生参与课题的比例分别为 63.2%、55% 和 47.8%。[1] 基于这些调查可以发现,随着时间的推移,硕士研究生参与课题的覆盖面逐渐扩大,案例高校的硕士生在课题参与机会获得方面存在明显优势。

第二,控制导师学术指导和科研工作投入后,对硕士生学术能力和通用能力起促进作用的不是客观层面的课题参与数量和卷入度,而是主观层面的课题参与内部动机。成人学习理论认为,成年人对内部动机往往比外部动机更为敏感。[2] 那些基于自身需要积极投入课题的硕士生更能够抓住课题所带来的机会去发展自身能力,而基于"导师要求"等外因参与课题的学生更可能抱着"学术打工"的心态草率完成任务,从而导致课题参与非但于其能力增长无益,反而占用了其原本可以用来自主学习和探索的时间和精力。

第三,结构方程模型的路径分析结果显示,导师学术指导和科研工作投入在课题参与内部动机与硕士生学术能力增值的关系中起部分中介作用,在课题参与内部动机与硕士生通用能力增值的关系中起完全中介作用。这一结论进一步印证了社会交换理论和科研训练环境理论的观点。

(二) 研究启示

高水平研究型大学是我国科学研究的重镇,其研究生在课题参与机会获得上拥有其他高校学生难以比拟的优势。如何充分发挥课题在硕士生能力培养中的正面作用,使硕士生通过课题参与获得切实的能力提升,是我国高水平研究型大学在研究生教育体制改革中的重要议题。本研究能够为实践带来如下启示。

1. 培养单位应完善课题管理,提升课题的育人功能

当前,很多培养单位对硕士生参与课题持鼓励态度,部分院系将课题参与数量作为硕士生评优评先的重要依据。[3][4] 本研究的结果表明,课题参与对硕士生

① 周文辉,黄欢,牛晶晶,刘俊起. 2020 年我国研究生满意度调查[J]. 学位与研究生教育,2020(08):28 - 36.
② KNOWLES M S, HOLTON III E F, SWANSON R A. The Adult Learner: The Definitive Classic in Adult Education & Human Resource Development [M]. Burlington: Taylor & Francis,2005:72.
③ 中国政法大学国际法学院. 国际法学院关于《中国政法大学研究生学业奖学金管理暂行办法》实施细则(硕士生)[EB/OL]. (2018 - 09 - 19)[2022 - 01 - 20]. http://gjfxy.cupl.edu.cn/info/1035/503 1.htm.
④ 中央财经大学中国经济与管理研究院. 二年级及以上研究生学业奖学金评审实施细则[EB/OL]. (2020 - 10 - 14)[2022 - 01 - 20]. http://cema.cufe.edu.cn/info/1025/1730.htm.

能力增值的影响主要是通过学生参与动机而非参与数量实现。在实践中,硕士生课题参与数量往往不以主观意愿为转移,而与导师学术身份相关。国内已有研究发现,导师为男性或职称为教授的那些研究生在读期间往往能够获得较多的课题参与机会,[①]而新手导师的研究生则往往感到课题参与机会不足。[②] 为进一步发挥课题的育人功能,培养单位应理性认识课题参与在硕士生培养中的作用,合理发挥自身在课题管理中的"在场"作用。一是进一步完善导学关系确立机制,通过师生见面会、实验室轮转等活动增进师生交流,让硕士生学生在了解教师课题方向的基础上确立导学关系。二是完善研究生评价制度,避免将课题参与数量与评优评先指标"挂钩",从而降低硕士生因"外部奖励"而盲目参与过多课题的可能性。三是有条件的培养单位可设立研究生专项课题或基金,鼓励硕士生(尤其是导师没有课题或研究兴趣与导师课题方向不匹配的硕士生)自主申请并探索具有创新价值的研究课题,从而为其获得导师学术指导创造有利条件。

2. 导师应尊重硕士生课题参与的意愿,平衡学生科研参与时间

据统计,当前国内近一半硕士生认为自己读研期间所参与的课题学术含量"一般"或"较低",甚至有研究生将实验室称为"科研工厂",将导师和自己称为"老板"和"廉价劳动力",将参与课题称为"打工"或"做活"。[③④⑤] 这些带有自嘲性质的称呼体现了部分研究生参与导师课题过程中存在的消极心理,这种消极心理不利于课题参与对研究生能力培养正面效应的发挥。本研究结果表明,相较于"参加了多少课题"或"在课题上投入了多少精力","是否参与了符合个人学术兴趣、技能发展和未来职业需要的课题"更能解释硕士生能力增值的差异;且导师学术指导在硕士生课题参与内部动机和能力增值的关系中具有显著的中介效应。这一方面启示导师要合理认识自身"课题组负责人"和"教书育人者"的双重身份,在指导学生过程中注重以学生能力培养为中心(而非以课题需求为中

① 高耀,杨佳乐,沈文钦. 学术型硕士生的科研参与、科研产出及其差异——基于 2017 年全国研究生离校调查数据的实证研究[J]. 研究生教育研究,2018(03):36-44.
② 闵韡,李永刚."好学者"是否是"好导师"? ——导师学术身份对理工科博士生指导效果的影响[J]. 学位与研究生教育,2018(08):25-32.
③ 周文辉,黄欢,牛晶晶,刘俊起. 2019年我国研究生满意度调查[J]. 学位与研究生教育,2019(07):5-12.
④ 徐水晶,龙耀. 中国研究生教育中导师与研究生关系问题研究[J]. 现代大学教育,2016(05):80-87.
⑤ 李全喜. 从导学逻辑到利益逻辑:研究生科研中师生关系异化的生成机理及本质变迁[J]. 学位与研究生教育,2016(12):64-68.

心），尊重研究生课题参与需求和意愿，尽量避免用课题任务侵占硕士生过多精力，给其留有充足的自由探索学术的时间和空间。另一方面启示导师要在学生愿意参与课题的前提下，将课题作为硕士生学术热情培养和综合能力训练的重要手段：运用成长型思维模式，结合课题进展和研究生能力短板为其设立"踮起脚能够到的目标"，促使研究生保持"不待扬鞭自奋蹄"的学习状态。

3. 硕士生应合理评估自身发展需求，理性参与教师课题

课题参与对硕士生能力发展而言是把"双刃剑"：对于因自身学术兴趣、能力和未来职业发展需要而参与课题的学生来说，课题是其能力增值的"助推器"；而对于被动或盲目参与课题的学生而言，课题参与则可能成为其时间和精力的"消费机"。因此，学生在课题参与前应尽早开展职业同一性探索，在理性评估自身学术兴趣、能力与未来职业方向的基础上有选择地参与合适自身发展的课题，避免因外部因素或某些功利性诉求而"错入"课题组的现象。与此同时，硕士生参与课题过程中应注重自身能力的培养，积极结合课题工作中遇到的难点与团队教师及同伴交流；主动反思从课题工作中得到的经验与教训，及时查缺补漏，从而使课题参与成为提升自身能力的有效渠道。最后，硕士生应认识到课题参与作为研究生学术训练的组成部分，是促进自身学术能力和通用能力增值的重要途径但非唯一途径，结合自身兴趣能力与职业规划探索和投入其他学术活动，以助力自身的能力提升。

第五章
硕士研究生导学关系的现状与特点

一、问题的提出

导学关系贯穿于研究生教育的全过程,是研究生阶段最重要的人际关系。和谐的导学关系是硕士生培养的重要基石。近年来,随着研究生扩招、导生矛盾甚至冲突事件频发,研究生导学关系成为社会舆论的焦点,也成为学界研究的热点。导生问题被归纳为以下表征和原因:心理关系紧张化、教育关系单向化、工作关系利益化;情感缺失、对立化、雇佣化、利益化、交易化;导生学术旨趣存在差异、关系淡漠与疏远、关系异化;工具理性至上,交往理性缺失,研究生导学关系功利化;显性的行为失范和隐性的关系异化等。①②③④⑤

近年来国家出台了一系列政策文件,旨在加强研究生导师队伍建设、推动构建和谐导学关系。教育部 2018 年发布《关于全面落实研究生导师立德树人职责的意见》指出,"研究生导师是我国研究生培养的关键力量,肩负着培养国家高层次创新人才的使命与重任。"要落实导师是研究生培养第一责任人的要求,明确了研究生导师在提升研究生思想政治素质、培养研究生学术创新能力、培养研究生实践创新能力、增强研究生社会责任感、指导研究生恪守学术道德规范、优化

① 李军靠,丁一鑫,乔刚."互联网＋"环境下硕士研究生教育导生学习共同体构建[J].研究生教育研究,2020(04):41-46.
② 秦莹,屈晓婷.基于立德树人的新时代研究生导生关系建构研究[J].辽宁大学学报(哲学社会科学版),2019,47(05):174-178.
③ 张驰,刘海骅,练宸希,李婧.人本主义视角下和谐导学关系的重构[J].现代教育管理,2019(07):107-111.
④ 王燕华.从工具理性走向交往理性——研究生"导学关系"探析[J].研究生教育研究,2018(01):60-66.
⑤ 程华东,曹媛媛.研究生教育导生关系反思与构建[J].学位与研究生教育,2019(06):13-18.

研究生培养条件和注重对研究生人文关怀等全方位的立德树人职责。[①] 2020 年印发的《研究生导师指导行为准则》进一步提出具体要求,从坚持正确思想引领、科学公正参与招生、精心尽力投入指导、正确履行指导职责、严格遵守学术规范、把关学位论文质量、严格经费使用管理、构建和谐师生关系等八个方面明确研究生导师的基本规范。其中,"构建和谐师生关系"和落实立德树人根本任务紧密相联。[②] 国家频频发文凸显了研究生导学问题的紧迫性和师生关系的重要性。

　　本章通过对近十年来研究生导学关系相关核心文献的梳理,以及对案例高校硕士研究生导学关系的研究,点面结合勾勒目前我国硕士研究生导学关系的现状与特点。

二、文献回顾

(一) 导学关系的内涵与类型

　　导学关系,也称导生关系,是研究生和指导教师在交往过程中形成的关系。目前学界对于导学关系的内涵并无统一界定,学者从不同角度出发对导学关系的内涵和类型进行分析。

　　从行为上定义导学关系较为普遍。如导学关系是一种教学关系:"研究生在导师指导下完成课程学习、参与课题研究、撰写学位论文,并在此过程中学会做学问和做人所形成的一种教学关系。"[③]又如,导生关系是"一种以学术为轴心的交往关系,它是在教学、科研及师生日常活动全过程中建立起来的理性交往关系,其本质是一种社会关系"。[④] 从心理关系出发定义导学关系是另一种观点。有学者认为导生关系的本质是"导师与研究生在相互交往过程中所形成的心理关系,核心是导师与研究生之间的情感关系与认知关系"。[⑤] 从整体上看,导学

① 中华人民共和国教育部. 关于全面落实研究生导师立德树人职责的意见[EB/OL]. (2018 - 01 - 18)[2022 - 01 - 20]. http://www.moe.gov.cn/srcsite/A22/s7065/201802/t20180209_327164.html.
② 中华人民共和国教育部. 研究生导师指导行为准则[EB/OL]. (2020 - 11 - 04)[2022 - 01 - 20]. http://www.moe.gov.cn/srcsite/A22/s7065/202011/t20201111_499442.html.
③ 涂艳国,吴河江. 自由教育视野下研究生教育的导学关系重构——基于人文学科领域的思考[J]. 研究生教育研究,2018(04):23 - 27+34.
④ 王燕华. 从工具理性走向交往理性——研究生"导学关系"探析[J]. 研究生教育研究,2018(01):60 - 66.
⑤ 牟晖,武立勋,徐淑贤. 和谐视域下研究生导学关系构建浅析[J]. 思想教育研究,2014(5):72 - 74.

关系是在学术逻辑基础上建立起来的一种教育关系、经济关系、心理关系、合作关系、情感关系。①

导学关系的分类研究包括两类,第一类是对所有导学关系的分类,第二类是对问题导学关系的分类。表 5-1 列举了近年来学者提出的若干分类。

表 5-1　导学关系的分类

范围	分类	文献
所有导学关系	良师益友型、放羊型、雇佣型、从属型	肖香龙(2020)②
	良师益友型、传统师徒型、剥削紧张型、疏离松散型、雇佣关系型	刘燕,刘博涵(2018)③
	合作式、师徒式、冷漠式、对立式	田建军(2018)④
	良师益友型、普通师生型、老板员工型、松散疏离型	教育部学位与研究生教育发展中心《研究生导师指导情况调查问卷》⑤
问题导学关系	老板员工型、绝对权威型、放任不管型	涂艳国,吴河江(2018)⑥
	三类八种: 导师主导类困扰:剥削型、放任型、专制型; 学生主导类困扰:逃避型、应付型、对抗型; 复合原因类困扰:专业迷惘型、品行不端型	梁社红,刘艳,朱婉儿,祝一虹(2018)⑦

也有研究者从博弈论的视角考察导师与研究生之间的关系,指出导生之间存在着双方互相合作、导师合作—研究生不合作、研究生合作—导师不合作、双

① 吴玥乐,韩霞.高校导学关系的协同共建——基于导师深度访谈的质性研究[J].教育科学,2020,36(03):64-69.
② 肖香龙.研究生人才培养中导学关系满意度分析及提升研究[J].中国高教研究,2020(10):76-81.
③ 刘燕,刘博涵.研究生导学关系优化研究[J].高教探索,2018(08):30-34.
④ 田建军.导师与研究生关系的基本类型及科学构建探析[J].研究生教育研究,2018(3).
⑤ 教育部学位与研究生教育发展中心.全国第四轮学科评估工作概览[EB/OL].中国学位与研究生教育信息网(2016-04-26)[2021-01-26].http://www.cdgdc.edu.cn/xwyyjsjyxx/xkpgjg/283494.shtml#3.
⑥ 涂艳国,吴河江.自由教育视野下研究生教育的导学关系重构——基于人文学科领域的思考[J].研究生教育研究,2018(04):23-27+34.
⑦ 梁社红,刘艳,朱婉儿,祝一虹.导学关系困扰类型分析及对策研究[J].学位与研究生教育,2018(05):50-54.

方互不合作四种策略组合。[①]

(二) 导学关系的现状与影响因素

研究者多采用实证研究方法探究研究生导学关系的现状和影响因素。定量研究的数据来源既有全国或地区性的问卷调查,也有单一院校的调查数据。对北京一所高校近四千名硕士研究生的问卷调查发现,硕士研究生导学关系总体比较和谐(近60%),36%关系平淡,极少数硕士生导学关系处于紧张甚至敌对状况。[②] 对北京市46所高校的千余名全日制在校硕士、博士研究生的调查显示,40.3%的受访研究生认为导师对自己的成长影响最大,胜过家人、同学和其他朋友。导学关系中,49%为传统师徒型,22%为科研合作型,20%为平等朋友型,6%为老板雇员型,3%为父母子女型关系。[③] 2020年一项全国多院校的研究生调查发现,66%的硕士研究生和导师为良师益友。[④] 这项研究也发现导师批评、导师安排学业以外事务、导生不平等感三个因素降低导学关系满意度;有效的科研锻炼、导师对自己生活的关心和导师良好的交流态度能够改善导学关系。

对导学关系的质性研究旨在深入探索与解释,并试图建构导学关系影响因素的理论模型。一项针对专业硕士研究生的访谈研究发现,与导师互动少、互动仪式差、客观条件导致导生关系情感能量不足以及学生个人性格因素是引发导生关系问题的主要原因。[⑤] 该课题组还进一步分析了导学关系21个影响因素的层级,发现导师(性格、行政职务以及为学生提供的工作环境)是影响专业硕士导生关系的核心因素;学生性格、学生兴趣两个因素相对独立,成为绝大多数研究生与导师之间存在嫌隙的主要原因;学科属性和实践机会是间接影响因素。[⑥] 对研究生导师的深度访谈揭示了影响导学关系的关键要素为招生选择、

① 刘姗,胡仁东.博弈论视角下的导师与研究生关系探析[J].学位与研究生教育,2015(05):45-50.
② 王文文,郭宁,王扬.硕士研究生导学关系现状及影响因素研究[J].研究生教育研究,2018(06):76-82.
③ 秦莹,屈晓婷.基于立德树人的新时代研究生导生关系建构研究[J].辽宁大学学报(哲学社会科学版),2019,47(05):174-178.
④ 肖香龙.研究生人才培养中导学关系满意度分析及提升研究[J].中国高教研究,2020(10):76-81.
⑤ 郭瑞,王梅,马韶君.专业硕士导生关系的归因分析——基于NVivo11的质性研究[J].高教探索,2018(09):86-91.
⑥ 王梅,郭瑞,马韶君.基于解释结构模型的专业硕士导生关系研究[J].黑龙江高教研究,2019(04):104-109.

管理模式、能力培养、沟通交流、分歧矛盾解决。①

（三） 和谐导学关系的构建

和谐师生关系构建的目标是师生的互利共赢、共同发展，实质是导师与研究生以学科专业学习为依托，以科学研究活动为基础，以实现师生知识、能力、素质的共同提高为价值追求，在双方交往过程中所形成的一种心灵默契、良性互动的人际关系。② 已有研究从导师角色、实践举措和理论视角出发探讨构建和谐导学关系的路径。

导师是构建和谐导学关系的核心。作为研究生培养工作的主要组织者和实施者，导师是研究生培养的第一责任人，其政治素质、道德修养、学术水平、创新能力和人格魅力直接影响着研究生的成长成才。导生关系是表达导师伦理规范的重要对象，要不断健全导师培训、考核与激励机制，将科学精神、学术诚信、学术（职业）规范和伦理道德作为重要内容列入，对导师指导行为和精力投入提出规范要求，促使导师将更多时间精力用在育人上。③ "师贤方能生斐"，即只有德才出众的导师，方能培养出具有德才修养的学生，这也表达了导师在人才培养和导生关系中的核心地位，并且强调了导师"立德树人"的要求。④ 导师立德树人职责是和谐导生关系建构的前提，导师立德树人，不仅是给自己树立一个道德的学术形象和榜样，还需要做出很艰苦的工作，包括以品德、基础、能力、心态、著述为主的人格化的学术形象和引导学生学会研究的导师工作。⑤

导学共同体建设是在实践中构建和谐导学关系的一条思路。其内涵是导师与研究生在共同的道德遵循和价值追求基础上，以知识传创和全面育人为目的，在共同体验的研习环境中，通过参与、合作和交流，实现自我价值和共同发展的教育形态与交往过程，主要体现为一种平等性、交互性、共生性的发展关系。导学共同体具有三重内涵特征——学术共同体、价值共同体、育人共同体；导学共

① 吴玥乐，韩霞.高校导学关系的协同共建——基于导师深度访谈的质性研究[J].教育科学，2020，36（03）：64-69.
② 施鹏，张宇.论研究生教育中和谐师生关系及其构建路径[J].学位与研究生教育，2015（05）：37-41.
③ 王顶明，张立迁.研究生导师的育人角色和职业规范[J].研究生教育研究，2020（5）：11-13.
④ 隋允康.师贤方能生斐——谈导师在和谐研究生师生关系中的角色和作用[J].学位与研究生教育，2010（12）：1-6.
⑤ 孙正聿.立德树人：导师的形象和工作[J].学位与研究生教育，2020（04）：1-10.

同体的构建和发展得益于共同的价值、明晰的权责、共情的体验、充分的沟通和科学的评价。① 在实践中,若干高校通过"导学团队"建设和评优活动促进导学共同体构建。如山东师范大学研究生"五导"卓越导学团队评选、浙江大学"五好"导学团队评选、上海交通大学导学团队素质拓展户外活动等。浙江大学的实践表明,"五好"导学团队评选凸显了导师的育人责任,构建了导师与思政队伍合力育人的机制。②

　　研究者从不同理论视角出发探索导学关系构建,如积极心理学、自由教育理念、人本主义理论、交往理性理论等。积极心理学强调要善于发现导学关系中的积极因素,重视导学双方的心理健康,提出从营造学校积极心理环境、完善积极社会支持系统、增进"导学"积极心理沟通技巧三个层面构建和谐导学关系。③ 自由教育是一种自主的教育,在自由教育理念下重构导生关系,研究生自觉树立自主发展观是前提,导师需具备实质权威是关键,为学术本身从事纯粹的研究是应然要求,文化共同体是核心,情感共融是保障。④ 以人本主义视角审视导学关系需要高校和教师确定"以学生为本"的教育理念,和谐导学关系至少包括平等、信任、理解的基本关系和引导、发展、自由的维持关系,需坚持师生个体独立及和谐互动的前提,师生共同成长、共同创造、共同发展。⑤ 借鉴哈贝马斯交往理性的理论内涵,有研究者指出导生交往应摈弃工具理性,从个体的主体理性向群体的交往理性转变,需维护导师实质权威的纯洁性、共建基于合作型学术文化的"生活世界"、在对话中创建规范和谐的"话语伦理"。⑥

　　上文梳理了研究生导学关系的内涵与类型、现状与影响因素、和谐关系构建的路径,总结了近十年来我国研究生教育中导学关系研究的主要观点。下文以案例高校的实证研究为出发点,试图回答四类导学关系,即良师益友型、普通师

---

① 张荣祥,马君雅.导学共同体:构建研究生导学关系的新思路[J].学位与研究生教育,2020(09):32 - 36.
② 方磊.推进导学关系实践研究——以浙江大学"五好"导学团队评选为例[J].学位与研究生教育,2019 (07):31 - 35.
③ 马喜亭,冯蓉.基于积极心理学视角的和谐"导学关系"模式构建研究[J].研究生教育研究,2018(01): 67 - 70+95.
④ 涂艳国,吴河江.自由教育视野下研究生教育的导学关系重构——基于人文学科领域的思考[J].研究生教育研究,2018(04):23 - 27+34.
⑤ 张驰,刘海骅,练宸希,李婧.人本主义视角下和谐导学关系的重构[J].现代教育管理,2019(07): 107 - 111.
⑥ 王燕华.从工具理性走向交往理性——研究生"导学关系"探析[J].研究生教育研究,2018(01):60 - 66.

生型、老板员工型、松散疏离型四种类型的分布与特点。

三、案例高校研究

本文研究数据来源于东部沿海一所"双一流"建设高校 2020 年的硕士毕业生就学体验调查。就学体验调查包括问卷调查和学生访谈两部分,所有应届硕士研究生均收到问卷填答邀请,问卷末留下联系方式的硕士生受邀参加一对一访谈。2020 年研究生毕业季,1478 人(不含留学生)完成问卷填答,整体回复率 55%。其中男生 919 人(62.2%),女生 559 人(37.8%);学术型学位硕士生 579人(39.2%),专业硕士 899 人(60.8%);理工农生学生 1180 人(79.8%),人文社科专业 298 人(20.2%)。样本在性别、学位类型、学科门类、录取方式等特征上的分布和毕业生总体数据接近,样本具有很强的代表性。研究对象的基本情况如表 5-2 所示。

表 5-2 调查对象的样本特征

变量	样本(N=1478)	
	人数	百分比
性别		
男	919	62.2%
女	559	37.8%
学位类型		
学术型硕士	579	39.2%
专业硕士	899	60.8%
学科大类		
理工农生	1180	79.8%
人文社科	298	20.2%
录取方式		
全国统考	692	46.8%
推荐免试	786	53.2%

（一）导学关系的学科差异：人文社科"良师益友型"导学关系占比高，硕士生感受到的导师支持最高

总体上看，导学关系以良师益友型居多，占 63.3%，其次为普通师生型（17.7%）和老板员工型（14.2%），松散疏离型师生关系占比低于 5%（见表 5-3）。案例高校硕士教育中良师益友型占比和近年来文献中汇报的占比相当。

导学关系类型分布存在显著的学科差异。人文社会学科中，良师益友型导学关系占比 72.1%，显著高于理工农生学科，老板员工型导学关系较其他学科低 10% 左右（见表 5-3）。

表 5-3　不同学科类别硕士生的导学关系分布

	工科 （N=964）	理科 （N=90）	生命科学 （N=126）	人文社科 （N=298）	总人数 （N=1478）
良师益友型	62.0%	55.6%	57.1%	72.1%	63.3%
普通师生型	18.0%	20.0%	20.6%	14.8%	17.7%
老板员工型	14.9%	17.8%	19.8%	8.4%	14.2%
松散疏离型	5.0%	6.7%	2.4%	4.7%	4.8%
合计	100%	100%	100%	100%	100%
χ^2	21.277*				

注：* $p<0.05$　** $p<0.01$　*** $p<0.001$。

导师对研究生的支持包括情感支持、学术指导、学术引荐与就业支持四个维度，调查问卷中每个维度由若干题项构成，如"导师是我能够信赖的人""导师对我的研究工作给予专业且有效的指导""导师引荐我参加各类学术活动""导师关心且支持我的职业发展"等。量表采用李克特 5 点计分法，1—5 表示"非常不同意"到"非常同意"。导师支持中，硕士生感受到的情感支持和学术指导较高（M=4.23），就业支持（M=4.04）和学术引荐（M=3.98）在较低水平。同上，导师支持存在显著的学科差异，人文社科硕士生感知到的导师支持均高于理工农生学科（见图 5-1）。这一点和已有研究的发现一致：理工科研究生大多体会到"控制型"指导方式，而文科研究生较多地感受到"支持型"导师指导。[1]

---

[1]　侯志军，何文军，王正元. 导师指导风格对研究生知识共享及创新的影响研究[J]. 学位与研究生教育，2016(2):66.

表 5-4　不同学科类别硕士生感知的导师支持

	工科 （N＝964）	理科 （N＝90）	生命科学 （N＝126）	人文社科 （N＝298）	总人数 （N＝1 478）	F
导师支持（1—5）	4.07	3.94	3.99	4.30	4.11	8.324***
（1）情感支持	4.18	4.10	4.14	4.43	4.23	9.321***
（2）学术指导	4.12	4.10	4.10	4.37	4.18	7.375***
（3）就业支持	3.99	3.76	3.83	4.30	4.04	11.164***
（4）学术引荐	3.97	3.79	3.88	4.09	3.98	2.891*

注：* $p < 0.05$　** $p < 0.01$　*** $p < 0.001$。

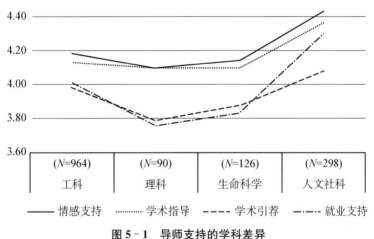

图 5-1　导师支持的学科差异

(二) 不同导学关系下的学生成长：良师益友型与松散疏离型师生关系下的硕士生学习行为和认知评价差异最大

从科学研究的参与过程、对科研工作的认识、对就学体验和自我成长的评价三方面探究不同类型导学关系下的硕士生成长，良师益友型和松散疏离型师生关系下的学生状态存在显著差异。

1. 学生科研参与和导师学术指导

本研究考察了硕士生参与科学研究的数量和心理状态。前者用参与导师课题数测量，后者以科研情感投入测量。科研情感投入指学生在研究工作时投入的持续的、普遍的、积极的情感状态,分为"活力""投身""专注"三个维度。[①] 每个维度包括三个题项,采用 7 级计分法,1 表示"从不/从来没有",3 表示"很少/一个月一次或更少",5 表示"经常/一周一次",7 表示"总是/每天"。值得注意的是,各类导学关系下硕士生参与导师课题的数量并无差异,即科研工作量相当,但是学生的情感投入水平存在显著差异(见表 5-5),从良师益友型到普通师生型、老板员工型、松散疏离型由高到低依次递减,且梯度明显。

表 5-5　不同导学关系下的学生科研参与和导师学术指导

	良师益友型 ($N=935$)	普通师生型 ($N=262$)	老板员工型 ($N=210$)	松散疏离型 ($N=71$)	总人数 ($N=1478$)	F
课题参与数量	2.56	2.50	2.63	2.61	2.56	0.389
科研情感投入 (1—7)	5.08	4.47	4.25	3.98	4.80	55.009***
导师学术指导 频率(1—4)	3.36	2.73	2.75	1.90	3.09	164.871***
导师学术指导 质量(1—5)	4.50	3.94	3.45	2.99	4.18	243.682***

注:* $p<0.05$　　** $p<0.01$　　*** $p<0.001$。

本研究也考察了学生视角下导师学术指导的行为和质量。前者用"导师学术指导频率"这一题项测量,采用 4 级计分法,1 表示"几乎没有",2 表示"偶尔",3 表示"经常",4 表示"很经常"。后者即导师支持下的"学术支持"维度,包括四个题项("导师对我的研究工作给予专业且有效的指导""导师对我的学位论文选题给予了有效指导""导师指导我有计划地开展研究工作""导师对我的学位论文撰写给予了有效指导"),四题项取均值,得分在 1—5 之间。表 5-5 显示,良师益友型导师给予学术指导的频率和质量都是最高的,松散疏离型导师的学术指导最弱;普通师生型和老板员工型关系中的导师指导频率相当,差别在于围绕学生研究的指导质量:老板型导师的学术指导质量更低。

研究生访谈资料揭示了不同类型的导学关系的行为表征。一位称导师为良师益友的工科毕业生描述了高频率、高质量的导师学术指导:**"我们导师比较特**

---

① SCHAUFELI W B, BAKKER A B, SALANOVA M. The Measurement of Work Engagement with a Short Questionnaire: A Cross-National Study [J]. Educational and Psychological Measurement, 2006,66(4):701-716.

别,我们实验室没有组会制度,他平时只要不上课,工作时间 80% 都在实验室,坐在我们每一个人旁边一对一进行指导。一个星期至少得跟他深入交流两三次。"相比之下,老板型导师强调任务目标的达成,缺少过程指导,"用工"大于"育人":"老师一般会给定一个新的研究方向,设定一些他想要获得的目标,对于如何进行不会有太大帮助,具体如何实现要靠自己,老师只看结果。见面交流也就是汇报研究进度和结果,不会有其他的交流。"松散疏离的导学关系下,学生采用消极抵抗的策略"熬"到硕士生毕业:"我们整个实验室内学生和老师真的是敌对的状态,也没有吵架,就是作为学生都不愿意跟老师有过多的交流,他不在我们的氛围还可以,只要他在实验室我们就特别安静。他给的课题不怎么好,出来的成果也不怎么好,但我们必须要按照他的思路。"

2. 对科研活动挑战性和重要性的认知

毕业季的就学体验调查一方面请毕业生回顾读研生涯,评价研究过程的挑战,另一方面展望未来,评价读研期间各类学术活动对个人长远发展的重要性。

回顾过去,调查对象评价了培养过程各环节的挑战度。硕士生的学位论文环节包括开题报告、中期检查、论文答辩,部分学生还有专业实践的任务。培养过程的挑战性有助于激发学生潜力、促使学生全力以赴。用 5 级量表评价上述培养环节的挑战性,1 表示"非常容易",5 表示"非常严格"。学位论文答辩作为硕士研究生生涯的里程碑,是学生公认最为严格的环节($M=4.42$)。不同导学关系下硕士生对培养过程挑战性的认识存在差异:良师益友型、普通师生型、老板员工型、松散疏离型导学关系下的硕士生感受到的挑战度依次递减,且梯度明显(见表 5-6)。

表 5-6 不同导学关系下硕士生感知的培养过程挑战性

	良师益友型	普通师生型	老板员工型	松散疏离型	总人数[a]	F
开题报告	4.02	3.72	3.55	3.31	3.87	28.166***
中期检查	3.88	3.61	3.43	3.26	3.74	21.204***
论文答辩	4.48	4.35	4.33	4.04	4.42	9.434***
专业实践	3.77	3.51	3.3	3.1	3.64	20.716***

注:a. 删除尚未经历过相关环节的学生;开题报告 $N=1471$;中期检查 $N=1426$;论文答辩 $N=1448$;专业实践 $N=1218$。* $p<0.05$ ** $p<0.01$ *** $p<0.001$。

展望未来,硕士生评价了读研期间各类活动对个人长远发展的重要性,这些活动包括研究生课程、科学研究、学术交流、专业实践和社会实践,1 表示"非常不重要",5 表示"非常重要"。总体而言,硕士生最肯定专业实践的作用,82%的毕业生参加过专业实践;对学术交流、课程学习、科学研究的重视程度相当,社会实践的重要性排在末位。良师益友型导学关系下的硕士生,最肯定学术活动(学术交流、课程学习、科研发文)对个人发展的价值(见表 5-7)。

表 5-7　不同导学关系下硕士生对读研期间活动重要性的认识

	良师益友型 (N=935)	普通师生型 (N=262)	老板员工型 (N=210)	松散疏离型 (N=71)	总人数 (N=1 478)	F
学术探讨 与交流	4.11	3.82	3.82	3.82	4.00	15.063***
上课打好 基础	4.05	3.88	3.71	3.83	3.96	12.716***
做科研发 文章	4.06	3.77	3.71	3.62	3.94	16.223***
参加专业 实践	4.28	4.24	4.16	4.37	4.26	1.893
参加社会 实践	3.76	3.65	3.69	3.76	3.73	0.956

注:* $p < 0.05$　** $p < 0.01$　*** $p < 0.001$。

3. 就学体验评价和归属感

各类导学关系下硕士生就学整体评价和归属感存在显著差异。整体评价包括对自身成长的评价、对就读经历的评价、再次选择本校读研的可能性,归属感包括对学校、对院系和课题组的归属感。与前文结果类似,良师益友型导学关系下的硕士生整体评价和归属感仍然最高,松散疏离关系下的硕士生整体评价和归属感得分最低,普通师生型和老板员工型则居于中间水平(见表 5-8)。

表 5-8　不同导学关系下硕士生就学体验评价和归属感

	良师益友型 (N=935)	普通师生型 (N=262)	老板员工型 (N=210)	松散疏离型 (N=71)	总人数 (N=1 478)	F
硕士就学 整体评价 (1—5)	4.28	3.88	3.70	3.50	4.09	87.785***

（续表）

	良师益友型 （N=935）	普通师生型 （N=262）	老板员工型 （N=210）	松散疏离型 （N=71）	总人数 （N=1 478）	F
（1） 对自身成长的评价	4.01	3.65	3.39	3.14	3.82	70.692***
（2） 对就读经历的评价	4.23	3.80	3.65	3.51	3.65	62.627***
（3） 依然会选择本校读研	4.61	4.18	4.07	3.85	4.42	43.495***
整体归属感（1—5）	4.41	4.01	3.80	3.60	4.21	82.295***
（1） 对院系的归属感	4.28	3.90	3.67	3.59	4.09	41.959***
（2） 对课题组的归属感	4.43	3.86	3.50	3.17	4.14	128.645***
（3） 对学校的归属感	4.53	4.26	4.23	4.04	4.41	22.985***
科研自我效能（1—5）	3.61	3.34	3.31	3.10	3.49	14.824***

注：$^*p<0.05$　$^{**}p<0.01$　$^{***}p<0.001$。

有趣的是，硕士毕业生对于自己学术能力的主观评价也因导学关系的不同而产生差异。"在自己的研究领域中，我有与国外同行对话的自信"这一题项用于测量学生的科研自我效能，与导师的人际关系影响了硕士生对内的自我看法。和谐导学关系和积极自我认知互相交织，一位工科硕士生的访谈资料印证了这一观点："我们老板对学生都是鼓励，只会发现学生的优点，不会批评学生。我也觉得很幸运遇到老师。经过几年磨合，我们彼此很了解对方的优缺点，能相互包容。我们是很亲密的关系，有时候大家一起熬夜加班，早上一起来，是一种积极向上一起努力做一件事情的氛围。"

(三) 四类导学关系的特点

不同导学关系下硕士研究生的科研工作量相当,但科研过程中获得的导师支持和自身的投入程度,以及毕业时的收获存在阶梯式差异。根据上述研究发现,本文总结了四类导学关系的特点。

良师益友型导学关系作为理想的导学关系,蕴藏的是导师对硕士生的全方位支持,包括情感支持、学术指导、学术引荐和就业支持,硕士生感知到的科研过程的挑战度最高,对学术工作的认同也最高。相应的,硕士生科研情感投入和科研自信水平最高。毕业时,硕士生对硕士期间自身成长的评价最高,归属感最高。虽然培养环节的挑战性与院系学科的文化有关,但也受到导师支持和学生态度的影响,导师对学生科研的支持水平拉了学生对科研的重视程度,提升了硕士生对自身科研能力的评价、对就读经历的整体评价。综合文献和案例高校研究来看,良师益友型在所有导学关系中占比介于六成到 2/3 之间,是较为平均的水平。若某个研究生培养单位的良师益友型导学关系远低于该比例,则值得引起警惕。

普通师生型导学关系的特点是保持距离、礼貌交往。无论是导师支持还是学生体验都与良师益友型存在显著差异。导师与学生的交流不如良师益友型积极,但也不存在不可调和的矛盾。围绕科研工作,导师和学生保持专业距离探讨,双方保持礼貌、相安无事。导师对学生没有高要求也没有高支持,学生对科研没有高投入、感受不到高挑战、对科研重要性的认识也不高。高等教育普及化背景下,随着研究生扩招、师生比降低,普通师生型导学关系的占比预计将逐步增加。

老板员工型关系"以任务为中心",雇佣关系胜于导学关系,"用工"胜于"育人"。围绕科研任务、追求目标达成,师生交往更多体现"命令"和"服从"的色彩,"老板"提供资源、分派任务,"员工"听从指令、完成任务,硕士生在研究过程中得到导师指导的频率和质量均不高,甚至是完成**"导师自己一点都不懂的项目"**。老板员工型导学关系中的个别案例甚至走向了"剥削型"和"专制型"的极端,若涉及毕业、学位等与学生前途休戚相关的问题,极易触发矛盾的升级和扩大。

松散疏离型导学关系被研究生称为"不闻不问、不管不顾"型导师。此类硕士生对科研工作的投入和价值认同,以及毕业时对就读体验和自身成长的评价,都是最低的,一位访谈对象形容**"自己读了个假研究生"**。松散疏离型是最不可取的导学关系,但在研究生教育规模扩大的背景下有扩大的趋势:案例高校中,松散疏离型导学关系的比例从 2017 年 2% 增长到了 2021 年 6%。松散疏离型导学关系的背后可能存在多种原因。"松散疏离"表征的背后可能是师生交往缺失导致的关系疏离,也可能是师生沟通破裂导致的关系冷漠或对立。

四、讨论与启示

本章通过文献梳理和案例研究勾勒了硕士研究生教育中导学关系的现状和特点,从高校、导师和研究生三个角度提出构建和谐师生关系的启示。

(一) 对高校的启示

导学关系失落的表面原因是研究生教育规模扩大、导师和研究生比例失调,然而最根本的原因还在于导师制度的设计和落实。学校和学位点的导师遴选制度、导师评价制度、导生双选制度、名额分配制度等顶层设计尤为重要。另外,高校教师通常以科研能力为准入标准,相对基础教育教师而言,对高等教育理论、教师职业操守、教育法律法规、高等教育心理学等内容的掌握较为薄弱。高校教师成为研究生导师,不仅需要突出的科研能力,也要提升育人育才的意识和素养。研究生院应建立和完善导师培训制度,新晋导师"持证上岗",资深导师"回炉再造"。院系和学位点应在导学关系中发挥更积极的作用,一方面和思政队伍合力畅通学生反馈渠道,另一方面调研排摸"松散疏离型"和"老板员工型"中的极端案例,启动问题解决机制。

(二) 对导师的启示

导师是研究生培养的第一责任人,其政治素质、道德修养、学术水平、创新能力和人格魅力直接影响着研究生的成长成才。[①] 导师不只是头衔或荣誉称号,更是一种责任。"高校教师要坚持教育者先受教育,努力成为先进思想文化的传

---

① 王顶名.加大导师培育力度不断提升导师队伍水平[J].学位与研究生教育,2020(9):7-8.

播者、党执政的坚定支持者,更好担起学生健康成长指导者和引路人的责任"。① 研究生导师首先要加强自身建设,在学术研究、道德修养、心理健康、政治素质、师德师风等方面素质过硬,才能成为一名合格的研究生导师。其次要构建导生学术共同体,内部建制是导生仪式互动的主要场所,完善组会制度在内部建设中有重要地位。② 最后,要加强对研究生的人文关怀。"距离感"是"老板员工型"和"松散疏离型"导学关系下研究生口中的高频词,学术工作以外的交流,无论郊游团建还是共进午餐,建立良好的师生互动机制有益于增进导师对研究生成长环境的了解和支持。

(三) 对学生的启示

高等教育普及化和研究生教育扩张的背景下,导学关系和精英化教育发展阶段的"师徒"关系大不相同。高等教育大众化发展阶段,许多研究观点认同导师在导学关系中的权威角色,也更多强调导师在构建和谐师生关系中的责任。目前我国高等教育进入普及化阶段,我们认为研究生教育中导生双方在关系构建中具有共同责任。新时代的硕士生要扭转学生身份带来的思维定势,一方面要对研究生导学关系形成新的符合时代的认识和合理的期待,另一方面意识到自身在导学关系建设中的主动责任。此外,在导师学术指导有限或师生互动机制缺失的情况下,自由教育理念可能带给我们一些启示。自主发展观是个体在对自身认识与定位后,通过一定策略在社会规则标准下自觉地、积极地寻求提升自身能力、实现个体发展目标的一种意识与态度。③ 硕士生逐步确立自主发展观,形成自主发展意识,比如认识自身优势和缺点、了解自己的心理健康状况、明确自己的求学的目标和未来发展方向等,走出对导师的依赖和期待,也能降低"松散疏离型"导学关系为自己的就学体验和成长带来的负面效应。

---

① 程宏毅,常雪梅. 把思想政治工作贯穿教育教学全过程,开创我国高等教育事业发展新局面[N]. 人民日报,2016‐12‐09(01).
② 郭瑞,王梅,马韶君. 专业硕士导生关系的归因分析——基于 NVivo11 的质性研究[J]. 高教探索,2018(09):86‐91.
③ 涂艳国,吴河江. 自由教育视野下研究生教育的导学关系重构——基于人文学科领域的思考[J]. 研究生教育研究,2018(04):23‐27+34.

第六章
硕士生的跨境国际化经历与全球胜任力

一、研究背景

在高等教育国际化背景下,深化国际交流合作、提升国际竞争力成为人才培养的重要工作。教育部提出要坚持国际化发展,用最先进的知识和技术加快培养具有全球视野的高层次国际化人才。① 高等教育国际化要实现内涵式发展,更好地发挥在高层次人才培养方面的独特作用。研究生教育作为高等教育的最高水平,承担着为党和国家事业发展培养和输送高层次人才的重要使命,其国际化水平也直接关系着国家高层次国际化人才培养的质量,关乎国家高等教育国际化的整体水平。因此,与其他层次教育相比,研究生教育应更注重深化对外学术交流与合作,注重培养高层次人才的全球胜任力。

硕士研究生作为研究生群体的主力,是国际化学术活动的参与者和受益者。通过此类经历,硕士研究生可以提升个人国际化相关的知识、技能和态度等方面的全球胜任力,提高学术和就业竞争力。同时,硕士生的国际化经历与全球胜任力是反映高等教育国际化过程和结果的重要路径,在一定程度上衡量研究生教育国际化的水平与质量,然而目前这部分文献较为有限。国际化经历分为跨境国际化和在地国际化。跨境国际化是高校研究生国际化培养的手段之一,制度化、体系化地支持学生"走出去看看";在地国际化(internationalization at home)

---

① 中华人民共和国教育部. 教育部等八部门全面部署加快和扩大新时代教育对外开放[EB/OL].
(2020 – 06 – 18)[2022 – 01 – 20]. http://www.moe.gov.cn/jyb_xwfb/moe_2082/zl_2020n/2020_
zl33/202006/t20200617_466544.html.

指"除学生海外流动之外的所有与国际事务相关的活动。"①本章利用对案例高校硕士毕业生就学体验的调查数据,对硕士生跨境国际化经历及其对全球胜任力的影响进行分析。第七章分析硕士生的在地国际化经历与全球胜任力的关系,以期为研究生教育国际化提供启示。

二、跨境国际化与全球胜任力

(一) 跨境国际化经历的内涵和影响

本研究中的跨境国际化经历指硕士生就学期间赴海外参与的教育活动,包括短期的国际会议、寒暑假出访等项目和长期的联合培养、国际组织实习等项目。在部分高水平高校,支持学生海外学习的项目体系和制度较为健全,跨境国际化项目是学生国际化培养的传统方式,也是提升学生对国际化学习、工作环境适应能力和综合竞争力的有效途径。

多因素影响高校学生的跨境国际化参与。学生的性别、年级、学科、学历、学校层次等背景因素对其跨境学习经历具有不同程度的影响。②③ 比如2010年以北京大学为案例的一项研究显示,虽然从整体上来看北大学生对"境外资源"的利用率并不理想,但研究生群体中有出国经历者的比例还是显著更高。④ 对比国内外一流大学,国内重点研究型大学的学生拥有国际化经历的比例和参与国际化活动的频率均显著低于世界一流大学的学生。⑤⑥

海外经历对学生产生广泛的积极影响,包括提升学生的国际视野、公民参

① NILSSON B. Internationalisation at Home from a Swedish Perspective: The Case of Malmö [J]. Journal of Studies in International Education, 2003,7(1):27-40.
② 陆根书,李丽洁.大学生全球化学习经历与全球化能力发展[J].北京工业大学学报(社会科学版), 2020,20(03):9-19.
③ MA W, YUE Y. Internationalization for Quality in Chinese Research Universities: Student Perspectives [J]. Higher Education, 2015,70(2):217-234.
④ 文东茅,陆骄,王友航.出国学习还是校本国际化?——大学生国际素质培养的战略选择[J].北京大学教育评论,2010,8(01):17-26.
⑤ 吕林海,郑钟昊,龚放.大学生的全球化能力和经历:中国与世界一流大学的比较——基于南京大学、首尔大学和伯克利加州大学的问卷调查[J].清华大学教育研究,2013,34(04):100-107.
⑥ 常桐善,杜瑞军.中国大学离世界一流大学还有多远——以本科学生的全球化知识和经验为例[J].高等教育研究,2013,34(03):94-103.

与、对事物的全局认知和整体加工方式（global processing style）等能力。[1][2][3] 在对全球胜任力的影响方面，已有研究表明两者存在显著聚合相关，学生参与全球化活动的程度与他们掌握相关知识和技能的程度显著正相关，表明有海外经历的学生在国际化相关素质方面的收益越大。[4][5][6] 比如，研究型大学本科生参与海外学习项目显著提升了全球及跨文化技能水平，并促进了跨文化成熟发展。[7][8]

(二) 全球胜任力的内涵

为探讨和培养学生应对国际化环境所需的知识和能力，学者提出了"国际化能力""国际视野""全球胜任力""全球素养""跨文化能力""跨文化成熟"等一系列概念及框架，这些术语的内涵各有所侧重，但也有相似之处。本研究采用亨特（Hunter）提出的全球胜任力（global competence）概念，全球胜任力指主动理解和包容其他文化规范，并将所学知识运用于自身文化环境外进行有效沟通和工作的能力，包括"知识与理解""技能与行动""态度与价值观"三个维度。[9]

三维度内容在不同群体中有所差异。对于硕士生来说，"知识与理解"指掌握世界历史、文化、语言、地理等基础知识，理解全球化内涵，关注并了解专业学术前沿。"技能与行动"指能够运用相关知识和工具，有效开展跨文化交际和学术研究。"态度与价值观"指拥有包容开放的国际化意识和态度、理解和尊重多

---

① ENGBERG M. The Influence of Study Away Experiences on Global Perspective-Taking [J]. Journal of College Student Development，2013,54(5):466-480.

② LI J，WANG S，ZHENG H，et al. Overseas Study Experience and Global Processing Style [J]. Current Psychology，2020,39(3):913-918.

③ MITIC R R. Global Learning for Local Serving: Establishing the Links Between Study Abroad and Post-college Volunteering [J]. Research in Higher Education，2020,61(5):603-627.

④ 吕林海,郑钟昊,龚放. 大学生的全球化能力和经历:中国与世界一流大学的比较——基于南京大学、首尔大学和伯克利加州大学的问卷调查[J]. 清华大学教育研究,2013,34(04):100-107.

⑤ 文东茅,陆骄,王友航. 出国学习还是校本国际化?——大学生国际化素质培养的战略选择[J]. 北京大学教育评论,2010,8(01):17-26.

⑥ 常桐善,杜瑞军. 中国大学离世界一流大学还有多远——以本科学生的全球化知识和经验为例[J]. 高等教育研究,2013,34(03):94-103.

⑦ 徐丹,蒋婷,刘声涛. 研究型大学本科生国际化经历与全球及跨文化能力关系研究[J]. 大学教育科学,2019(05):48-57.

⑧ 岑逾豪,江雨澄,刘俭. 本科生海外访学的成效及影响因素研究[J]. 清华大学教育研究,2020,41(03):110-121.

⑨ HUNTER W. Knowledge，Skills，Attitudes，and Experiences Necessary to Become Globally Competent [D]. Lehigh University，2004.

元文化和价值观。[①]

　　基于硕士生全球胜任力的特点,本研究对全球胜任力概念的三层结构模型进行了改编(见图 6-1)。最内层包括开放多元的价值观、承认文化差异以及无偏见反应等态度。中间层在世界历史、全球化等知识的基础上增加了专业前沿知识。最外层包括识别文化差异和评估跨文化行为的能力、有效参与社会和全球事务以及跨文化合作的经历,也包括使用国际学术资源的技能。该模型也为本书操作性定义研究生的全球胜任力提供了框架。

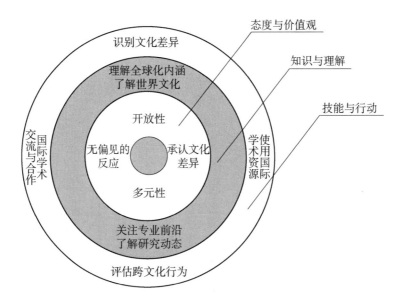

图 6-1　硕士生全球胜任力概念模型

注:该模型改编自: HUNTER B, WHITE G P, GODBEY G C. What Does It Mean to be Globally Competent? [J]. Journal of Studies in International Education, 2006,10(3):267-285.

(三) 全球胜任力的现状和影响因素

　　关于我国高校学生全球胜任力发展现状的研究有如下两方面发现。首先,在全球胜任力水平上,三个维度的水平存在差异。通常表现为"态度与价值观"

① 刘扬,吴瑞林.高等教育国际化:大学生国际能力评价量表设计和检验[J].复旦教育论坛,2015,13 (01):44-49.

维度的平均值最高,"技能与行动"最低,且针对不同高校、不同学历学生群体的研究都发现了该现象。[1][2][3][4] 也有一项针对不同地区、不同层次的多院校研究则发现本科生全球胜任力的"知识与理解"水平最低。[5] 若将全球胜任力划分为语言能力、科研能力、文化理解能力、国际交流能力和创新能力等方面,研究发现学生通过中外联合培养项目在文化理解能力方面的提升最大,而在创新能力方面的收获最低。[6] 其次,大学生的全球胜任力主要受个体背景特征和国际化经历两方面因素影响。对学生个体背景特征——包括个人和家庭环境——对全球胜任力的影响作用,研究结论并不一致。大部分研究支持个体因素的影响,[7][8][9]也有个别研究指出学生性别、年龄、专业、年级、英语水平、家庭所在地、家庭收入水平等与学生的国际化能力均无显著相关性。[10] 对国际化经历促进全球胜任力的影响研究,研究结果则较为一致,跨境流动对研究生全球胜任力的影响程度最大。[11]

　　上述对我国高校学生跨境国际化经历和全球胜任力的探索为本研究提供了基础,同时也存在一定局限。在研究内容上,学生跨境国际化经历相关研究更多探讨这些经历对学生语言能力、跨文化能力的影响,全球胜任力相关研究则更多

① 刘扬,孙佳乐,刘倍丽,等.高等教育国际化:大学生国际能力测评及影响因素实证研究[J].复旦教育论坛,2015,13(03):77-83.
② 刘扬,马荧,李名义."一带一路"倡议下研究生国际能力的评价与提升对策研究[J].高校教育管理,2018,12(02):10-16.
③ 路美瑶,郭哲.我国研究型大学研究生国际化能力及其影响因素研究——基于C9高校的调研数据[J].当代教育论坛,2018(06):17-24.
④ 胡德鑫.中德顶尖研究型大学研究生国际化能力比较研究——以清华大学和柏林自由大学为例[J].研究生教育研究,2017(06):83-89.
⑤ MENG Q, ZHU C, CAO C. An Exploratory Study of Chinese University Undergraduates' Global Competence: Effects of Internationalisation at Home and Motivation [J]. Higher Education Quarterly, 2017,71(2):159-181.
⑥ 初旭新,宗刚.我国研究生教育国际化培养的现状与对策[J].研究生教育研究,2015(05):18-22.
⑦ 刘扬,孙佳乐,刘倍丽,等.高等教育国际化:大学生国际能力测评及影响因素实证研究[J].复旦教育论坛,2015,13(03):77-83.
⑧ 路美瑶,郭哲.我国研究型大学研究生国际化能力及其影响因素研究——基于C9高校的调研数据[J].当代教育论坛,2018(06):17-24.
⑨ MENG Q, ZHU C, CAO C. An Exploratory Study of Chinese University Undergraduates' Global Competence: Effects of Internationalisation at Home and Motivation [J]. Higher Education Quarterly, 2017,71(2):159-181.
⑩ 刘扬,马荧,李名义."一带一路"倡议下研究生国际能力的评价与提升对策研究[J].高校教育管理,2018,12(02):10-16.
⑪ 路美瑶,郭哲.我国研究型大学研究生国际化能力及其影响因素研究——基于C9高校的调研数据[J].当代教育论坛,2018(06):17-24.

关注其影响因素或培养路径,较少将具体经历与能力联系起来。在研究对象上,已有研究主要针对本科生,但硕士生和本科生的培养目标和培养过程差异较大,本科教育阶段的国际化研究结论在研究生教育阶段并不一定成立。在研究结论上,目前学者对于国际化经历对全球胜任力影响的研究结果并不一致,同样的国际化项目在不同情境下开展,对不同学生群体国际化相关知识、技能和态度的影响也会有所差异。因此,本章聚焦一所高水平研究型大学的硕士生群体,提出以下两个研究问题:①硕士研究生的跨境国际化经历现状、全球胜任力水平如何?②跨境国际化经历如何影响硕士研究生的全球胜任力?

三、研究设计

(一) 数据来源

本研究数据来源于案例高校 2020 年硕士毕业生就学体验调查。该校硕士研究生学制为 2.5 年,2020 届全体硕士毕业生在 3 月毕业季收到了线上问卷填答的邀请。受新冠疫情的影响,这一届硕士生毕业季无法返校,但就读期间的国际交流意愿和活动基本达成,未受疫情波及。调查最终回收有效问卷 1 478 份(不包括留学生),回收率为 55%。样本学生的性别、学位类型、学科类别和录取方式的分布与总体中的分布趋于一致,样本具有代表性。样本的描述性统计数据见表 6-1。部分留下联系方式的调查对象参与了个人访谈,为定量研究发现提供了支撑和解释。

表 6-1　调查对象的样本特征

变量	样本(N=1478)	
	人数	百分比
性别		
男	919	62.2%
女	559	37.8%
学位类型		
学术型硕士	579	39.2%
专业硕士	899	60.8%

（续表）

变量	样本（$N=1478$）	
	人数	百分比
学科类别		
工科	964	65.2%
理科	90	6.1%
生命科学	126	8.5%
人文社科	298	20.2%
家乡所在地		
地级市以上	745	50.4%
县城、乡镇、村	733	49.6%
家庭第一代大学生		
是	854	57.8%
否	624	42.2%

（二）变量选择

本研究的自变量为硕士生读研期间出于学术原因的跨境国际化经历的相关特征，包括出国境经历次数、类型、时长和地点。

因变量为全球胜任力。本研究借鉴并改编了"研究生国际化能力量表"测量硕士生的全球胜任力，包括"知识与理解""技能与行动"和"态度和价值观"3个维度，共12个题项。[①] 该量表采用李克特5点计分法，分数越高表明全球胜任力水平越高。量表整体的内部信度系数为0.87，表明内部一致性信度较高；KMO值为0.85，说明量表的整体结构效度较好。

控制变量为学生个人背景特征，包括性别、学位类型、学科类别、家乡所在地、是否为家庭第一代大学生和本科高校类型。

（三）数据分析方法

数据分析分为三部分。首先，通过描述性统计呈现案例高校硕士生跨境国

---

① 胡德鑫.中德顶尖研究型大学研究生国际化能力比较研究——以清华大学和柏林自由大学为例[J].研究生教育研究,2017(06):83-89.

际化经历和全球胜任力水平。其次,通过独立样本 t 检验比较有无跨境国际化经历的学生在全球胜任力各维度上的差异。硕士生自主选择是否参与跨境国际化的学术活动而非随机被选中,其选择可能受个体背景差异影响,存在自选择偏差。因此,本研究进行 t 检验前,采用了罗森鲍姆(Rosenbaum)和鲁宾(Rubin)提出的倾向得分匹配法(Propensity Score Matching),挑选出一组与有海外经历的学生在背景特征上相似的无类似经历的学生。[1][2] 最后,通过多元回归分析探究跨境国际化经历对全球胜任力的影响。

四、研究发现

(一) 读研期间,两成学生有跨境国际化经历;硕士生对多元文化的态度具有较高的开放性

参与调查的 1 478 位硕士生毕业生中,20.1% 读研期间有过跨境国际化经历,41 位有两次及以上出国境学术交流体验(见表 6-2)。297 位有跨境国际化经历的学生中,参加国际会议的比例最高,为 41.4%,近七成是历时少于 3 个月的短期出访。就国际学术交流目的地来看,前往欧洲的学生最多,为 43.8%,其次是亚洲 27.6%,北美洲占 21.5%。

表 6-2　硕士生就读期间的跨境国际化经历[a]

变量	样本($N=1478$)	
	人数	百分比
跨境国际化经历次数		
0	1 181	79.9%
1	256	17.3%
≥2	41	2.8%

① ROSENBAUM P R, RUBIN D B. Constructing a Control Group Using Multivariate Matched Sampling Methods That Incorporate the Propensity Score [J]. The American Statistician, 1985, 39 (1):33-38.
② ROSENBAUM P R, RUBIN D B. The Central Role of the Propensity Score in Observational Studies for Causal Effects [J]. Biometrika, 1983, 70(1):41-55.

（续表）

变量	样本（N＝297）	
	人数	百分比
类型		
联合培养	62	20.9%
国际会议	123	41.4%
学习交流[b]	112	37.7%
时长		
短期（<3个月）	207	69.7%
长期（≥3个月）	90	30.3%
地点		
北美洲	64	21.5%
欧洲	130	43.8%
亚洲	82	27.6%
其他[c]	21	7.1%

注：a.共297名硕士毕业生有出国（境）学术经历，共计347次，表中只统计第一次跨境国际化经历的类型、时长和地点；b.“学习交流”包括合作研究、学术竞赛、服务性学习等经历；c.“其他”包括南美洲、非洲、大洋洲。

样本学生的总体全球胜任力处于一般水平（见表6-3）。三个维度上，学生的国际化“态度与价值观”平均得分最高，其次是国际化“技能与行动”维度的得分，对国际化的“知识与理解”均分最低。

表6-3　硕士毕业生的全球胜任力

	全球胜任力（1—5）	（1）知识与理解（1—5）	（2）技能与行动（1—5）	（3）态度与价值观（1—5）
均值	3.82	3.62	3.86	4.00
标准差	0.53	0.67	0.58	0.64

（二）有“走出去”经历的硕士生全球胜任力水平显著更高

为了减少自选择偏差，检验有无跨境国际化经历学生在全球胜任力水平上的差异前,研究进行了倾向得分匹配。倾向得分匹配分两步进行,第一步是估算倾向得分,即在一定协变量条件下,一个个体接受某种处理的可能性,第二步是根据倾向得分进行匹配。本研究中,倾向得分是不同背景特征硕士生参与跨境国际化学术活动的概率。本研究将"是否有跨境国际化经历"作为因变量,个体背景特征和校园环境因素作为自变量建立模型,使用逻辑回归(logit regression)估计硕士生参与的概率。表6-4显示了逻辑回归预测倾向得分的结果。同男生相比,女生更倾向参加跨境国际化学术活动($p=0.009$)。同人文社科的学生相比,理科和生命科学的学生有类似经历的可能性较低($p<0.001$)。相比于家乡所在地为县城、乡镇或农村的学生,地级市以上的学生有跨境国际化经历的可能性更高($p=0.008$)。相比于有10种在地国际化经历的学生,没有或只有1—4种经历的学生参与跨境国际化活动的可能性也更低($p<0.001$)。

表6-4 逻辑回归倾向得分估计

		回归系数	标准误	p 值
	截距项	−1.765	0.228	<0.001
性别[a]	女	0.390	0.150	0.009
学位类型[b]	专业硕士	0.120	0.146	0.412
学科类别[c]	工科	0.058	0.174	0.741
	理科	−2.514	0.730	<0.001
	生命科学	−1.999	0.479	<0.001
家乡所在地[d]	地级市以上	0.387	0.145	0.008
家庭第一代大学生[e]	否	0.129	0.141	0.362
在地国际化经历数[f]	0—4 种($N=246$)	−0.853	0.250	<0.001
	5—9 种($N=651$)	0.246	0.142	0.083

注:$N=1478$。a. 参照组:男;b. 参照组:学术型硕士;c. 参照组:人文社科;d. 参照组:县乡村;e. 参照组:家庭第一代大学生;f. 参照组:10 种在地国际化经历($N=581$)。

根据倾向得分,在297名有跨境学术经历的硕士生中,63名找到了相关背景特征完全匹配的无跨境学术经历的同伴,其余234名找到了模糊匹配对象。表6-5呈现了匹配数据集的描述性统计。

表 6 - 5　两组学生的样本特征

变量	有跨境国际化经历组（N=297）		无跨境国际化经历组（N=297）	
	人数	百分比	人数	百分比
性别				
男	174	58.6%	175	58.9%
女	123	41.4%	122	41.1%
学位类型				
学术型硕士	106	35.7%	125	42.1%
专业硕士	191	64.3%	172	57.9%
学科类别				
工科	214	72.0%	223	75.1%
理科	2	0.7%	4	1.3%
生命科学	5	1.7%	2	0.7%
人文社科	76	25.6%	68	22.9%
家乡所在地				
地级市以上	178	59.9%	181	60.9%
县乡村	119	40.1%	116	39.1%
家庭第一代大学生				
是	149	50.2%	161	54.2%
否	148	49.8%	136	45.8%
在地国际化经历数				
0—4 种	22	7.4%	24	8.1%
5—9 种	155	52.2%	154	51.9%
10 种	120	40.4%	119	40.1%

　　独立样本 t 检验结果显示，有跨境学术经历的研究生在总体全球胜任力及各维度上的得分均显著高于没有"走出去"经历的同伴（见图 6 - 2）。两组学生在"态度与价值观"维度得分均最高，分别为 4.17 和 3.94（$p < 0.001$，Cohen's $d = 0.37$），其次为"技能与行动"维度，分别为 4.06 和 3.86（$p < 0.001$，Cohen's $d = 0.36$），"知识与理解"维度得分最低，为 3.85 和 3.61（$p < 0.001$，Cohen's

$d=0.39$）。访谈中，一名在法国巴黎访学的硕士生谈到国外一年的学习经历对拓展学术视野、培育专业情怀的作用："之前觉得做经济学很多都是基础经济，要做一些原理和宏微观等。在巴黎，看到原来还有一块是专门做发展中国家的经济学，真的是去投入了一些实验，研究如何让他们的经济、个人教育、医疗条件等各个方面都有所改善。我觉得还是挺值得我去学习的，很有温情的感觉。"（女，人文社科）

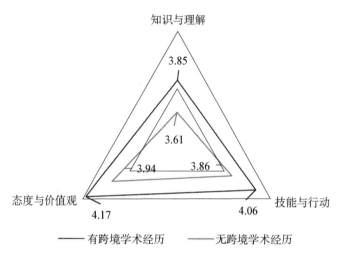

图 6-2　有无跨境学术经历硕士生全球胜任力的差异

（三）跨境国际化经历次数、地点、时长均显著影响全球胜任力

本研究进一步分析了 297 名有跨境国际化经历的学生样本，探究跨境国际化经历的地点、时长以及经历类型等特征对全球胜任力的影响（见表 6-6）。首先，从跨境国际化经历次数来看，有多次经历的学生在总体全球胜任力上显著高于只有一次经历的学生，并且这些学生对国际化内涵的理解更深、对国际化的态度更开放和包容。其次，从跨境目的地来看，相比于前往欧洲，赴亚洲或北美洲的硕士生的国际化技能行动以及态度价值观得分更高。再次，从经历时长来看，相比于 3 个月以下的短期跨境国际化经历，长期经历对学生总体全球胜任力的影响更大，主要体现在态度价值观方面。最后，从经历类型来看，相比于出国境参加国际会议，学习交流经历对学生国际化技能和态度的影响更大。

表 6 - 6　跨境国际化经历特征对全球胜任力的影响

	β			
	全球胜任力	(1) 知识与理解	(2) 技能与行动	(3) 态度与价值观
控制变量:个体背景特征[a]				
性别:女[b]	0.029	−0.092	0.002	0.176**
自变量:跨境国际化经历特征				
次数:有 1 次跨境国际化经历[c]	−0.158*	−0.139*	−0.081	−0.180**
地点:北美洲[d]	0.136*	0.041	0.159*	0.151*
地点:亚洲[d]	0.223***	0.122	0.214**	0.237***
地点:其他[d]	0.066	0.031	0.080	0.057
时长:长期(≥3 个月)[e]	0.200*	0.154	0.174	0.180*
类型:联合培养[f]	0.056	0.091	0.034	0.012
类型:国际会议[f]	−0.125	−0.001	−0.154*	−0.174*

注:$N=297$。a. 控制变量包括性别、家庭第一代大学生、本科高校类型、家乡所在地、学位类型、学科类别;b. 参照组:男;c. 参照组:有两次及以上跨境国际化学术经历;d. 参照组:欧洲;e. 参照组:短期(<3 个月);f. 参照组:学习交流。* $p<0.05$,** $p<0.01$,*** $p<0.001$。

访谈学生也表示,海外学术经历让自己"**说英文的时候更加自信(男,出国参加国际会议和科研项目)**",也可以拓展对研究领域的认知,认识到"**社会科学研究方法都是融会贯通的**",看到"**实际问题,国外怎么做的,并和国内进行对比(男,海外服务学习)**"。此外,硕士生还谈到跨文化环境可以提升他们对文化差异的认知,一方面感受异国文化,增强自身的文化包容性,理解到在与外国人发生观点冲突时,很多时候自己的"**表述目的不是为了说服,而是表达清楚自己的观点(女,联合培养)**"。另一方面,通过对比中外环境,加深了对中国发展的思考,发现"**可能是中国发展太快了,(莫斯科)跟上海比感觉是没有上海好,在俄罗斯主要是用现金或信用卡,支付宝不能用(男,中外合作项目交流一年)**"。跨境国际化的经历也能够促进硕士生对研究者身份和站位的反思。一名研究并参与海外服务学习的硕士生回顾非洲之旅表示,"**这次经历不仅让作为新手研究者的我得到迅速成长,也更让我直观地看到非洲亟待解决的许多问题,深刻地意识到'人类命运共同体'绝不只是说说而已,我们作为青年学者,身上承担着更大的责**

任和担当(女,海外服务学习)"。

五、讨论与启示

高等教育国际化背景下,硕士研究生出于学术原因的跨境流动依然是高校高层次国际化人才培养的重要方式,也是学生开拓国际视野、提升全球竞争力的有效途径。本章考察了硕士研究生读研期间的跨境国际化活动参与情况,探究这些经历对全球胜任力的影响,为高校和学生带来如下启示。

(一) 高校可以优化跨境国际化资源配置,持续资助硕士生"走出去"

分析结果显示,跨境国际化项目的参与存在性别、学科和生源地城乡差异。虽然本研究中出国交流的男生多于女生(见表6-5),但是逻辑回归(见表6-4)揭示了女生比男生参与跨境国际化学术活动的可能性更高,人文社科比理科、生命科学的学生读研期间赴海外学习的概率更高。此外,相较来自县城、乡镇或农村的学生,家乡所在地为地级市以上的学生有跨境国际化经历的可能性更高。除此之外,大部分个体背景特征对学生全球胜任力的影响并不显著,而海外经历可以显著提升学生的全球胜任力,表明不同背景的学生,如果能有参与跨境国际化项目的机会,都可能达到相同的学习和发展水平。[①]

基于跨境国际化对硕士生的积极影响,高校可以将跨境国际化项目作为培养具有中国情怀和国际竞争力的高层次人才的重要战略之一,优化跨境国际化资源配置,持续资助学生参与国际化项目。一是可以均衡跨境学术交流的机会。针对不同学科的学生,鼓励理工科研究生"走出实验室",在国际会议、国际科研合作中感受关键领域的国际前沿和"**中国学者建立起的重要地位(男,参加国际会议)**"。针对不同家庭背景的学生,在海外学术项目的宣传、选拔和资助方面可以考虑向来自县城、乡镇和农村的优秀学生倾斜。二是可以根据学生在项目中的收获和发展调整项目。从跨境国际化特征对全球胜任力的影响来看,长期出访对提升硕士生应对国际化挑战的技能和多元文化包容性更胜一筹,但是考虑到学业、科研进度,研究生更倾向参与短期项目。学生对跨境经历的反思与评价

---

① 岑逾豪,江雨澄,刘俭.本科生海外访学的成效及影响因素研究[J].清华大学教育研究,2020,41(03):110-121.

也可以作为高校调整海外项目的重要依据之一。

(二) 研究生可以有选择地把握"走出去"机会,主动提升国际化知识与技能

案例高校 2020 届硕士毕业生中,两成学生在读研期间因学术事由出访,其中有 3‰的学生多次参与跨境国际化项目。受疫情影响,2021 届毕业生的出访率下降。在全球胜任力方面,相对国际化态度和价值观,硕士生对全球化的知识与理解、应对国际挑战的技能与行动表现一般,有待加强。这表明虽然研究生对国际化和全球化持较为积极的开放性和包容性态度,能够较好地理解并尊重文化差异,但在了解和运用国际化环境下所需的基础知识以及使用相关工具,开展跨文化交际来全面提升自身的国际竞争力等方面还亟待加强。[①]

基于此,建议硕士生多关注跨境国际化资源、积极参与出国境交流项目并投入其中。研究结果显示,有 3 个月以上跨境学术经历的学生和短期经历的学生主要在态度价值观方面体现了显著差异,这可能是因为对高水平大学中已有国际化基础的硕士生而言,短期跨境经历并不能让其态度价值观再上一个台阶。但是,短期项目的价值不能被否定,"规划良好、执行专业、资源丰富"的短期项目可能在其他方面对学生发展产生不亚于长期项目的积极影响。[②] 此外,硕士生考虑长期出国交流机会时,也会面临学业、就业、经费等多重压力,对申请、选拔等环节也有些许顾虑,需要**"腾出时间去准备雅思成绩、申请材料,但是能不能去还是一个未知数(女,放弃出国交流项目)"**。因此,硕士生一方面要把握"走出去"的机会,另一方面在选择跨境国际化学术项目时,可以从自身兴趣和需求出发,明确不同项目的培养目标和具体内容,有选择、有目标地投入海外交流项目申请。

---

① 路美瑶,郭哲. 我国研究型大学研究生国际化能力及其影响因素研究——基于 C9 高校的调研数据[J]. 当代教育论坛,2018(06):17-24.
② 徐丹,蒋婷,刘声涛. 研究型大学本科生国际化经历与全球及跨文化能力关系研究[J]. 大学教育科学,2019(05):48-57.

第七章
在地国际化：硕士生全球胜任力培养的
有效途径

一、研究背景

　　研究生培养的国际化在新时代研究生教育改革中的重要性日益凸显，国际形势的新变化也对研究生全球胜任力的培养目标、国际化培养的策略和实践提出了新要求。跨境流动不再是研究生国际化培养的唯一路径，研究生在校内接触的国际化师资和留学生、课程教学和学术环境等在地国际化经历（internationalization at home），也称本土国际化经历，都是国际化培养的重要组成部分。第六章揭示了跨境国际化经历对硕士生全球胜任力的影响，本章则聚焦硕士生的在地国际化经历。

　　近十年来，高等教育国际化新的发展趋势体现在以下三个方面：一是从以人员的跨境流动为重心转向关注国内课程国际化发展；二是从以经济、排名为主的外部驱动转向提升高等教育质量、强调学生学习成果等内部驱动；三是从服务于精英高校学生普及到大众学生。[1] 这些发展趋势推动高校以学生为中心开发惠及大众的校本国际化或在地国际化资源。

　　新冠肺炎疫情的全球蔓延限制了跨境教育交流，对人才的国际化培养提出了新挑战，也为发挥在地国际化的优势创造了历史机遇。后疫情时代，立足新形势，积极推动高等教育的在地国际化，利用好已有的校本国际化资源加快教育对

---

① DE WIT H. Internationalization of Higher Education: The Need for a More Ethical and Qualitative Approach [J]. Journal of International Students, 2020,10(1):i‐iv.

外开放,是国际化人才培养应对变局的新途径。①②

二、在地国际化

在地国际化的概念甫一出现备受关注,学者对其内涵的认知在实践过程中不断深化。1998 年,瑞典马尔默大学副校长尼尔森(Nilsson)首次提出在地国际化的概念,将其定义为"教育领域中发生的除学生海外流动之外的所有与国际事务相关的活动"。③ 贝伦(Beelen)和琼斯(Jones)进一步丰富了其内涵,认为在地国际化是指"国内学习环境下,在面向所有学生的正式和非正式课程中,有意识地融入国际的、跨文化的内容的过程"。④ 从受益群体、实施途径和目标指向来看,在地国际化与高等教育国际化的主张基本相同,但它并不是高等教育国际化的全部,而是对其本义的强调。⑤ 在地国际化也不是跨境国际化的对立或替代,而是与其相辅相成。⑥

在地国际化旨在为所有学生求学时期提供接受国际理念与跨境文化影响的机会,以此提升学生对学习、工作环境国际化的适应能力和综合竞争力,使其能够应对不断变化的全球化世界的需求。⑦ 研究发现,相对于需要一定资源和资金支持的跨境国际化活动,在地国际化活动中学生的参与度明显更高,具有海外国际化学习经历的学生也会更加关注并更多参与在地国际化学习活动。⑧⑨⑩ 此外,学历、学科、学校层次等背景因素也会影响学生在地国际化学习活动的参

① 韩亚菲,秦琳,蒋凯. 变局与破局:新形势下高等教育国际化的挑战与应对[J]. 大学与学科,2021,2(03):80-90.
② 张应强,姜远谋. 后疫情时代我国高等教育国际化向何处去[J]. 高等教育研究,2020,41(12):1-9.
③ NILSSON B. Internationalisation at Home from a Swedish Perspective: The Case of Malmö [J]. Journal of Studies in International Education, 2003,7(1):27-40.
④ BEELEN J, JONES E. Europe Calling: A New Definition for Internationalization at Home [J]. International Higher Education, 2015(83):12-13.
⑤ 房欲飞. "在地国际化"之"旧"与"新":学理思考及启示[J]. 江苏高教,2021(08):41-45.
⑥ 王英杰. 后疫情时代教育国际化三题[J]. 比较教育研究,2020,42(09):8-13.
⑦ 张伟,刘宝存. 在地国际化:中国高等教育发展的新走向[J]. 大学教育科学,2017(03):10-17.
⑧ SORIA K M, TROISI J. Internationalization at Home Alternatives to Study Abroad: Implications for Students' Development of Global, International, and Intercultural Competencies [J]. Journal of Studies in International Education, 2013,18(3):261-280.
⑨ 徐丹,蒋婷,刘声涛. 研究型大学本科生国际化经历与全球及跨文化能力关系研究[J]. 大学教育科学,2019(05):48-57.
⑩ 陆根书,李丽洁. 大学生全球化学习经历与全球化能力发展[J]. 北京工业大学学报(社会科学版),2020,20(03):9-19.

与度。[①]

全球胜任力是衡量研究生国际化培养质量的学生学习成果指标。亨特(Hunter)将全球胜任力界定为主动理解和包容其他文化规范,并将所学知识运用于自身文化环境外进行有效沟通和工作的能力,分为"知识与理解""技能与行动""态度与价值观"三个维度。[②] 对于硕士生来说,提升全球胜任力,需要培养对多元文化的包容性和开放性,理解国际化知识、全球化内涵的同时关注专业学术前沿,并且能够运用相关知识和工具应对全球化挑战,有效开展跨文化交际和学术研究。[③] 基于此,本研究对亨特的全球胜任力三层结构模型进行了改编:最内层为对多元文化的态度和价值观;中间层在世界历史、全球化等知识的基础上加入了专业前沿知识;最外层包括应对跨文化环境的能力、使用国际学术资源的技能和参与国际学术交流合作的行动(见图 6-1)。该模型为本章操作性定义研究生的全球胜任力提供了框架。

除了个体背景特征外,高校就读过程中国际化经历是影响学生全球胜任力的重要因素。学生参与在地国际化活动的程度与他们掌握相关知识和技能的程度呈显著正相关,表明对校本国际化资源利用越多,学生在国际化相关素质方面的收益也会增加。[④][⑤][⑥] 比如,选修国际化和跨文化相关课程、参加国际学术会议或论坛、阅读外文文献和外文著作会对全球胜任力产生显著的正向影响。[⑦][⑧][⑨][⑩]

① 文东茅,陆骄,王友航. 出国学习还是校本国际化?——大学生国际化素质培养的战略选择[J]. 北京大学教育评论,2010,8(01):17-26.
② HUNTER W. Knowledge, Skills, Attitudes, and Experiences Necessary to Become Globally Competent [D]. Lehigh University,2004.
③ 胡德鑫. 中德顶尖研究型大学研究生国际化能力比较研究——以清华大学和柏林自由大学为例[J]. 研究生教育研究,2017(06):83-89.
④ 文东茅,陆骄,王友航. 出国学习还是校本国际化?——大学生国际化素质培养的战略选择[J]. 北京大学教育评论,2010,8(01):17-26.
⑤ 吕林海,郑钟昊,龚放. 大学生的全球化能力和经历:中国与世界一流大学的比较——基于南京大学、首尔大学和伯克利加州大学的问卷调查[J]. 清华大学教育研究,2013,34(04):100-107.
⑥ 刘扬,吴瑞林. 高等教育国际化:大学生国际能力评价量表设计和检验[J]. 复旦教育论坛,2015,13(01):44-49.
⑦ 徐丹,蒋婷,刘声涛. 研究型大学本科生国际化经历与全球及跨文化能力关系研究[J]. 大学教育科学,2019(05):48-57.
⑧ 刘扬,马荧,李名义."一带一路"倡议下研究生国际能力的评价与提升对策研究[J]. 高校教育管理,2018,12(02):10-16.
⑨ 刘扬,孙佳乐,刘倍丽,等. 高等教育国际化:大学生国际能力测评及影响因素实证研究[J]. 复旦教育论坛,2015,13(03):77-83.
⑩ 路美瑶,郭哲. 我国研究型大学研究生国际化能力及其影响因素研究——基于C9高校的调研数据[J]. 当代教育论坛,2018(06):17-24.

参与国际暑期学校的志愿者活动,学生可以通过前期的准备和训练,提升个人外文素养;通过增加与留学生的互动,增进对文化差异的感知和包容性;通过互相交换对彼此国家的观点和看法,纠正对异域文化的偏见和刻板印象,同时也加深对本土文化的认知。[①] 此外,也有少数研究表明参与在地国际化相关活动比大部分出国留学项目更有可能提升学生的全球化、国际化和跨文化能力,体现了营造面向全体学生的国际化校园氛围的重要性。[②③]

上述国内外研究多以本科生作为研究对象,研究生的国际化经历及其对全球胜任力影响的研究相对较少。那么,相比跨境国际化经历,高水平研究型大学硕士生在地国际化活动的参与水平如何? 哪些具体的在地国际化经历能够有效促进硕士生的全球胜任力? 对于有跨境经历的硕士生而言,在地国际化能否进一步提升他们的全球胜任力? 这些都是后疫情时代研究生教育实现内涵发展、应对全球人才竞争需要回答的问题。本章基于案例高校硕士研究生学习体验的调查数据,采用实证研究方法回答上述问题,以期为高校的研究生国际化培养策略和实践提供启示。

三、研究设计

(一) 数据来源

本章数据来源于案例高校 2020 年硕士毕业生就学体验调查。这所综合性、研究型大学位于东部沿海一线城市,无论是国际化信息资源、人员资源,还是国际化环境建设相对内陆高校、地方高校均处于领先地位。2020 年 3 月开展毕业生调查时,该届硕士生就读期间的跨境流动基本未受疫情波及。

2020 年调查最终回收有效问卷 1 478 份(不包括留学生),回收率为 55%。其中,男生占 62.2%,女生占 37.8%;学术型硕士和专业硕士分别占 39.2%和

① 徐佳. 跨文化视域下"本土国际化"项目对研究型高校本科生的影响——基于学生体验的视角[J]. 中国人民大学教育学刊,2015(03):143 - 157.
② SORIA K M, TROISI J. Internationalization at Home Alternatives to Study Abroad: Implications for Students' Development of Global, International, and Intercultural Competencies [J]. Journal of Studies in International Education, 2013,18(3):261 - 280.
③ 徐丹,蒋婷,刘声涛. 研究型大学本科生国际化经历与全球及跨文化能力关系研究[J]. 大学教育科学,2019(05):48 - 57.

60.8%;工科学生最多,占 65.2%,人文社科次之,占 20.2%,生命科学占8.5%,理科 6.1%;家乡所在地为地级市以上和来自县城、乡镇、村的学生各占一半;家庭第一代大学生和非第一代大学生占比分别为 57.8%和 42.2%。样本分布结构较为均衡,学生的性别、学位类型、学科类别和录取方式的分布与总体相应方面的比例趋于一致,样本具有较强的代表性。

(二) 变量选择

1. 在地国际化经历

"在地国际化不是另外一个学习项目,而是整合性和系统性的国际教育实践。"[①]本研究将硕士生的在地国际化经历分为三类:一是与国际人员互动,包括与国外学者面对面学术交流、与国外学者网上学术交流、与留学生开展专业领域的学术讨论。二是国际化课程教学,包括使用外文的专业教科书、修全英语的专业课程、选修国际问题相关的课程。三是利用国际化学术环境,包括阅读外文学术论文、用外文作专业领域的学术报告、参加国际学术会议、参与有关国际事件等的学术讨论。

2. 全球胜任力

研究借鉴并改编了"研究生国际化能力量表"测量硕士生的全球胜任力。该量表共 12 个题项,包括"知识与理解""技能与行动"和"态度和价值观"3 个维度,各 4 个题项。[②] 量表采用李克特 5 点计分法,各维度取均值,得分越高表明全球胜任力水平越高。量表整体的内部信度系数为 0.87,表明内部一致性信度较高;KMO 值为 0.85,说明量表的整体结构效度较好。

3. 其他变量

回归分析时,本研究将硕士生个体特征和跨境国际化经历作为控制变量。个体特征包括性别、学位类型、学科大类、家乡所在地、是否为家庭第一代大学生和本科高校类型;跨境国际化经历包括经历次数和类型。变量设置见表 7 - 1。

---

① MESTENHAUSER A. Building Bridges [J]. International Educator, 2003,12(3):6 - 11. 转引自房欲飞. "在地国际化"之"旧"与"新":学理思考及启示[J]. 江苏高教,2021(08):41 - 45.

② 胡德鑫. 中德顶尖研究型大学研究生国际化能力比较研究——以清华大学和柏林自由大学为例[J]. 研究生教育研究,2017(06):83 - 89.

表 7-1 变量选择

变 量	定 义
在地国际化经历	包含与国际人员互动、国际化课程教学、利用国际化学术环境三类,共 10 个题项 1=从未,2=很少,3=有时,4=经常
全球胜任力	包含"知识与理解""技能与行动"和"态度和价值观"三个维度,共 12 个题项(1—5)
个体特征	
性别	0=男,1=女
学位类型	0=学术型硕士,1=专业硕士
学科大类	0=理工农生,1=人文社科
家乡所在地	0=地级市以上,1=县城、乡镇、村
家庭第一代大学生	0=否,1=是
本科高校类型	1=本校 2=国内其他 C9 高校 3=985 非 C9 高校 4=211 非 985 高校 5=国内其他高校 6=国外高校
跨境国际化经历	
次数	0=没有跨境国际化经历 1=有一次跨境国际化经历 2=有两次及以上跨境国际化经历
类型	1=联合培养,2=国际会议,3=学习交流
时长	0=短期(<3 个月),1=长期(≥3 个月)
地点	1=北美洲,2=欧洲,3=亚洲,4=其他

四、研究发现

(一) 在地国际化经历覆盖了几乎所有硕士生

调查数据显示,两成硕士生读研期间有跨境国际化经历(第六章)。相比之下,在地国际化则覆盖了案例高校几乎所有硕士生:1 478 位调查者中,1 477 名学生有过至少一项在地国际化经历,并且近四成的硕士生(39.3%)参加过调查问卷列举的全部三类十种活动(见图7-1)。

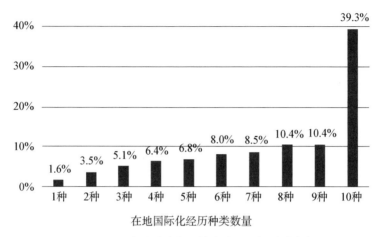

图7-1 硕士生就读期间的在地国际化活动参与

其中,研究生阅读外文学术论文的比例最高,达99.4%,约四分之三的学生经常阅读外文文献;其次是使用外文的专业教科书(87.1%)。这表明该校硕士生对外文电子数据库、图书资料等信息资源利用率较高。约四分之三的学生与国外学者有过学术交流,包括面对面交流(77.5%)和网上交流(75.5%),近七成的硕士生与留学生开展过专业领域的学术讨论,硕士生对国际化人员资源的利用情况处于中上水平。但是,读研期间修过国际化、全球化相关课程的硕士生不到六成(56.4%),表明国际化环境构成要素中的国际化相关课程在研究生阶段供给量不足或学生参与率较低(见表7-2)。

表7-2 硕士生在各类在地国际化活动的参与情况

在地国际化经历	定义	曾参与		均值
		人数	百分比	
阅读外文学术论文		1469	99.4%	3.69
使用外文的专业教科书	1=从未	1288	87.1%	2.75
修全英语的专业课程	2=很少	1147	77.6%	2.47
与国际学者面对面学术交流	3=有时	1146	77.5%	2.31
用外文作专业领域的学术报告	4=经常	1120	75.8%	2.43

(续表)

在地国际化经历	定义	曾参与		均值
		人数	百分比	
与国际学者网上学术交流		1 116	75.5%	2.28
参加国际学术会议、论坛或培训		1 107	74.9%	2.31
与留学生开展专业领域的学术讨论		1 028	69.6%	2.15
参与有关国际事件、全球问题等的学术讨论		983	66.5%	2.02
选修国际、全球问题相关的课程		834	56.4%	1.84

(二)与国际人员交流、参与国际化主题研讨显著提升硕士生的全球胜任力

控制学生个人背景特征后,在地国际化经历对全球胜任力的多元回归估计的结果如表7-3所示。从总体全球胜任力来看,在国内与国际人员(包括国际学者和留学生)互动以及国际事件、全球问题相关话题研讨类经历对提升国际化能力有显著正向影响,尤其是与国际学者的面对面学术交流($\beta = 0.129$,$p < 0.001$)。从各维度上来看,在地国际化经历更易于影响硕士生的"知识与理解"、"技能与行动",较难撼动"态度与价值观"。各类活动中,对提升全球胜任力最为有效的是与国际学者的交流。其中,与国际学者的面对面学术交流对学生国际化技能($\beta = 0.150$,$p < 0.001$)和态度价值观($\beta = 0.093$,$p < 0.01$)的影响更为显著,而网上学术交流则对获取知识的贡献更大($\beta = 0.127$,$p < 0.001$)。此外,使用外文专业教科书、用外文作专业领域的学术汇报以及参与有关国际事件或全球问题等的学术讨论也对国际化"知识与理解"有显著影响。

表7-3 在地国际化经历对硕士生全球胜任力的影响

	β			
	全球胜任力	(1)知识与理解	(2)技能与行动	(3)态度与价值观
控制变量[a]				
有跨境国际化经历[b]	0.142***	0.103***	0.124***	0.130***
自变量[c]:在地国际化经历				
修过全英语的专业课程	−0.004	−0.005	0.001	−0.005

（续表）

	β			
	全球胜任力	（1）知识与理解	（2）技能与行动	（3）态度与价值观
使用过外文的专业教科书	0.052	0.096***	0.031	−0.001
阅读过外文学术论文	−0.014	−0.048	0.019	0.001
参加过国际学术会议、论坛或培训	0.024	0.047	0.014	−0.003
用外文作过专业领域的学术报告	0.045	0.074*	0.028	0.008
与国际学者面对面学术交流过	0.129***	0.085*	0.150***	0.093**
与国际学者网上学术交流过	0.094**	0.127***	0.05	0.054
与留学生开展过专业领域的学术讨论	0.076*	0.036	0.104**	0.056
参与过有关国际事件、全球问题等的学术讨论	0.068	0.099**	0.043	0.025
选修过国际问题、全球问题相关的课程	−0.074*	−0.046	−0.095*	−0.048
F	11.621***	14.781***	8.855***	6.419***
调整后 R^2	0.131	0.164	0.100	0.072

注：$N=1478$。a. 控制变量除有无跨境国际化经历外，还包括个体背景特征（性别、学位类型、学科大类、家乡所在地、家庭第一代大学生、本科高校类型）；b. 参照组：无跨境国际化学术经历；c. 自变量参照组均为无该项在地国际化经历。* $p<0.05$，** $p<0.01$，*** $p<0.001$。

　　有意思的是，"修全英语的专业课程""阅读外文学术论文""参加国际学术会议、论坛或培训"三种在地国际化经历对总体全球胜任力及其任一维度均无影响。调查数据分析显示，与留学生的学术讨论可以提升学生的国际化技能（$β=0.104$，$p<0.01$）。访谈数据显示，与国际学生的学术合作也有助于提升硕士生的国际化态度与价值观，帮助学生意识到文化差异，并努力理解、尝试欣赏外国的文化和价值观："当时，我们小组做的课题有关'单身'这一话题。外籍同学认为'单身'这个问题很正常，没有研究的必要性。所以我们就要先给他做一个背

景介绍,跟他解释为什么我们比较关心这个话题,从而把它作为一个研究主题。研究过程中,他也觉得我们的想法很神奇,跟他的观点都不太一样,我们也认真地听他文化背景下的情况,设计问卷题项也加入了他的思考。"(女,人文社科,有和留学生学术合作的经历)

值得注意的是,和众多在地国际化经历相比,表7-3中控制变量跨境国际化经历对硕士生全球胜任力的影响更积极。读研期间的海外流动对于学生的全球胜任力,无论是总体还是各个维度,都有显著的积极作用。第六章对通过倾向得分匹配后的两组样本(有/无跨境国际化经历)进行了差异性分析,也得出了同样的结论。

(三) 对于有跨境国际化经历的学生来说,作外文学术汇报、与国际学者交流可以进一步提升全球胜任力

1478 名硕士生中,297 名学生在读期间有过"走出去"的经历。那么,对于有跨境国际化学术经历的硕士生而言,参与在地国际化活动是否能够进一步提升全球胜任力呢?本研究对这 297 名有跨境国际化经历的学生样本进行了分析。表7-4 的分析结果显示,对这些学生来说,在国内用外文作专业领域的学术报告有助于增长他们国际化知识、增进国际化理解($\beta = 0.165$,$p < 0.05$);与国际学者的网上学术交流在提升硕士生"知识与理解"($\beta = 0.169$,$p < 0.05$)的同时,也有助于学生尝试用包容的态度理解多元文化($\beta = 0.190$,$p < 0.05$)。

表7-4 在地国际化经历对有跨境经历硕士生全球胜任力的影响

	β			
	全球胜任力	(1) 知识与理解	(2) 技能与行动	(3) 态度与价值观
控制变量:跨境国际化经历[a]				
次数:有 1 次跨境国际化经历[b]	−0.121	−0.078	−0.059	−0.174[*]
类型:参与过联合培养[c]	0.201	0.211	0.167	0.128
类型:参与过国际会议[c]	−0.096	0.006	−0.111	−0.148
类型:参与过学习交流[c]	0.061	0.073	0.042	0.039

（续表）

	β			
	全球胜任力	（1）知识与理解	（2）技能与行动	（3）态度与价值观
自变量：在地国际化经历[d]				
修过全英语的专业课程	0.106	0.074	0.107	0.090
使用过外文的专业教科书	−0.073	−0.002	−0.096	−0.092
阅读过外文学术论文	0.048	−0.014	0.101	0.041
参加过国际学术会议、论坛或培训	0.008	0.028	−0.029	0.019
用外文作过专业领域的学术报告	0.037	0.165*	0.040	−0.086
与国际学者面对面学术交流过	−0.041	−0.122	0.062	−0.037
与国际学者网上学术交流过	0.149	0.169*	0.015	0.190*
与留学生开展过专业领域的学术讨论	0.065	0.076	0.056	0.030
参与过有关国际事件、全球问题等的学术讨论	0.102	0.080	0.099	0.082
选修过国际问题、全球问题相关的课程	−0.033	0.037	−0.035	−0.092
F	2.515***	3.055***	1.714*	2.736***
调整后 R^2	0.109	0.143	0.055	0.123

注：$N=297$。a. 控制变量除跨境国际化经历特征外，还包括个体背景特征（性别、学位类型、学科大类、家乡所在地、家庭第一代大学生、本科高校类型）；b. 参照组：有两次及以上跨境国际化学术经历；c. 参照组：未参与过此类跨境国际化项目；d. 参照组：无该项在地国际化经历。* $p<0.05$，** $p<0.01$，*** $p<0.001$。

这两项在地国际化经历要求硕士生在专业领域用外语学术输出，是对研究生提出高挑战、要求高投入的国际化学术活动。除了这两项活动，大部分在地国际化活动对进一步提升有跨境经历研究生的全球胜任力并无显著影响。访谈过程中也有个别赴国外参加国际会议的研究生肯定了全英文课程、外文学术论文对促进专业知识的作用，尤其是自己**"做的这个领域比较新，很多文献都是英文，好多专业术语的中文翻译还不太好"**时，直接用英文学习反而比中文更易于快速融入国际学术交流的环境。

五、讨论与启示

高等教育普及化、国际化背景下的后疫情时代，为学生创造在地国际化体验是高校将国际化工作普及至大众学生、服务人才培养的主要方式，毕业生的全球胜任力也成为高校国际化办学水平的重要体现。本章考察了硕士研究生读研期间的在地国际化学术经历，探究这些经历对学生全球胜任力的影响，为高校、教师和学生带来以下四点启示。

（一）树立在地国际化培养理念和政策自觉

高等教育进入质量发展阶段对人才培养提出更高要求，后疫情时代人类命运共同体面临严峻环境对人才国际化能力的培养模式提出新的要求。过去对教育国际化的认知大多停留在加强与西方高校的联系，对教育国际化的实践重点大多与师生的国际流动挂钩。新的历史条件下，树立在地国际化培养理念，正确认识在地国际化的价值，需要以本土特色为基础，整合在地国际化优质资源，培养我国所需的国际化人才；[①]需要把高等教育国际化的工作重点由人员跨境流动转向普惠全体学生；也需要将这一理念"融入高等教育的服务保障体系中，实现文化融合"，将其内涵"融入高等教育的人才培养体系中，实现模式融合"。[②]

（二）拓宽在地国际化资源的供给与宣传

诚然，在地国际化对于提升硕士生全球胜任力的作用仍不能超越跨境国际化经历，但是目前我国高校的跨境国际化资源无法惠及大部分学生。高校必须认识到在地国际化资源对研究生国际化能力的积极影响，拓宽在地国际化资源的供给与宣传，提高研究生对这类国际化资源优势的认识和利用。诸多在地国

① 　房欲飞."在地国际化"之"旧"与"新"：学理思考及启示[J].江苏高教，2021(08)：41-45.
② 　蔡永莲.在地国际化：后疫情时代一个亟待深化的研究领域[J].教育发展研究，2021，41(03)：29-35.

际化资源中,与国际学者、留学生的学术交流是提升我国研究生全球胜任力较为有效的方式。我国部分高校已具备一定的有利条件,包括来华讲学研究的国际学者、来华留学的学位研究生、日趋成熟的国际学生管理制度,为实施在地国际人员互动奠定了基础。对来华研究生的学术培养采用"趋同化"模式,将留学生与中国学生混合编教学班,创造中外研究生学术交流的机会,从来华研究生管理制度入手提升本国学生对国际化人员资源的利用。院系或更小的学术单位搭建研究生与国际学者学术交流的平台,创造深入学术对话的机会,相比组织受众广泛的国际专家讲座,更能激发研究生的深度参与和能力增长。

(三) 推进研究生课程国际化的理念与实施

研究结果显示,参与有关全球问题、国际化主题的学术讨论有助于学生的国际化理解与行动。研究生课程国际化包括教学语言、教学资料、教学方法的国际化,也包括课程理念的国际化。将国际、跨文化和全球维度融入课程内容以及学习成果、评估任务、教学方法和支持服务的学习计划。[①] 将课程置于全球发展背景下,把提升研究生的全球胜任力纳入课程学习目标,在课程设计中融入国际化内容元素。比如在思政课堂设计有关国际事件、全球问题的研讨环节,通过课程思政融入学科专业、行业发展的国际前沿等,促进研究生对全球化、全人类发展等问题的审视与反思。

对全体硕士生而言,用外文作学术汇报、使用外文教材显著提升学生的国际化知识与理解,而是否修过全英文专业课程则无影响;对有跨境国际化经历的硕士生群体来说,作过外文学术报告、与国际学者开展过学术交流的学生表现出更高水平的全球胜任力。这可能是因为学生准备外文学术报告时经历了从"输入"到"输出"的转变,在这一过程中加深了对国际该专业领域知识的获取、消化、组织和呈现。同样的,有别于外文学术论文在某个"点"上的深入,外文教材提供了"面"上的专业知识体系,"啃"下一本外文教材对硕士生熟悉专业术语表达、提升外文文献阅读的信心都有助益。研究生课程国际化可以从学生"输出"入手,要求或鼓励学生外文学术汇报;从"面"入手,采用符合我国相关法律法规和政治要求的外文教材,为加强研究生的国际学术交流能力和自信打基础。

---

① LEASK B. Internationalizing the Curriculum [M]. Abingdon, England：Routledge, 2015：9.

(四) 主动关注和充分利用在地国际化资源

相比于国际化态度和价值观,案例高校硕士生的国际化知识与理解、技能与行动表现一般、有待加强。我国研究生持有较为积极的开放和包容态度,能够较好地理解并尊重文化差异,但是落实到知识与行动层面,则稍逊一筹。硕士研究生利用好在地国际化资源,尤其是国际化人员资源,是促进国际化知识与理解、培养国际化技能的有效途径。

在跨境流动受限的情况下,硕士研究生须主动关注和充分利用在地国际化资源,迈出"舒适区"。一是把握国际化课堂环境和信息资源。掌握外文文献阅读的方法,把握专业前沿动态;抓住外文学术汇报的机会,锻炼规范学术表达。二是有效利用校本国际化环境和人员资源。关注并参与学校、学院开展的国际学术研讨会,通过志愿者、提问交流等机会深度参与,争取和海外学者面对面学术交流的机会,只是参加过国际学术会议对于提升全球胜任力并无助力。

第八章
硕士生职业同一性的发展路径

一、问题的提出

1978 年，我国恢复招收培养研究生。在学术人才紧缺的历史背景下，我国对硕士生采取学术型培养方式，旨在把其培养成博士生的后备军、高校教师和科研人才。随着改革开放的深入、生产力水平的提高、科技革命的挑战和研究生的扩招，单一的学术型硕士培养模式已不能适应现实。[①] 为外部利益相关者培养合格劳动力成为高等教育越来越重要的责任，硕士研究生的职业结果（professional outcomes）而不仅仅是传统的学业结果（academic outcomes），成为高等教育迈入普及化阶段的现实问题和研究议题。[②]

与此同时，在研究生教育规模扩大与劳动力市场对雇员素质要求日益提高的背景下，硕士学位日益成为某些职业的准入门槛。越来越多的本科生攻读硕士学位并非为追求学术理想，而只是把其当作职业发展的跳板。绝大多数硕士生选择毕业后直接工作而非攻读博士学位。[③] 因此，对大部分硕士生而言，硕士生涯是进入职场前最后的学生时代，是一段关键的职业准备期。但相关调查显示，部分硕士生入学时并无明确的职业规划，入学后最为焦虑的事情是未来的就

---

① 研究生教育体制改革研究课题组. 中国研究生教育体制改革研究[M]. 高等教育出版社,2013.
② GREEN W, HAMMER S, STAR C. Facing up to the Challenge: Why is it So Hard to Develop Graduate Attributes? [J]. Higher Education Research & Development, 2009,28(1):17-29.
③ 研究生教育体制改革研究课题组. 中国研究生教育体制改革研究[M]. 高等教育出版社,2013.

业问题,就业压力显著高于本科生和博士生。①②

　　硕士生读研期间是否经历职业准备过程? 如何开展职业准备? 职业准备包含诸多维度,如职业目标的探索和形成、职业能力的锻炼等。学界常用职业同一性的实现表述个体做好了职业准备。③ 本研究使用"职业同一性"这一具有理论和实践双重意涵的核心概念,以同一性形成与评估过程理论为理论视角,探究研究生在硕士教育阶段的职业准备过程。硕士生职业同一性的发展路径有哪些? 各路径的特点是什么? 这是本章想要回答的研究问题。

二、核心概念与理论视角

　　同一性是一种心理结构,是个体与世界互动的框架,该框架是个体理解和解释自身和外界时的"个人理论"。同一性的形成过程即个体对"我是谁"这个问题的回答过程,是个体对自身进行反思和定义的过程。④ 职业同一性是同一性的维度之一,是同一性在职业领域的具体表现。同一性形成的表征分为两个维度:探索和承诺。根据是否进行同一性探索和是否达成同一性承诺可把个体的同一性状态分为四种类型:同一性实现、同一性早闭、同一性延缓和同一性弥散。⑤ 研究发现硕士生入学时的职业同一性在四种状态中均有分布,大部分为弥散和延缓者,早闭和实现者较少(见第一章)。

　　本研究以路克斯(Luyckx)的同一性形成与评估过程为理论视角。⑥ 该理论把同一性的发展分为同一性承诺的形成(Formation of Identity Commitments)和同一性承诺的评估(Evaluation of Identity Commitments)两个阶段,同一性承诺的形成包含广度探索(In-breadth Exploration)和做出承诺(Commitment

①　信忠保,张雯,关立新. 高校研究生科研态度调查与激励措施研究[J]. 中国林业教育,2010,28(6): 50-54.
②　北京青年压力管理服务中心. 2015 年中国大学生就业压力调查报告[EB/OL]. (2015-05-29) [2022-01-20]. http://edu. qq. com/a/20150529/032180_all. htm.
③　ARNETT J J. Emerging Adulthood: A Theory of Development from the Late Teens through the Twenties [J]. American Psychologist, 2000,55(5),469.
④　埃里克森. 同一性:青少年与危机[M]. 孙名之译. 北京:中央编译出版社,2015.
⑤　MARCIA J E. Development and Validation of Ego Identity Status [J]. Journal of Personality and Social Psychology, 1966,3(5):551-558.
⑥　LUYCKX K, SCHWARTZ S J, GOOSSENS L, et al. Processes of Personal Identity Formation and Evaluation Handbook of Identity Theory and Research [M]. New York: Springer, 2011:77-98.

Making），同一性承诺的评估包含深度探索（In-depth Explanation）和认同承诺（Commitment Identification）。该理论认为一个典型的同一性发展过程为个体首先在诸多选择中进行广度探索，其次对某一选择做出承诺。接着，个体通过各种方式对该承诺进行深度探索，最后达成对该承诺的来自心底的认同。当然，并非所有人的同一性发展过程都如此顺利，那些一直未能达成承诺的个体有可能陷入沉浸探索（Ruminative Explanation）。陷入沉浸探索的个体容易产生焦虑、抑郁等情绪，并反复关注自己未能达成承诺这一负面事件，无法做出有建设意义的探索行为。此外，那些经过深度探索发现当前承诺不适合自己的个体又会进入新一轮的广度探索（见图 8 - 1）。需要注意的是，同一性发展过程存在个体差异，并不严格按照这一模式进行。

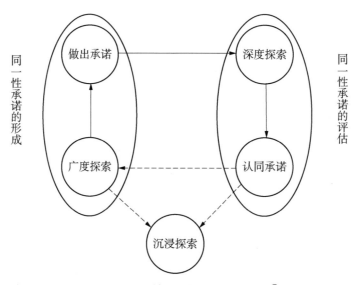

图 8 - 1　同一性形成与评估过程模型①

三、研究数据

　　本章研究数据来自一项对硕士研究生职业同一性探索与形成的质性研究（见第一章）。② 研究在东部沿海城市一所"双一流"建设高校展开，采用强度抽

①　徐薇，寇彧. 自我同一性研究的新模型——双环模型[J]. 心理科学进展，2010，18（05）：725 - 733.
②　祁银杉. 读研过程与职业准备[D]. 上海交通大学，2019.

样、最大差异抽样、证实和证伪个案抽样的抽样策略邀请了 22 位硕士毕业生参加访谈。质性数据收集和分析同时展开。第一轮访谈的 8 位受访者是刚毕业的硕士研究生，即将签约或入职工作单位，或即将攻读博士学位。对访谈资料进行初步分析后，第二轮访谈对象在离校一年左右的硕士毕业生中招募，7 位受访者受访时的状态为 5 位工作约一年、1 位工作约八个月、1 位正在国内读博。综合分析 15 位受访者的研究生经历、学科、职业和行业分布后，研究者开启了第三轮访谈工作，6 位受访者中 5 位工作约满一年、1 人于美国读博。至此已访谈 21 人，资料基本饱和。对访谈资料进行多轮分析后，研究者认为有必要对部分毕业生再次访谈，因此在第四轮访谈中二次访谈了 9 位研究对象，并补充了 1 位新的受访者。共计访谈 22 名硕士毕业生，访谈 32 次。访谈录音累计逾 30 小时，访谈文本近 37 万字。受访时，被访者均已完成硕士学业，能够完整回顾硕士期间的就读经历。回顾性访谈具有三点优势：首先，受访者能够以发展的眼光反思和批判自己研究生阶段的职业同一性发展；其次，可以打消受访者可能因自我披露而影响研究生学业带来的顾虑；第三，研究者能够结合求职就业去向和状态分析受访者职业同一性状态发展过程和结果。受访者中 3 位读博深造、19 位就业；就业分布在互联网、金融、医疗卫生、教育等 15 个行业，包括产品经理、工程师、高中教师等 17 种职业。受访者年龄介于 25—30 岁；女性 10 名，男性 12 名；学术型硕士 16 名，专业硕士 6 名；硕士学位分属理、工、农、文、法、教育、管理等学科门类（见表 1-2）。本文均使用化名。

四、研究发现

硕士入学时的职业同一性在四种状态中均有分布，大部分为弥散和延缓者，早闭和实现者较少。职业同一性弥散者没有认真思考过读研与职业发展的关系，选择读研出于读书惯性和逃避就业。职业同一性早闭者的读研动机明确，希望在选定的职业方向上增强就业竞争力，但外部授予、未经内化的职业承诺较易改变。职业同一性延缓者视读研为宝贵的职业探索机会，期待在硕士阶段通过广度和深度探索，达成自我建构和高度认同的职业承诺。职业同一性实现者入学时已达成内化于心的职业承诺，目标坚定，读研是他们达成职业目标的重要手段或必经之路（见第一章）。

本节汇报硕士生就读期间发展职业同一性的两条典型路径——职业倾向的发展路径和学业倾向的发展路径。"职业倾向的发展路径"指研究生认为硕士阶段的根本任务是探索并形成职业同一性，并以此为重心组织研究生生活；"学业倾向的发展路径"指研究生认为完成培养方案规定和导师要求的课程和科研任务是硕士阶段的首要任务，并以此为重心安排研究生生活。需指出的是，两条路径是理论化后的理想类型，个体读硕期间的职业同一性发展可能兼有两条路径的特征，并有所倾向。

(一) 职业倾向的发展路径

对采取职业倾向发展路径的个体而言，读研是一种服务于职业发展的手段，是一种"工具性"的存在，他们十分明确读研对自己职业发展的意义。入学状态为职业同一性延缓的个体基本在本科阶段已经完成广度探索并做出了初步承诺，但四年时间不足以使他们充分探索，他们希望进一步收集信息以确认自己的职业选择。因此，对做出初步承诺的延缓者而言，硕士阶段的重要意义是他们可通过这一时期深度探索和确认职业选择："**我本科专注于汽车相关的东西。我读研的目的是因为这是一所综合性学校，我希望在这边看到更多可能性，事实上我也见识到很多。了解这么多人和去向以后，我发现综合我多年积累，我觉得在汽车这个领域能够发挥得更好，所以我最后又选择汽车。**"（小亮，工学硕士，汽车工程师）对于入学时已经坚定职业承诺的个体，读研的工具性作用更多体现在提高职业能力或者获得职业的学历准入门槛："**读研是因为本科我只学到了理论。我本科时参加心理援助热线的实践，通常是家长打电话说，我家孩子有什么情绪问题，类似的问题咨询你。但是，那个时候就发现自己能力不足，就是做不了，不知道怎么深入下去。**"（小然，教育学硕士，心理治疗师）

因为读研只是服务于职业发展的手段，采取职业倾向发展路径的研究生以"目的——探索职业同一性、提高职业能力、毕业时找到满意工作"为核心组织研究生生活，这是职业倾向发展路径区别于学业倾向发展路径的核心特点。在目标的引领下，个体注重对职业探索的过程进行全盘规划，这是为达到求职目标进行的战略布局。他们往往通盘考虑求职进程，采用倒推的方式，对每个时间点应该完成的事项进行统筹安排，并按照规划执行："**我选择研一暑假去挂职锻炼，研二去媒体实习。因为媒体实习一个月了解肯定不够，所以我就想把研二的大块**

时间用来专门做媒体的事情。挂职锻炼时间段比较短,那就安排在暑假完成。所以这个规划当时是考虑过完整的时间安排。"(小红,女,文学硕士,选调生)因为目标明确且规划得当,个体内化承诺后较为坚定,不会轻易受到外部环境的影响:"(职业准备)没焦虑几天。我室友九月份开始找工作,天天在寝室愁眉不展,那一段时间我被她带动了,有几天是焦虑的。后来我不想回寝室了,我自己就复习我自己的选调生考试,做我自己的东西。"(小佳,女,法学硕士,选调生)

战略布局需要战术的配合,采用职业倾向发展路径的个体采用的战术主要体现在三方面:科研为我所用、多方收集信息、寻求环境支持。受访者或使用单个战术,或三个战术相互配合,其目的是服务于职业发展。

读研绕不开科研和论文,采取职业倾向发展路径的个体根据科研和论文对职业发展的作用灵活调整对科研工作的投入方式和程度。小亮(男,工学硕士,汽车工程师)明确车企的就业方向,他打探了业界形势,了解到实践及快速上手能力、熟悉业界产品和技术是得到理想工作的关键。但小亮所在学院注重理论研究,培养目标与业界对人才素质和能力的要求差距较大。在这种限制条件下,小亮的策略是向导师争取机会,负责与企业合作的横向课题。横向课题注重解决企业面临的实际困难而非理论创新,科研成果有利于求职而非发表论文。为求职目标做出这种选择的小亮对论文发表质量不抱高期望,能达到毕业要求即可,因为论文质量不是企业的招聘条件。与小亮不同,小然(女,教育学硕士,心理治疗师)的专业是临床心理学,该专业的培养目标与模式和心理治疗师的职业要求相符,因此,小然对科研和论文投入了大量精力,为日后的职业发展提升专业能力。无论是选择性努力还是全身心投入,采取职业倾向发展路径的个体都是在明晰科研工作对个人职业目标作用后做出的理性选择。

多方收集信息是入学状态为职业同一性延缓个体的常用策略。深度探索和广度探索的区别在于后者评估多个职业选择,而前者采用不同方法评估某个特定的职业选择。职业同一性延缓的个体入学时大多做出了一两个职业选择,他们读研的重要任务是对职业选择进行深度探索和评估,具体表现为多方收集信息,评估职业选择与理想生活方式、人生目标和价值观的契合程度,形成自己的判断,做出最终选择。在收集信息的过程中,他们积极主动,并注重信息的多方验证、反思和整合,不会轻信一方的观点。小鱼(女,工程硕士,智能家电行业战略分析师)硕士入学时已形成初步求职意向,希望转行到金融或战略咨询领域,但并不坚定。研一结束后,小鱼已坚定这一选择,这是她多渠道收集信息后做出的决定。首先,同伴是小鱼重要的信息来源,通过互相分享实习感受,小鱼对销售、咨询等很多非专业对口职业的工作状态、薪资待遇有所了解;其次,通过三份实习,小鱼进一步确认了自己的职业兴趣和擅长领域;第三,小鱼了解到专业对口职业的薪酬不足以让她在大城市立足;最后,通过科研工作,小鱼认为自己的专业研发能力不足,不具备专业对口行业的职业竞争力。综合考虑,小鱼最终坚定了进入金融或战略领域从事分析师的决心。该过程中,小鱼一直在多方收集信息和分析判断。通过不断思考权衡,个体最终的职业承诺是真正的内心声音,不易受到外界影响而改变。

　　采取职业倾向发展路径的个体探索意识强烈,他们自我主宰探索方向,并尽力从环境中寻找支持发展的力量。小红(女,文学硕士,选调生)确定选调生作为职业选择之一后,主动联系相关老师,请老师收到政府暑期挂职锻炼通知后即时告知自己。在投身媒体行业还是加入选调生队伍这两条道路之间徘徊时,她也主动征求了导师和父母的意见。小兰(女,管理学硕士,人力资源)刚入学时对人力资源管理岗位达成了较为坚定的职业承诺,但发现周围同学都在谈论金融,许多同学前往证券类公司实习,迷茫的小兰不知应坚持已有的职业承诺还是进行新一轮的探索,于是主动前往职业发展中心寻求专业教师的建议。小亮(男,工学硕士,汽车工程师)就业目标是企业,但他所在学院的研究生培养导向为培养学术人才。在这种情况下,争取导师对自己采取"车企就业导向、提高职业竞争力"培养模式就十分必要:"**我当时跟导师说,我更想硕士毕业以后去就业,因为我本科接触过一些工程应用的东西,而且我家里都是工程师,所以我更希望做工程的项目,所以当时导师就把他刚接的那个企业项目直接给我。**"在职业同一性的探索道路上,个体若能有意识寻求环境帮助,就能发现许多潜在的支持系统,如开明的导师、志同道合的朋友圈、行业校友会等。争取到环境支持的个体更易完成深度探索,达成对职业承诺的认同。

　　总而言之,采取职业倾向发展路径的个体认为职业同一性的探索和形成是硕士阶段的核心任务。在这条发展路径下,个体主动把握自我职业方向,而不是被动地等待环境为自己塑造职业能力。个体通过积极探索尽早达成了职业承诺,并根据职业要求、调动外部资源有针对性地提高职业竞争力。本研究中,那些采取职业倾向发展路径的个体在硕士毕业时大都处于职业同一性实现状态,找到目标工作并稳定发展。

（二）学业倾向的发展路径

职业倾向和学业倾向两种发展路径的核心区别在于研究生生活重心和职业探索意识的强弱。不同于职业倾向发展路径以职业探索为生活重心，学业倾向发展路径的核心特征表现为硕士生以完成学业为中心安排研究生生活。采取该路径的个体认为完成学业是首要任务，并不特意或无暇思考眼前学业与未来职业的关系。区别于职业倾向发展路径的目标导向，他们信奉努力就会带来意料之外的好结果，"越努力、越幸运"，他们没有躺平，但是也几乎没有针对性积累职业能力的努力。他们的职业探索意识较弱，一般在研二暑假的求职季才正式思考自己的职业发展道路并采取行动。入学时职业同一性状态为弥散状态——即入学前没有经历广度探索也没有对特定职业做出承诺——的硕士生大多采取学业倾向的发展路径。

硕士生活"以完成学业为中心"是学业倾向发展路径的核心特征，细分为两种类型。一种为"毕业焦虑型"，他们受困于科研和毕业压力，无暇思考学业之外的事情，遑论根据科研对职业发展的作用调整身心投入的程度："**读研的时候还轮不到担心找工作的事情，而是为能不能毕业焦虑担心。**"（小乐，女，理学硕士，环保行业研究人员）小南（女，理学硕士，事业单位工程师）也表达了相似的看法："**硕士是要发表论文才能毕业的，我想的第一件事情并不是我做的这个事情对我以后的工作有没有帮助，而是我需要做这件事情才能发表文章和毕业。**"不读博也不为毕业压力所困的小化（男，工程硕士，高中教师）仍选择了专注科研，这主要取决于他的行事风格——"心无旁骛专注手边事"："**像我这种人，我就做好当前的事情。我其实还蛮早发文章的，我研一下学期文章就已经出来了，毕业压力完全没有了，但我还是又开了一个课题继续做，又很专心地在做那个课题。虽然我没有读博的打算，但我还是在做。我觉得因为你既然选择了这个东西你就好好做，就是你目前该做的事情把它做好。**"无论是应对压力还是专注眼前，抑或两者兼而有之，以学业为中心的硕士生在求职季开始前基本不会有意识地开展职业同一性探索。

两条路径不仅反映了相异的职业同一性发展道路，也映射出不同的人生哲学。不同于采取职业倾向发展路径的个体战略上整体规划、战术上精准发力，采取学业倾向发展路径的个体不重视整体规划,其中细分为两类。以小金(男,工学硕士,通信技术)和小英(女,翻译硕士,技术翻译)为代表的硕士生信奉"船到桥头自然直"的古训,他们很少反思生活、不做长远规划、没有长期目标,有一种未经审视的乐观,表现在职业领域,即是职业探索的意识很弱,在求职前没有进行过真正意义上的广度和深度探索。小金这样形容自己:**"对自己人生要成为怎样的人,或者要做什么事情没有一个很明确的想法,到现在也是没有,所以最近也是很迷茫,不知道我人生的终点会走到何方的道路上。"**小英的性格与小金类似:**"就是说随遇而安,船到桥头自然直呀,不用想那么多呀,过一天是一天呀,到时候再看,我就是这种性格。"**与小金和小英未经审视的选择不同,小誉(女,理学硕士,化工行业客户代表)相似选择的背后有一套根据经历总结出的逻辑自洽的价值观作为支撑:**"所谓长期的职业准备,只能说平时很努力,因为你根本就不知道未来会做什么,我觉得再牛的人也不会明确。这个我深有体会,因为我本科就是闭着眼睛在走。我并没有很宏伟的目标,我就做,别人让我做什么我都做,无论什么机会我都去参与,你就会发现到最后结果也不差。因为我拿到这个外推(推荐免试)名额是我们学院 400 多人中唯一的一个,这是我从来没有想过的,直到我拿到的前一天我还不敢想象它是我的。研究生阶段,你目标再明确,你没有做什么,其实也不管用,做才是最重要的,有目标地做或没目标地做都不重要。只要你脚踏实地,你很快可以把曾经努力的过程累积起来,你去找工作的时候都可以体现出来。"**无论是"船到桥头自然直"的理念还是对目的性努力的质疑,走上学业倾向发展道路的个体很少甚至完全没有探索职业目标,更没有围绕目标增强职业能力。他们一般按部就班地完成培养方案的要求和导师布置的任务。

采取学业倾向发展路径的个体一般在研二暑假的求职季才正式思考职业选择并行动。因为求职前的职业同一性状态不同,求职过程对两类硕士生的意义迥然不同。采取职业倾向发展路径的个体此时基本已对某一职业达成了内在承诺并做好了能力准备,目标明确的他们只需向相应职位投递简历,参加笔试和面试。对于多数采取学业倾向发展路径的个体而言,就业压力当前,求职才真正开启了他们的职业探索之旅。小化(男,工程硕士,高中教师)的经历具有代表性。值得注意的是,在小化短暂的职业探索过程中,他采取了职业倾向发展路径的战术。首先,探索的主动性强、目标明确,给自己定下了**"一定要在这段时间内找到职业兴趣"**的目标。接着,多方收集信息,并回忆分析以往无意中了解到的学长学姐的毕业去向,在众多可能的职业里进行广度探索,确定了重点高中教师和国企专业相关岗位的求职意向。在深度探索阶段,他主要运用逻辑推理的"情境代入法",想象自己已经从事了某一职业,自己的能力能否胜任该职业,兴趣能否支撑长久的职业热情。通过一两个月的探索,他对重点高中教师的职业达成了承诺,并迅速准备求职。

　　并非所有人都能如小化一般在短时间内完成职业同一性的探索并找到理想工作,小英(女,翻译硕士,技术翻译)求职期间的探索经历就显得手忙脚乱、力不从心。投出的大部分简历石沉大海,小英意识到了求职的艰难,"**真的去找工作的时候,才觉得各个学校的人都到这来,全国的人都在争这一个岗位。这个岗位就招几个人,比当时高考难多了**"。她的信心逐渐减弱,期望薪资也逐渐降低,"**一开始挺有信心,但是后来就慢慢没有信心了。一开始自己要求还挺高的,月工资一定要一万多元,到后来就慢慢降到八千、六千元**"。这时,小英才开始认真思考自己的职业能力和兴趣,猛然发现理想的薪酬较高的职业基本要求复合型人才,而自己只具备英语的专业技能,虽然认为翻译工作的职业前景堪忧,但自身的能力只能找到相关工作。在短暂的求职期,小英开启了广度探索,但没有达成承诺,只是找到了一份"够得着"的工作。相比小英,小誉(女,理学硕士,客户代表)无疑是幸运的。小誉的学长学姐普遍进入外企工作,她也理所当然地认为自己应该进入外企。虽然一直知道英语是自己的短板,但并没有特意弥补。求职时因英语较差屡遭外企拒绝,却误打误撞因为硕士阶段的学生党员干部经历进入国企,入职后才发现国企的工作氛围很适合自己,这是她从未想到过的。硕士就读期间采取学业倾向发展路径的个体的职业同一性发展轨迹及求职满意度差异较大。

　　综上,采取学业倾向发展路径的个体以完成学业为硕士生活的重心;他们的职业探索意识较弱,倾向于首先按部就班地完成学业,求职阶段才开始职业探索、思考职业选择。一般来说,他们只能根据经历和环境塑造的职业能力作有限的选择,求职阶段较为被动,借用受访者小誉的话就是:"**是工作选择了我**"。所以,他们对求职过程和求职结果的满意度差异较大。不过,求职经历开启了他们职业探索的大门,或主动或被动,他们都意识到了思考职业选择的重要性,特别是对于求职结果满意度低的个体而言,尤其如此。

(三) 发展路径的转变:从学业倾向转向职业倾向

并非所有学业倾向的个体直到求职时才意识到职业探索的重要性,有两位受访者在硕士阶段早期完成了发展模式的转变,踏上了职业倾向的发展路径。在这种转向中,两人都经历了生活中的"触动点",触动点激发了两人积极进行职业探索的意识,他们从职业同一性弥散或早闭状态转向了延缓状态,通过广度和深度探索,在求职前都达成了职业同一性的实现。

对小红(女,文学硕士,选调生)来说,触动点是同伴对比。她看到与同伴生活状态的巨大差异后开始自我反思,认为应该走出舒适区,思考职业选择,过上一种为自己负责的生活。当年本科毕业面临抉择时,小红选择留在本校本专业继续读研**"是很轻松的一条路,一个安于现状的选择"**。相反,身边很多同学**"都会选择出国,或者至少换一个学校读研,就是给自己一点挑战"**。大四的小红没有感觉不妥,十分轻松自在。这种轻松的状态一直持续到研一,小红日渐不安。因为她发现研一的生活与本科相似,**"在一个很熟悉的环境,都是认识的老师,研一的课程跟本科相差不大"**。一方面,**"老师对于学生的要求没有那么明确"**,另一方面,**"自己在学习上的目标也不清晰"**。反观本科同学,很多人正身处一个有挑战性的环境中经历痛苦和成长。所以,小红**"开始思考自己的未来,突然间发现,没有给自己提高一个平台,原来的积累也不够,而这个时候剩下的时间已经不多了"**。那时她猛然觉醒,觉得**"自己原先的选择太草率,做出的这个选择没有付出很多努力"**。就是在那一年,小红**"开始感觉到这种选择给自己带来的痛苦,觉得接下来的时间要充分地利用起来"**。对比经历了挑战与成长的朋友们,平淡轻松的研究生生活带来了内心的不安,也唤醒了探索的意识。职业同一性探索意识觉醒后,小红立刻对接下来的职业探索道路进行了规划并严格执行,走上了职业倾向的发展路径。

对小毅(男,工程硕士,互联网产品经理)来说,触动点来自"骨感的现实":专业实习时,他了解到医疗器械行业的真实情况,感受到了大城市的生存压力,反思本科时的职业承诺过于天真和片面。原来,本科经历使小毅认为医疗器械是能够实现个人情怀的行业,但研一公司实习后认识了行业环境并非想象中可以实现人生价值:**"我读研时认识到了医疗行业的工程师是在很努力地给别人赚钱,这是对行业的认识。作为一个学生你不去接触社会,其实是很不能理解的。**

研究生的这段经历让我迈出了这一步,到行业中去理解它"。除了看清行业的真实环境,他也意识到进行职业选择时不应只考虑职业兴趣,还应考虑到养家糊口的责任:"**读研的过程让我更加清晰地认识到了,如果没有全方位地理解自己作为一个社会人应该承担的压力,其实是很稚嫩的。我刚来读书的时候,外面的房价是每平方米一万一千元,在我们读书的这段时间,刚好从本科到研究生,你感受一下,你压力有多大**"(注:访谈时校园附近房价每平方米约 4 万元)。在真切感受到不容乐观的行业现状和大都市的生存压力后,小毅开始重新规划自己的职业道路,这时他已从本科时无意识地内化外界信息转变为自己主动寻找、判断和评估职业信息,在探索之旅上逐步从职业同一性早闭状态发展为延缓状态,最终完成深度探索,达成职业认同。从两位受访者的经历可以看出,内心深处职业探索意识的觉醒是促使个体从学业倾向转向职业倾向发展路径的关键因素。

五、结论与启示

通过硕士毕业生的访谈研究,本章归纳了硕士研究生读研期间的两条职业同一性发展路径:职业倾向发展路径和学业倾向发展路径。职业倾向发展路径的核心特点是个体在硕士入学时就有意识地以寻找职业方向或提高职业能力为中心组织自己的研究生生活,这一点在入学时为职业同一性延缓和实现状态的个体身上表现得十分明显。采取该路径的个体的核心意识是认为尽早形成职业目标、有针对性地在某一方向积累能力十分重要。在核心意识的引领下,个体的整体战略是对职业探索的过程进行全盘规划,并采取科研为我所用、多方收集信息和寻求环境帮助三个具体战术来实现形成坚定职业同一性承诺的目标。学业倾向发展路径的核心特点是硕士生正式求职前都以完成学业为中心组织自己的生活,对未来要从事的职业思考不多,一般等到求职季才正式思考自己的职业发展道路。他们的核心意识是完成学业是硕士就读期间最重要的任务,并不特意思考学业与职业的关系。他们信奉努力本身会带来意料之外的好结果,所以在战略上不会有针对性地积累职业能力。具体战术方面,他们的职业探索意识和行动均较晚,一般是周围同学都在找工作或求职季开始时才意识觉醒并采取行动。硕士研究生具备从"学业倾向发展路径"转变"职业倾向发展路径"的可能,尚未见反向路径转变的案例,从"学业倾向"转变到"职业倾向"须经历生活中的

"触动点","触动点"可能来自同伴对比,也可能来自专业实践。本研究对于研究生教育可能有如下启示。

第一,重视硕士生职业生涯教育,培养硕士生职业探索意识。为国家的科研创新培养后备学术人才是高水平研究型大学的教育目标和社会责任。但是,不可否认的是,高等教育普及化时代的到来,随着研究生扩招,越来越多的硕士生毕业后将直接走向工作岗位,高水平研究型大学如是。近年来清华大学、北京大学等就业质量报告显示硕士毕业生的深造比例不到10%。[1][2] 强调科研投入、学术追求的同时,研究生教育工作者不能对硕士生的职业探索需求视而不见、避而不谈。职业是人生的重要组成部分,职业发展是人生规划的一部分,培养职业探索意识也是激发研究生探索知识、探索自身、探索社会,达成内心承诺、为自己人生负责的路径之一。

第二,拓宽硕士生就业指导思路,揭示毕业生职业探索过程。硕士毕业时做好职业准备,即职业同一性的实现——通过探索过程达成承诺的状态,并不是一蹴而就的。硕士生职业同一性的发展是一个长期、动态、复杂的过程,入学时职业同一性的状态差异、读研期间广度探索和深度探索的机会、是否有激发职业探索意识的"触动点"事件,都影响硕士生毕业时的职业同一性状态。就业指导不仅仅是提供岗位招聘信息和历届学生去向,更有价值的是揭示过来人读硕期间职业探索的过程、职业同一性发展的不同路径,促进在读学生通过积极探索达成职业承诺,包括学术职业和非学术职业,围绕职业目标有意识地积累能力,把眼前的学业科研和未来的职业发展联系起来。

第三,落实学术型硕士和专业硕士分类培养,促进学生理性选择。硕士生扩招和就业市场学历要求水涨船高的背景下,名校情结、城市情结、经济原因等因素交织在一起导致部分没有学术兴趣的学生"错入"了学术型硕士研究生学位点甚至本科毕业后直接攻读博士学位,学术型人才培养目标和学生个体职业目标的错位使得部分有意开展广度和深度职业探索而不得的研究生郁郁寡欢,究其原因是学生的非理性选择。部分有志成为应用型人才的研究生进入专业硕士学位点,却发现培养模式和学术型研究生的培养趋同,究其原因是院系和导师并未

---

① 清华大学 2021 年毕业生就业质量报告[EB/OL]. (2021 - 12 - 31)[2022 - 01 - 20]https://career. tsinghua. edu. cn/info/1031/4525. htm.

② 北京大学 2021 年毕业生就业质量年度报告[EB/OL]. (2021 - 12 - 31)[2022 - 01 - 20] https:// scc. pku. edu. cn/home! downloadCenter. action.

切实落实分类培养。专业学位要突出产教融合、发挥行业企业优势,给硕士生提供行业内职业探索的机会。

第四,导师引导硕士生做好职业生涯规划,通过科研工作培养通用职业能力。导学关系是研究生阶段最重要的人际关系,导师是硕士生阶段中的重要他人,对硕士生的职业同一性发展与形成有直接影响。认识和尊重学生多元的职业和价值选择,通过科研训练提升专业学术能力的同时有意识地培养通用职业能力,即可迁移能力,包括分析判断能力、交流能力、问题解决能力等。导师应关注和理解研究生的就业压力,一方面强化学术指导、规范学术培养,另一方面也要为达到学位要求的硕士生留有职业探索的空间。

第九章
硕士生归属感的关键影响因素：
导师支持和学生投入

一、引言

归属感指个体对某个共同体产生认同和联结的心理状态。基于社区和团体凝聚力的研究,归属感被认为是察觉到与他人的相似性,认同与他人间相互依赖的关系,向他人提供期待的帮助,愿意保持相互依赖的关系,指向一个人从属于可依靠的共同体进而产生的稳定情感。[①] 进入教育领域,将社会成员的身份聚焦到学生群体,将共同体划定为校园团体,就是学校归属感。学校归属感体现在学生身处学校场域内各系统中感受到的被他人接纳、尊重、包容和支持的程度,表现为一种联结性的感觉或知觉,这种感知不仅包含学生与学校发生归属关系的感知,还包含自己被当作独立个体而受到的尊重和支持。[②]

学校归属感的研究最初聚焦中小学生,近年来扩展到本科生群体,针对研究生群体的研究相对匮乏但存在必要性。首先,与本科生相比,硕士生的心智发展更成熟、升学动机更明确、考录比更低,研究生是中国社会站在学历教育顶端的少数人,研究生与高校的联结程度与方式可能与本科生存在差异。其次,高等教育生态系统中,硕士研究生直接参与的微观系统有别于本科生,教育经历中的重要他人、学习情境和培养过程与本科阶段存在实质性差异。因此,研究概念操作

---

① SARASON S B. The Creation of Settings and the Future Societies [M]. Brookline Books, 1972.
② STRAYHORN T L. Majority as Temporary Minority: Examining the Influence of Faculty-Student Relationships on Satisfaction among White Undergraduates at Historically Black Colleges and Universities [J]. Journal of College Student Development, 2012,51(5):509 - 524.

化和分析框架有别于对其他教育阶段学生归属感的探究。第三，区别于本科教育，研究生教育的基本特征是科研探知；我国硕士教育以学位论文为抓手提升科研能力、促进知识生产，促成了紧密的导学关系。最后，目前对研究生教育的学生学习成果的研究侧重于研究生的科研产出、知识学习、技能培养等认知类成果，归属感作为人才培养的非认知类成果，也是评价教育过程有效性的手段之一，对其特点和影响因素的探究可以为发现研究生教育的特点和规律、评价和提升研究生教育质量提供一条思路。本章根据研究生教育生态系统的特点，设计并验证研究生归属感的量表，探索硕士研究生归属感的特点和影响因素。

二、文献综述

(一) 学校归属感的内涵和特点

社会成员的归属感指"成员彼此之间及与所在团体的情感，以及成员通过共同承担工作满足自己需求的一种共享信念"。① 归属感既包括人际关系层面对归属与联结的认知，还包含联结过程中产生的情感，以及创造联结的具体行为。在认知与情感层面，归属感是成员对团体认同的基础，包含了个体的认知评价和在团体中角色扮演的情感反应，表现为个体将自己归属于某一团体，并对其产生亲切、自豪的情绪体验，是个体对周围环境和群体的一种情感需求。② 归属需要在满足了生理和安全需要之后得以凸显，是个体超越基本生存需求的更高需求层次，也可称作一种基本的人性驱动。③ 根据对不同类型的系统或组织对归属感进行划分，可以将归属感分为社区归属感、企业归属感和学校归属感等。④

学校归属感强调学生在校园中被认可、被尊重、被支持、被重视，并由此对校园或团体产生亲切感和依赖感。从动态性、发展性角度，学校归属感被具体概念化为学生通过接触校园社会环境，逐步感受到被所属集体、学校所接受、尊重的心理体验，进而产生的自己身为学校一部分的身份认同且愿意承担作为学校一

---

① MCMILLAN D W, CHAVIS D M. Sense of Community：A Definition and Theory [J]. Journal of Community Psychology, 1986, 14(1)：6 - 23.
② 时蓉华. 社会心理学词典[M]. 成都：四川人民出版社, 1988.
③ BAUMEISTER R F , LEARY M R. The Need to Belong：Desire for Interpersonal Attachments as a Fundamental Human Motivation [J]. Psychological Bulletin, 1995, 117(3)：497 - 529.
④ 马斯洛. 动机与人格(第三版)[M]. 许金声等, 译. 北京：中国人民大学出版社, 2007：3 - 79.

员的各项责任和义务的稳定情感。① 学校归属感能够超越学生的心理感知和主观体验,在一定程度上实现行动的指引,突出了在共同体成员身份认知的基础上,努力为学校做出贡献的承诺和义务,说明学校归属感还包含了个体对学校产生贡献能力的感知。②

学校归属感存在以下特点。首先,学校归属感具有社会性,学校归属感是在校学生作为社会人的一种本能的心理需要,学生渴望适应并融入学校的社会生活,并获得群体归属。其次,互动是学生与学校建立深刻联结的基础,学校归属感建立在学生与学校各系统和组织积极互动的基础上,体现了学校归属感的互动性。此外,学校归属感还具有过程性,学生与学校的互动需要经历"熟悉—认同—参与—卷入"的持续过程才能形成归属感。其中学生与校园环境及其共同体的互动是一个复杂过程,因此归属感的形成不是一蹴而就的,有赖于互动过程中积极心理体验的逐渐增多与加强,学校归属感才能作为一种稳定的情感逐渐"嵌入"到学生的内心。这说明学校归属感一旦形成,便具有稳定性,能够作为一种稳定的情感在学生心里长久地保留下来。③ 最后,学校归属感还具有情境性,不同群体、不同校园环境中的个体的学校归属感并不完全一致,且同一群体在校园中获得的认可或社会支持具有广泛性,包含了同伴群体、老师、学校管理人员等多个方面。

(二) 学校归属感的价值

学校归属感对高校学生成长和发展的价值体现在心理与学业两个方面。在心理层面,归属感对心理健康有积极影响,表现在学校归属感能够增强学生的自尊;归属感对主观幸福感也有显著的预测作用,归属需求得到满足可以提升个体的幸福感。④ 聚焦我国高职学生群体的研究发现学校归属感与主观幸福感存在显著的正相关关系,体现了学校归属感对主观幸福感的预测作用。⑤ 另一方面,

① 哈战荣,杨向鹏.高校大学生学校归属感理论分析[J].河北工程大学学报(社会科学版),2013,30 (01):77-80.
② HAGBORG W J. An Exploration of School Membership among Middle-and High-School Students [J]. Journal of Psychoeducational Assessment,1994,12(4):312-323.
③ 阳泽.论学校归属感的教育意蕴[J].中国教育学刊,2009(07):31-34.
④ BAUMERISTER R F, LEARY M R. The Need to Belong:Desire for Interpersonal Attachments as a Fundamental Human Motivation [J]. Psychological Bulletin, 1995,117(3):497-529.
⑤ 陈红.高职院校学生学校归属感、社会支持与主观幸福感的关系研究[D].重庆:重庆师范大学,2011.

学校归属感与不适感、孤立感及其引发的一系列心理问题相对立。一项针对我国澳门大学生的研究发现,学校归属感是大学生发展的一项重要保护因素,它与抑郁、焦虑和压力等心理问题呈现显著的负相关关系,说明归属感在一定程度上具有抵御消极的作用,学生的归属感越强烈,存在心理问题的可能性就越小。[①]

在学业层面,归属感与学业成功关系密切。一方面,众多研究表明学校归属感对学生的低辍学率和高保留率有积极影响。[②] 另一方面,学校归属感是学业成就的重要预测因子,学校归属感能够显著预测学生的学业成绩和学习表现,高校学生的归属感越强烈,完成学业的可能性和意愿也会越强烈,随之也会获得更为卓越的学业表现。[③][④][⑤] 此外,学生的归属感也是校友情系和回馈母校的必要条件,能够为高校带来更多的社会、文化和经济资源。[⑥]

(三) 学校归属感的影响因素

学校归属感的形成有赖于学生和学校双主体,其形成需要学生个体与学校群体和校园环境的互动,是一个循序渐进的过程。基于学校归属感的形成条件和形成发展的过程,学校归属感的影响因素分为个人因素和学校因素。

1. 学生的个人背景因素影响学校归属感

对学校归属感的学生个体因素的国内外研究结论并不完全一致。我国研究发现女大学生的归属感更为强烈,女性在身份归属感维度显著高于男性,而国外

① ZHANG M X, Mou N L, TONG K K, et al. Investigation of the Effects of Purpose in Life, Grit, Gratitude, and School Belonging on Mental Distress among Chinese Emerging Adults [J]. International Journal of Environmental Research and Public Health, 2018,15(10):2147.

② MUSEUS S D, YI V, SAELUA N. The Impact of Culturally Engaging Campus Environments on Sense of Belonging [J]. The Review of Higher Education, 2017,40(2):187 - 215.

③ MARIEKE, MEEUWISSE, SABINE, et al. Learning Environment, Interaction, Sense of Belonging and Study Success in Ethnically Diverse Student Groups [J]. Research in Higher Education, 2010, 51 (6):528 - 545.

④ HAN C W, FARRUGGIA S P, MOSS T P. Effects of Academic Mindsets on College Students' Achievement and Retention [J]. Journal of College Student Development, 2017, 58 (8): 1119 - 1134.

⑤ SAMURA M. Remaking Selves, Repositioning Selves, or Remaking Space: An Examination of Asian American College Students' Processes of 'Belonging'[J]. Journal of College Student Development, 2016,57(2):135 - 150.

⑥ OKUNADE A A, Walsh W R, Jr. Charitable Giving of Alumni: Micro-Data Evidence from a Large Public University [J]. American Journal of Economics & Sociology, 1994,53(1):73 - 84.

研究则未发现显著的性别差异。①② 北美的研究发现,白人大学生的归属感显著高于少数族裔,而中美洲的研究发现学生的种族并不是学校归属感的显著影响因素。③④

学生的家庭经济状况是影响归属感的因素之一。有追踪调查研究发现,相当数量的低收入家庭学生在入学第一年后离开了大学,转而从事有报酬的工作,其原因在于大部分学生表示"大学从来没有像家一样的感觉",这些低收入家庭的学生未坚持学业的一个重要原因在于学校归属感的缺失。⑤ 家庭经济条件较好的学生在学校归属感带动的行为上表现更优,具体表现在出勤率高、课堂参与踊跃等方面,说明家庭经济状况与良好的学校归属感带来的积极行为表现密切相关。⑥ 近年来的研究也进一步证实了家庭社会经济地位与学校归属感的正相关关系,然而归属感研究也存在时代与地域的情境性,比如中美洲的研究发现学生的家庭社会经济地位对学校归属感没有产生直接影响,两者之间并非简单的线性关系。⑦⑧

多数研究表明,父母受教育水平越高,学生的学校归属感普遍越强烈。一项对美国六所公立大学的研究发现,与家庭第一代大学生相比,非一代大学生表现

---

① 杜好强. 大学生学校归属感及其影响因素研究[D]. 重庆:西南大学,2010.

② RIBERA A K, MILLER A L, DUMFORD A D. Sense of Peer Belonging and Institutional Acceptance in the First Year: The Role of High-impact Practices [J]. Journal of College Student Development, 2017,58(4):545 - 563.

③ HAUSMANN L, YE F, SCHOFIELD J, et al. Sense of Belonging and Persistence in White and African American First-Year Students [J]. Research in Higher Education, 2009,50(7):649 - 669.

④ NIEHAUS E, WILLIAMS L, ZOBAC S, et al. Exploring Predictors of Sense of Belonging in Trinidad and Tobago [J]. Journal of College Student Development, 2019,60(5):577 - 594.

⑤ HUTCHINGS A M. 'Bettering Yourself'? Discourses of Risk, Cost and Benefit in Ethnically Diverse, Young Working-Class Non-Participants' Constructions of Higher Education [J]. British Jounal of Sociology of Education, 2000, 21(4):555 - 574.

⑥ FINN J D, VOELKL K E. School Characteristics Related to Student Engagement [J]. Journal of Negro Education, 1993,62(3):249 - 268.

⑦ RIBERA A K, MILLER A L, DUMFORD A D. Sense of Peer Belonging and Institutional Acceptance in the First Year: The Role of High-impact Practices [J]. Journal of College Student Development, 2017,58(4):545 - 563.

⑧ NIEHAUS E, WILLIAMS L, ZOBAC S, et al. Exploring Predictors of Sense of Belonging in Trinidad and Tobago [J]. Journal of College Student Development, 2019,60(5):577 - 594.

出更高的归属感。① 另一项对美国八所大学的近 8 000 名学生展开的调查同样证实了家庭第一代大学生归属感更弱的结论。② 此外,我国有研究指出学生的家庭背景通过人际网络的中介机制对学校归属感产生作用,其中父母受教育水平较低的大学生的学校归属感也处于相对劣势的地位。③ 虽然已有的关于家庭第一代大学生的归属感研究结论较为一致,但学生的归属感有赖于多因素互动,不仅局限于家庭文化资本,不同情境下仍可能存在差异,因此未来还有待深入研究。

2. 教育环境对培育学校归属感的特殊价值

学校的教育环境对归属感具有直接影响,师生交往和同伴互动能够积极提升大学生归属感。综合考虑同伴互动、教师支持和与学校的关联三个要素对归属感的影响发现,教师支持对学校归属感的影响作用更为突出;此外,学校的管理环境、知名度及课外活动组织对学生的归属感存在重要影响;聚焦大学生的课外经历,研究发现参与高影响力教育实践的学生归属感更高。④⑤ 搁置数据分析方法差异而导致结论不一的可能性,上述研究发现均指向了归属感的情境性:不同社会文化、教育层次和发展阶段的学生归属感影响因素存在共性也具有特性。研究者指出,考察学生对教育活动的投入程度与归属感的关系是学校归属感研究的方向。⑥ "参与"是"投入"的必要条件,学生在"参与"的基础上加以选择,在特定教育活动中投入"人、心、脑",即时间、情感和智力,才能取得包括归属感的一系列学习成果。⑦

① STEBLETON M J, SORIA K M, HUESMAN Jr R L, et al. Recent Immigrant Students at Research Universities: The Relationship Between Campus Climate and Sense of Belonging [J]. Journal of College Student Development,2014,55(2):196 - 202.
② DURAN A, DAHL L S, STIPECK C, et al. A Critical Quantitative Analysis of Students' Sense of Belonging: Perspectives on Race, Generation Status, and Collegiate Environments [J]. Journal of College Student Development, 2020, 61(2):133 - 153.
③ 朱晓文,韩红. 家庭背景与大学生学校归属感:人际网络的多重中介作用[J].复旦教育论坛,2018,16 (03):80 - 88.
④ MUELLER S A. Investigating Sense of School Belonging amongst College Students [D]. University of Houston, 2008.
⑤ 李倩. 大学生学校归属感的影响因素分析[D].华东师范大学,2011.
⑥ RIBERA A K, MILLER A L, DUMFORD A D. Sense of Peer Belonging and Institutional Acceptance in the First Year: The Role of High-impact Practices [J]. Journal of College Student Development, 2017,58(4):545 - 563.
⑦ 岑逾豪. 大学生成长的金字塔模型——基于实证研究的本土学生发展理论[J]. 高等教育研究,2016, 37(10):74 - 80.

三、研究设计

(一) 数据来源

本研究数据来源于东部沿海一所"双一流"建设高校的硕士毕业生就学体验调查。研究生毕业季,2020 届全体硕士毕业生收到了线上问卷填答邀请,最终回收有效问卷 1478 份(不包含留学生),回收率为 55%。样本描述性统计数据见表 9-1。

表 9-1 调查对象的样本特征

变量	样本(N=1478)	
	人数	百分比
性别		
男	919	62.2%
女	559	37.8%
学位类型		
学术型硕士	579	39.2%
专业硕士	899	60.8%
学科类别		
工科	964	65.2%
理科	90	6.1%
生命科学	126	8.5%
人文社科	298	20.2%
家乡所在地		
直辖市	149	10.1%
省会城市	204	13.8%
地级城市	392	26.5%
县城	331	22.4%
乡镇	106	7.2%
村	296	20%

（续表）

变量	样本($N=1478$)	
	人数	百分比
家庭第一代大学生		
是	854	57.8%
否	624	42.2%
本科高校类型		
本校	369	25%
国内其他 C9 高校	133	9%
原 985 非 C9 高校	462	31.3%
原 211 非 985 高校	265	17.9%
国内其他高校	247	16.7%
国外高校[a]	2	0.1%

注:a. 国外高校样本量过小,不纳入后续数据分析。

(二)分析框架、变量选择和数据分析

本研究以高等教育学者阿斯汀(Astin)的"投入—过程—产出"模型为分析框架,以个体背景和学生投入为"输入"影响作为结果的归属感。[1] 与研究生培养最密切的环境包括:课程学习、导师指导和学位论文过程。图 9-1 呈现了本研究的分析框架。

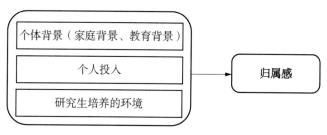

图 9-1 硕士生归属感的分析框架

---

① ASTIN A W. What Matter in College: Four Critical Years Revisited [M]. San Francisco, CA: Jossey-Bass, 1993.

　　本研究的因变量为整体归属感。根据高等教育生态理论,本研究借鉴并发展了威尔逊(Wilson)等人的包含班级、专业、大学三个层级的归属感量表,从课题组、学院和学校三个层叠系统测量研究生的归属感,采用 5 点计分,从"非常不同意"到"非常同意"赋值 1—5 分,对三个题项求均值,均值越高代表归属感越强。[①] 本研究中,整体归属感均值为 4.21,标准差为 0.72。

　　基于分析框架,本研究选择了三类自变量。第一类为个体背景,包括家庭背景(家乡类型和父母教育水平)和教育背景(本科高校类型、学位类型、学科类别)。第二类是学生投入,改编自《乌特勒支学生投入量表》(Utrecht Work Engagement Scale-Student),共 9 个题项,采用 7 点计分,考察研究生对科研工作的情感投入。[②] 第三类为研究生直接参与和感知的微环境,包括课程质量(以满意度测量)、学位论文过程管理(以要求严格度测量),导师培养(包括情感支持和学术指导)。[③] 个体投入和环境变量的描述性统计数据见表 9-2。

表 9-2　变量选择与描述统计

变量	定义	均值	标准差	克隆巴赫 α
学生投入	"我对我的研究充满热情"等 9 个题项取均值(1—7)	4.80	1.20	0.96
学位论文严格程度	3 个题项取均值 1=非常容易,2=容易,3=一般, 4=比较严格,5=非常严格	4.05	0.85	0.79
专业课满意度	1=非常不满意,2=比较不满意 3=一般,4=比较满意,5=非常满意	3.84	0.76	——
公共课满意度	3 个题项取均值(1—5)	4.21	0.76	0.70
导师学术指导	"导师对我的研究工作给予专业且有效的指导"等 4 个题项取均值(1—5)	4.18	0.81	0.95
导师情感支持	"导师是我能够新来的人"等 5 个题项取均值(1—5)	4.23	0.78	0.95

注:$N=1476$。

① WILSON D, JONES D, BOECELL F, et al. Belonging and Academic Engagement Among Undergraduate STEM Students: A Multi-Institutional Study [J]. Research in Higher Education, 2015,56:750-776.
② SCHAUFELI W B, MARTINEZ I M, PINTO A M, et al. Burnout and Engagement in University Students: A Cross-National Study [J]. Journal of Cross-Cultural Psychology, 2002,33(5):464-481.
③ SCHLOSSER L Z, GELSO C J. Measuring the Working Alliance in Advisor-Advisee Relationships in Graduate School [J]. Journal of Counseling Psychology, 2001,48(2):157.

为判定不同变量对归属感影响的重要程度,研究采用分层回归法,将个体背景、个人投入和研究生培养环境三类变量分层纳入回归方程。模型 A 只包含学生的背景变量,探究家庭背景和教育背景对归属感的影响;模型 B 在背景变量的基础上加入学生投入;模型 C 继续加入研究生培养的环境变量,探究哪一类自变量对学生归属感的影响最大。

四、研究发现

(一) 硕士生在学校三个层叠系统的归属感存在差异

硕士生对院系、课题组和学校三个系统的归属感两两正相关,相关系数在 0.51—0.65 之间,克隆巴赫 α 系数为 0.81(见表 9 - 3)。

表 9 - 3 硕士生各系统归属感的均值、标准差与相关系数

	均值	标准差	(1)	(2)	(3)
(1) 院系(1—5分)	4.09	0.91	—		
(2) 课题组(1—5分)	4.14	0.91	0.58**	—	
(3) 学校(1—5分)	4.41	0.74	0.65**	0.51**	—

注:$N=1478$。* $p<0.05$,** $p<0.01$,*** $p<0.001$。

硕士研究生对不同系统的归属感存在显著差异($F=25.087$,$p<0.001$),理工农生学科的硕士生在课题组、院系和学校三个层叠系统中的归属感均高于人文社科的硕士生,且两组群体均对学校的归属感最强、对院系的归属感最弱(见图 9 - 2)。

研究结果揭示了硕士研究生与不同系统联结程度的差异性。在各层叠系统中,硕士生对学校这一宏观系统的归属感最强,相比之下对院系的归属感最弱。理工农生硕士生对课题组的归属感介于对学校和院系的归属感之间,人文社科学生对于课题组与院系的归属感水平相当。与此同时,通过学生访谈,我们发现与导师和院系的仪式互动是硕士生提升归属感的重要手段。在课题组层级,学生认为**"定期的组会、与导师的不定期交流能够让我感受到与师门的联结"**。在学院层面,一位人文社科学生谈到:**"虽然学院很小,但是能够感受到学生是被学**

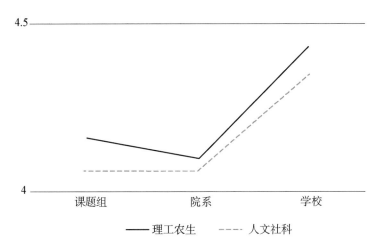

图 9‑2 硕士生在不同层叠系统中的整体归属感

院捧在手上的……学院经常会做一些让我们很感动的事情。比如说这次我们毕业,学院专门给我们邮寄了毕业服和毕业礼物,附带着一封很长的书信和我们告别。今年由于疫情的特殊情况,大家没办法返校,毕业典礼可能也没办法进行,但学院还是尽他们的所能表达对毕业生的关心。"

硕士生在层叠系统中的归属感差异除了系统环境的不同,也包括学生个体原因。学生对专业的喜爱程度直接影响其对院系与课题组系统的归属感,对学校系统归属感的影响则较为微弱。比如,有受访学生表示:"我觉得我对院系的归属感可能没有对学校的归属感强。因为一方面觉得自己学习的专业不是自己特别喜欢的,自己内心对专业的喜爱程度并不高,所以可能对院系的归属感没有那么强。"

需指出的是,由于院校声誉对归属感存在直接的正向影响,因此对于其他高校的硕士生归属感研究,研究生在各层叠系统归属感的相对水平可能会发生变化。与此同时,虽然学生倾向于对就读高校中声誉最高者产生更强的归属感,但是研究生自身的主观投入(如科研情感投入)以及教育体验(如导师支持、培养过程)对归属感的影响同样不可忽视。

(二) 本科就读高校类型影响硕士研究生的归属感

表 9‑4 呈现了分层回归的统计结果。模型 A 纳入学生的家庭和教育背景,

结果显示教育背景中的本科高校类型对硕士生的归属感具有显著影响。本校生源的硕士生学校归属感最为强烈,其可能是因为本校生源的学生入学前的归属感水平就高于其他生源的学生。归属感最弱的是本科就读于国内其他 C9 高校的学生,与本校生源相比差距显著($p<0.001$,Cohen's $d=0.31$)。此外,本研究还对比了 2021 年的数据(见图 9-3),结果显示不同本科生源高校的硕士生归属感具有规律性:即本校生源归属感最强,其次为非重点建设高校生源。

表 9-4　硕士生归属感的影响因素

		β		
		模型 A	模型 B	模型 C
性别:	男[a]	0.005	0.000	0.020
家乡类型:	直辖市[b]	−0.095	−0.084	−0.048
	省会[b]	−0.044	−0.024	−0.042
	地级市[b]	−0.087	−0.072	−0.075
	县城[b]	−0.023	−0.023	−0.038
	乡镇[b]	−0.037	−0.046	−0.043
家庭第一代大学生:	是[c]	−0.020	−0.033	−0.015
本科院校:	其他 C9 高校[d]	−0.086[*]	−0.046	−0.031
	985 非 C9 高校[d]	−0.088	−0.072	−0.043
	211 非 985 高校[d]	−0.052	−0.046	−0.044
	非重点建设高校[d]	0.022	−0.029	−0.003
学位类型:	专业硕士[e]	−0.006	0.002	0.005
学科类别:	理工农生[f]	−0.066	0.030	0.091[***]
学生投入:	科研情感投入		0.385[***]	0.121[***]
院校环境:	学位论文严格程度			0.123[***]
	专业课授课满意度			0.180[***]
	公共课授课满意度			0.085[***]
	导师情感支持			0.296[***]
	导师学术指导			0.136[***]
F		1.912	16.275[***]	48.316[***]

（续表）

	β		
	模型 A	模型 B	模型 C
R^2	0.021	0.164	0.443
ΔF	1.912	198.753***	115.517***
ΔR^2	0.021	0.143	0.279

注：$N=1476$。a.参照组:女；b.参照组:村；c.参照组:非第一代大学生；d.参照组:本校；e.参照组:学术型硕士；f.参照组:人文社科。* $p<0.05$,** $p<0.01$,*** $p<0.001$。

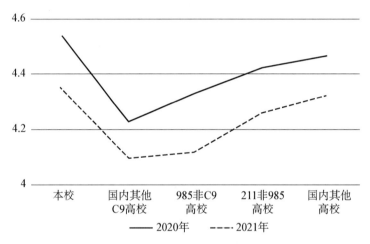

图 9-3　不同本科高校生源硕士生的学校归属感（2020—2021 年）

（三）科研情感投入:影响归属感的主观因素

模型 B 在模型 A 的基础上新增学生的科研情感投入变量（见表 9-4），结果显示本科高校类型对归属感的显著影响消失,科研情感投入成为影响硕士研究生学校归属感的唯一显著预测因素（$\beta=0.385$, $p<0.001$）,R^2 显著增加,$F(1476)=16.275$, $p<0.001$。模型 A 中,研究生的个人背景对整体归属感的解释程度只有近 2%,而加入学生对科研工作的投入这一过程性指标后,模型对整体归属感总变异的解释程度增至 16.4%（模型 B）。

为进一步探究学生科研情感投入对归属感的预测作用以及研究生的培养环境因素对学生归属感的影响,模型 C 在模型 B 的基础上增加了若干环境变量,学生科研情感投入对归属感的影响系数有所减弱,但影响依然显著($\beta=0.121$, $p<0.001$),说明学生的主观因素即学生自身的科研情感投入对归属感的影响具有稳定性和持续性。

(四) 导师支持:影响归属感的环境因素

进一步探索研究生培养环境对硕士生归属感的作用,模型 C 在个体背景和个人投入的基础上将培养环境变量纳入回归模型,结果显示环境因素中导师支持(导师学术指导、导师情感支持)、学位论文严格度、课程质量(专业课满意度、公共课满意度)均对学生的归属感具有显著影响(见表 9 − 4)。纳入培养环境变量后,模型对整体归属感变异的解释程度提升至 44.3%,说明研究生培养过程中的导师支持、课程质量以及过程管理各层面对提升学生的学校归属感的作用不容小觑。

分层回归结果显示,"导师情感支持"之于硕士生归属感的作用最强($\beta=0.296$, $p<0.001$),对硕士生的访谈也证实了导师情感支持对于硕士生发展的重要意义,导师的尊重与鼓励成为学生校园联结的精神支撑,当学生谈到硕士期间难忘的经历时表示:**"我读的学硕有一次机会可以转博士,虽然导师有提出这方面的想法,但并没有强迫我跟随他读博,他很尊重我的意愿。另外如果我的课程安排以及论文方面存在问题,都可以非常容易地找到他,虽然老师的事务很繁忙,但他总是会比较快回复我的问题,让我觉得很有安全感。"**

"专业课授课满意度"是影响硕士生归属感的第二位因素($\beta=0.180$, $p<0.001$),再次是"导师学术指导"。结果表明,在硕士生培养环境的诸因素中,导师对于学生归属感的影响最为强烈,甚至超过了处于生态系统中心的学生个体的投入和努力,说明研究生导师对提升学生的学校归属感担当着积极作用。除导师情感支持与学术指导对学生归属感有显著预测作用之外,培养环境中的课程质量和学位论文过程管理对于硕士研究生的归属感同样存在显著的正向影响,具体表现在:学生对于专业课及公共课的满意度越高,归属感越高;学生感知到的学位论文要求越严格,其学校归属感也越强烈。

五、讨论与启示

(一) 层叠系统归属感量表是评价研究生归属感、评价个体投入和培养环境的有效工具

目前,学生归属感有多种概念操作化工具,但并非都适用于研究生群体。根据研究对象和情境的特征选择和设计适切的研究工具有助于教育现象的描述以及对教育规律的把握。高等教育生态系统理论为研究生层叠系统归属感的考察提供了理论依据,该理论强调从学生直接参与的微系统(课题组)出发,结合外部系统(院系)和宏观系统(学校)理解个体的教育体验和成长发展。在该理论基础上,本研究完善并设计了研究生层叠系统归属感量表,教育管理者和学生工作者可以使用3题项量表阶段性评价研究生的归属感,迅速定位与学校各系统联结程度都较弱的学生群体,及时诊断、定向干预,发现其师生关系和科研投入中可能存在的问题。未来的研究可尝试将该量表用于博士研究生,并探究其适用性。

研究揭示了硕士研究生与不同系统联结的差异性。在各层叠系统中,硕士生对学校系统的归属感最强,对院系的归属感较弱。研究结果还显示硕士生归属感存在学科差异:案例高校中理工农生硕士生的学校归属感普遍高于人文社科的研究生,其原因可能在于案例高校以理工学科见长。校园文化的营造是学生归属感培养的环境基础,一方面,学校可以创造接纳的文化,创造一种囊括全部学生的归属的文化,使得校园文化和氛围更具包容性与接纳性。

(二) 相较本科生,个人和家庭背景对硕士研究生归属感的作用相对弱化

高等教育阶段学生归属感的研究多以本科生为研究对象,研究发现个体背景能够显著预测大学生的归属感水平,如家庭第一代大学生的归属感低于非第一代大学生。本文研究结论指出,包括父母受教育水平和城乡成长环境在内的家庭背景对研究生的归属感均无显著影响。研究生对高等教育机构的融入不再受先赋性资源的影响,后天的获得性关系(导学关系)占据主要地位,其原因可能有二。第一,研究生所处年龄阶段和生命阶段决定其独立性发展的诉求,硕士生

对家庭的经济依赖和心理依存都要弱于本科生。第二,研究生通过本科教育和实习就业经历了社会化的过程,读研选择的自我评估既包括对自身认知需求和能力的评估,也包括非认知条件的评估,对高等教育制度或机构认同度较低、联结度较低的群体可能自我选择退出校园。

基于研究生群体的独特性,学校可以根据本科生与研究生群体的不同特征培育归属感。对于硕士研究生的归属感培养,除基本的人文关怀、归属文化、接纳性文化的营造以外,还要充分发挥专业教育的功能,在深耕学术、立足行业上提供针对性支持。相比于本科生培养,研究生教育旨在培养高层次拔尖创新人才,因此要以提升培养质量为核心,帮助研究生达到应有的高度。[①] 从研究生的视角来看,如果学校能够作为"船舵"或"发动机"的角色,为学生提供前进的方向与动力,助力学生在学术与职业的海洋上找到方向、稳步航行,学生对"推力"或"拉力"的感激也能转化为更为持久的归属感。

(三) 科研育人在研究生成长成才中具有特殊价值

硕士生对科研工作的投入对归属感具有稳定的影响,这一实证研究发现支撑了科研育人的必要性和重要性。硕士生投入科研活动不仅是科研产出、学术能力提升的必要条件,也能够促进非认知成果的发展。个体一般会对辛勤耕耘、挥洒汗水的土地充满依恋和期待,并产生联结和归属。硕士生对科学研究的投身、专注和热情也会对归属感的形成产生稳定的积极影响。在硕士研究生扩招、研究生分类培养的形势下,强调硕士生投入科研活动,无论学术型或专业学位硕士生,无论开展理论学术研究或应用型研究,都须强调身心投入的必要性。从现实来看,我国大学科研存在重能力、认知、成果而轻人格、体验、意义的问题,进而抑制了科研育人功能的发挥。[②] 一方面,既要帮助研究生理解科研工作探索新知、服务人类的意义;另一方面,也要帮助研究生认识科研对自我素养提升、人格塑造的作用,通过提升自身的科研情感投入来推进归属感等非认知类学习成果的生成和提升,发挥科研育人的价值。

院校培养环境中的课程质量和学位论文过程管理也是科研育人的体现,学

---

① 王战军,于妍,王晴. 中国研究生教育发展:历史经验与战略选择[J]. 研究生教育研究,2020(01):1-7.

② 李小平,刘在洲. 大学科研的本质特征及其育人意蕴[J]. 高等教育研究,2019,40(05):70-75.

生对课程的满意度以及学生对学位论文严格度的感知也是影响归属感的环境要素。2020 年,教育部等三部门联合颁布《关于加快新时代研究生教育改革发展的意见》,明确指出要加强课程教材建设,提升研究生课程教学质量。① 研究生培养过程中,学位论文管理和要求是重要一环。在稳步推进高等教育高质量发展的新阶段,要让"严进严出"成为研究生培养的新常态,这既是宏观层面高等教育内涵式发展的关键,也是微观视角下提升研究生归属感的有利举措。

(四) 导师学术指导与情感支持是提升硕士研究生归属感的最重要因素

导师情感支持和学术指导是提升硕士研究生归属感的关键因素。导师作为与研究生接触最为频繁、关系最为密切的师长,是研究生学术指导的直接承担者。② 本研究的结果证实,导师的情感支持与学术指导不但对于学生的学业发展具有重要影响,对于学生的情感归属也具有独特意义。《关于全面落实研究生导师立德树人职责的意见》等政策文件明确提出"导师是研究生培养的第一责任人"。③ 研究生教育改革深化带来的新形势对导师提出了更高的角色要求与期待,导师是研究生思想政治教育首要责任人、学术专业导师、人生导师。④ 导师为学生的学业发展提供所需的学术指导及情感支持,有利于学生在成长过程中的心理社会发展。本章的实证研究发现支撑了这一理论观点。教育的根本追求在于实现个体的生命成长和创造性的发掘,而对于研究生教育而言,情感性是它的一项生命指征,是焕发研究生教育生命力的内在冲力。导师给予的情感支持和学术指导能够促进学生实现超越知识的生命成长,唤起和加强研究生和学术共同体的情感联结。导师承担的角色不仅是术业的指导者,更是学生情怀培育和人格养成的引路人,因此在研究生培养的过程中,需要强调导师角色在研究生全方位成长中的关键地位。

---

① 中华人民共和国教育部. 教育部　国家发展改革委　财政部关于加快新时代研究生教育改革发展的意见. (2020 - 09 - 04)[2022 - 01 - 20]. http://www. gov. cn/zhengce/zhengceku/2020-09/22/content_5545939. htm.

② 徐国斌,马君雅,单珏慧. "立德树人"视野下研究生导师育人作用发挥机制的探索——以浙江大学为例[J]. 学位与研究生教育,2014(09):12 - 15.

③ 中华人民共和国教育部. 关于全面落实研究生导师立德树人职责的意见[EB/OL]. (2018 - 01 - 18)[2022 - 01 - 20]. http://www. moe. gov. cn/srcsite/A22/s7065/201802/t20180209_327164. html.

④ 陈晓梅. 角色期待与呼应:新情况下研究生导师的角色变化[J]. 研究生教育研究,2016(01):70 - 74.

第十章
硕士生的毕业去向研究

一、研究背景

我国硕士毕业生的数量连年攀升,2010 年获得硕士学位的人数达 33.5 万,2020 年获得硕士学位的人数近 66.2 万人,是十年前的两倍;2011—2020 年间新增硕士学位持有者的总量更是上一个十年的 2.6 倍。研究生队伍的扩大与社会对硕士毕业生需求总量增幅变化不大存在矛盾,硕士研究生的毕业去向成为学界和社会关注的话题。

硕士教育在高等教育体系中衔接本科教育与博士生教育,为我国的现代化建设提供各行各业的高素质专业化人才,其毕业去向关系着高等教育和经济社会的发展。但是,硕士生就业也面临一系列挑战,具体表现为:硕士生相较本科生,待遇要求高、就业期待高而年龄不占优势;相较博士生,专业知识不够精尖、研究能力尚且入门,其就业面临"双重劣势"。[①]

总体来看,我国研究生教育还不能完全适应经济社会发展的多样化需求。除我国高等教育扩招所致高校毕业生就业总量压力,高等教育与劳动力市场的结构性矛盾也较为突出。主要表现在:学术型学位硕士研究生(以下简称"学硕")培养中科教结合不紧密,与职业发展能力培养紧密衔接的专业学位研究生(以下简称"专硕")培养模式尚不成熟,产教结合不紧密,致使部分毕业生就业时专业与工作不匹配。[②] 此外,研究生就业还存在求职预期与现实差距大,择业心

① 高耀,刘晓,易艳霞.中国硕士毕业生就业状况——基于 2014 届 75 所教育部直属高校的量化分析 [J].研究生教育研究,2016(03):12-19.
② 刘扬.大学专业与工作匹配研究:基于大学毕业生就业调查的实证分析[J].清华大学教育研究,2010,31(06):82-88.

理压力加剧;就业地流向趋于集中化,普遍流向东部沿海发达地区等问题。

面对高校毕业生日益严峻的就业形势,政府部门出台政策并采取措施,旨在提高研究生培养质量、推进研究生就业。2013 年,《关于深化研究生教育改革的意见》明确指出根据研究生的学术兴趣、知识结构、能力水平,制定个性化的培养计划,同时加强研究生职业发展教育和就业指导,提高研究生就业创业能力,突出了服务需求、提高质量的共识。① 2017 年,《学位与研究生教育发展"十三五"规划》指出积极发展硕士专业学位研究生教育,建立以职业需求为导向的硕士专业学位研究生教育发展机制,探索硕士专业学位研究生教育与应用型本科和高等职业教育相衔接的办法,拓展高层次技术技能人才成长的通道。② 2020 年,全国研究生教育会议指出研究生教育要为建设社会主义现代化强国提供坚实的人才支撑。③

通过梳理上述党中央、国务院发布的有关研究生教育和就业的决策部署,可以看出党和政府除关注以就业率为代表的数量指标外,还高度重视就业去向、择业原因、专业匹配、就业流动等质量指标。如何促进硕士毕业生既发挥自身的能力专长、又充分对接社会的发展需求,是当前我国研究生教育面临的关键问题。本章梳理硕士研究生升学和就业的相关文献,基于案例高校的问卷调查与访谈资料探究该校硕士毕业生的升学深造、择业原因、学用匹配、就学流动与就业流动等情况,以期加深高校和学生对硕士教育"出口"现状的认识和理解,为研究生就业指导工作提供参考。

二、文献回顾

(一) 硕士研究生的升学深造

升学深造是硕士研究生的毕业去向之一,分为国内升学和国外深造。已有

---

① 中华人民共和国教育部. 教育部 国家发展改革委 财政部关于深化研究生教育改革的意见[EB/OL]. (2013 - 07 - 08)[2022 - 01 - 20]. http://www. cdgdc. edu. cn/xwyyjsjyxx/shggtq/gtgz/wjfb/278581. shtml.

② 中华人民共和国教育部. 教育部 国务院学位委员会关于印发《学位与研究生教育发展"十三五"规划》的通知[EB/OL]. (2017 - 01 - 20)[2022 - 01 - 20]. http://www. moe. gov. cn/srcsite/A22/s7065/201701/t20170120_295344. html.

③ 中华人民共和国教育部. 教育部 国家发展改革委 财政部关于加快新时代研究生教育改革发展的意见[EB/OL]. (2020 - 09 - 21)[2022 - 01 - 20]. http://www. moe. gov. cn/srcsite/A22/s7065/202009/t20200921_489271. html.

文献描述比较了院校类型、学科门类、不同性别的硕士生的升学特点，并分析背后原因与未来趋势。

硕士生升学深造的比例大幅低于就业的比例，也低于高校毕业生平均深造率。2017 年的全国调查显示，硕士毕业生继续深造的比例为 11.5%，全部毕业生的深造率为 21%。[①] 一项 2014—2018 年硕士研究生的毕业去向研究发现，36 所教育部直属高校的硕士毕业平均深造率为 8%，每年波动范围比较小，但在这种小波动中，硕士生深造率整体呈现稳中有升的趋势。[②]

硕士生升学深造率存在学科、学校、性别、生师比差异。首先，硕士生升学率与学科门类、学校类型密切相关。由于农业、理工类等专业突出基础性和研究性，继续读博的潜在收益相较于应用性强的财经、师范类专业更高，促使前者硕士升学率高于后者。[③] 其次，以教育部直属高校为代表的高水平大学硕士毕业生选择升学读博的比例相对较低，低于国内硕士毕业生升学的均值，反映出当前我国高水平大学中硕士研究生的学术深造意愿不高，名牌大学硕士生选择毕业后直接就业。同时，硕士生是否选择升学深造还存在性别差异。男性继续攻读博士的比例要远高于女性，优秀女博士生生源有所流失。这可能与社会性别文化、女性学术职业发展环境、个体预期动机等因素有关。[④] 最后，硕士生的升学率和生师比因素呈现负相关，即低生师比的精英化教育更适合培养提高学生的学术探索与研究能力，为其在学术研究的深层次探索奠定基础。[⑤]

(二) 硕士研究生的择业原因

影响硕士生择业的因素分为个体原因与环境原因。前者包含职业价值观等隐性因素，后者包含社会就业形势、学校培养质量、家庭经济状况等显性因素。

首先，硕士毕业生择业受职业价值观等内在原因影响。职业价值观是深植于学生内心的信念，是其价值观在职业选择上的反映，涉及职业选择时的价值评

① 于菲,邱文琪,岳昌君.我国研究生就业状况实证研究[J].学位与研究生教育,2019(06):32 - 38.
② 杨院,王荧婷.我国硕士研究生毕业去向及趋势研究——基于教育部直属高校 2014—2018 年数据的分析[J].研究生教育研究,2020(05):58 - 65＋73.
③ 高耀,刘晓,易艳霞.中国硕士毕业生就业状况——基于 2014 届 75 所教育部直属高校的量化分析[J].研究生教育研究,2016(03):12 - 19.
④ 李永刚,孙一睿.我国高水平大学硕士毕业生就业的偏好与分化特征研究[J].黑龙江高教研究,2020,38(07):81 - 86.
⑤ 高媛,邓雪梅.生师比影响我国硕士研究生就业状况的实证研究[J].大连理工大学学报(社会科学版),2009,30(03):108 - 113.

判、权衡利弊的原则。研究生的择业过程受职业价值观影响,包含工作收入、工作环境等物质因素,工作氛围、归属感等职业人际因素,职业地位、社会评价等职业声望因素,以及工作挑战、发展前景等自我实现因素。[①] 由于样本群体差异,不同研究对硕士生职业价值观的结论存在差异。2004 年一项研究发现硕士生最重视自我实现,而声望地位是最淡化考虑的方面;男性比女性更看重声望地位与自我实现。[②] 2006 年一项研究指出硕士生更注重个人发展与晋升、经济收入、社会地位,女性择业时更看重工作舒适和地理位置,而男性对经济收入、个人发展的考虑明显高于女性。[③]

其次,社会环境、学校教育、家庭背景对于硕士生择业行为具有重要影响。第一,在社会环境方面,我国经济进入新常态对学生的毕业选择影响显著。受产业结构变化和国家鼓励创新创业的政策影响,"自主创业"和"灵活就业"的比例上升。[④] 但是,我国高学历人才的井喷与研究生就业市场的不规范、制度不健全约束了研究生就业。[⑤] 第二,学校对于研究生的培养与社会需求脱节也影响了研究生就业,具体表现在研究生课程设置欠合理、职业规划教育薄弱、研究生实践能力培养不足等问题。[⑥] 第三,家庭收入、父母受教育水平、父母年龄、父母居住地、父母工作部门等家庭背景因素对子女选择就业策略、就业部门与深造学习也产生影响。[⑦]

(三) 硕士研究生就业与专业的匹配程度

高学历人群涌入劳动力市场,引发人才与岗位的不匹配问题。就业不匹配问题可以从横向和纵向角度划分,横向不匹配是指所学专业和岗位匹配程度低,

① 薛利锋.大学生择业心理与择业价值观教育[J].东北师大学报(哲学社会科学版),2010(01):175 - 178.
② 俞宗火,滕洪昌,戴海崎,胡竹菁.当代硕士研究生职业价值观研究[J].应用心理学,2004(03):37 - 40+46.
③ 刘小双.当代研究生择业价值取向的问题与对策研究[D].西南大学,2006.
④ 岳昌君,周丽萍.经济新常态与高校毕业生就业特点——基于 2015 年全国高校毕业生抽样调查数据的实证分析[J].北京大学教育评论,2016,14(02):63 - 80+189.
⑤ 杨翠屏,苏继来.硕士研究生就业问题分析及对策[J].继续教育研究,2015(10):88 - 90.
⑥ 黄希庭,张进辅,李红.当代中国青年价值观与教育[M].成都:四川教育出版社.
⑦ 陈江生,王彩绒.家庭背景因素对我国大学毕业生就业影响的实证分析——基于 2009 年的调查数据[J].西北师大学报(社会科学版),2011,48(02):97 - 101.

纵向不匹配是指教育水平和岗位不匹配。①

高校毕业生"学非所用"的横向不匹配较为常见,且在一定程度上造成了过度教育,即纵向不匹配。近十年,我国多院校调查中四成左右的毕业生未从事与自身专业相匹配的工作。②③④ 对比国外 20 多年前的数据,美国、加拿大及欧洲高校毕业生的不匹配比例大多在 10%至 20%之间。⑤⑥⑦ 人力资本的专用性解释了专业匹配与过度教育发生率的关系:当所学专业与岗位所需知识技能匹配时,他们的专业知识对于工作的适用性强,毕业生发生过度教育的几率低;当所学专业与岗位所需知识技能不一致时,毕业生只能凭借其低一级学历所习得的专业知识找工作,即发生过度教育。⑧

影响高校毕业生的专业就业匹配度存在外部和内部原因。第一,不同学校类型、学历层次、学科门类等外部因素对专业就业匹配具有影响。重点高校毕业生学用匹配比例高于一般本科院校毕业生,专科院校毕业生学用匹配比例最低;学用匹配度在学历层次的分布由高至低为研究生、本科生和专科生;学科门类上,相较于培养学生一般技能的人文社科专业,建筑学、卫生医疗、自然科学和工程技术专业通常培养了学生的职业特定技能,其工作与专业匹配的可能性更大。⑨ 第二,研究生的专业兴趣、就业态度、就业期望、职业发展目标、工作找寻努力程度等主观原因对专业就业匹配有显著影响。毕业生的兴趣与专业是否吻合是影响专业就业匹配的关键因素,学校类型、学科以及学生的个人特征、学业

---

① ROBST J. Education and Job Match: The Relatedness of College Major and Work [J]. Economics of Education Review, 1993, 26(4):397 - 407.
② 刘扬. 大学专业与工作匹配研究:基于大学毕业生就业调查的实证分析[J].清华大学教育研究,2010, 31(06):82 - 88.
③ 徐晓雯,岳昌君,许锐.高校毕业生学用匹配状况的影响因素及起薪效应[J].教育学术月刊,2018 (06):3 - 10.
④ 周丽萍,马莉萍.高校毕业生的就业匹配与工资起薪的关系研究[J].教育学术月刊,2016(04):82 - 88.
⑤ ROBST J. Education and Job Match: The Relatedness of College Major and Work [J]. Economics of Education Review, 1993, 26(4):397 - 407.
⑥ BOUDARBAT B, CHERNOFF V. The Determinants of Education-Job Match among Canadian University Graduates [J]. IZA Discussion Paper No. 4513, 2009, 1 - 30.
⑦ SCHOMBURG H, TEICHLER U. Higher Education and Graduate Employment in Europe: Results from Graduates Surveys from Twelve Countries [M]. Springer Science & Business Media, 2007.
⑧ 王子成,杨伟国.就业匹配对大学生就业质量的影响效应[J].教育与经济,2014(03):44 - 52+57.
⑨ 刘扬. 大学专业与工作匹配研究:基于大学毕业生就业调查的实证分析[J].清华大学教育研究,2010, 31(06):82 - 88.

特征对学用匹配的解释力度都小于兴趣吻合的解释力度。[①] 此外,就业态度越积极、就业期望越乐观、职业发展目标越清晰、工作找寻越积极且前期准备越充分的研究生更容易找到专业就业匹配的工作。[②③] 但是,研究生往往把学用不匹配的原因归为就业形势的外因。如,江苏省 2016 届毕业研究生所学专业和岗位不匹配的首要原因为"与专业相关的工作很难找",占比远高于"更符合我的兴趣爱好""工作环境更好""收入更好""家庭原因"等其他因素。[④]

(四) 硕士研究生的就学流动和就业流动

高校毕业生的流动在生源地、院校地和就业地之间发生,可以分为就学流动与就业流动这两个连续过程。高校毕业生的就学流动指大学生由家乡所在地到高等教育院校的过渡中发生了地理位置变化,就业流动指毕业生由高等教育院校向劳动力市场的过渡中发生了地理位置的变化。[⑤] 就学流动和就业流动是连续的过程,前期就学流动对于后期就业流动产生影响,大致可分为如下五类:①不断流动:从生源地流动到高校所在地就学,毕业后又从高校所在地流动到生源地和院校地以外的地方就业,共发生了两次流动行为;②返回流动:由生源地流动至高校所在地就学,毕业后又从高校所在地返回生源地就业;③前期流动:由生源地流动至高校所在地就学,毕业后就留在当地就业;④后期流动:留在生源地就学,而毕业后流动到其他地方就业;⑤不流动:始终在生源地就学与就业,未发生任何流动。[⑥] 有研究表明,高校毕业生的流动行为作为一种人力资本投资方式,会带来收益的增加。[⑦] 具体而言,第一,毕业生的流动行为能够带来良好的经济效益,有利于提高未来的劳动生产率及经济收入,就学流动和就业流动的收益率分别为 10.5% 和 8.1%。[⑧] 第二,高校毕业生的区域流动行为与工作匹

① 于洪霞,丁小浩. 高校毕业生就业专业结构匹配情况及其影响因素探析[J]. 教育学术月刊,2011(08):33 - 36.
② 李锋亮,陈晓宇,刘帆. 工作找寻与学用匹配——对高校毕业生的实证检验[J]. 北京师范大学学报(社会科学版),2009(05):126 - 135.
③ 张伟. 研究生就业观对专业就业匹配的影响关系研究[J]. 黑龙江高教研究,2020,38(01):38 - 41.
④ 苏春海. 江苏省 2016 届本科毕业生就业情况调查报告[M]. 江苏:江苏凤凰教育出版社.
⑤ 马莉萍. 西方国家大学毕业生就业流动的研究:借鉴与启示[J]. 教育学术月刊,2009(10):58 - 62.
⑥ FAGGIAN A., MCCANN P., SHEPPARD S. An Analysis of Ethnic Differences in UK Graduate Migration Behaviour [J]. The Annals of Regional Science,2006,40(2):461 - 471.
⑦ 岳昌君. 大学生跨省流动的特点及影响因素分析[J]. 复旦教育论坛,2011,9(02):57 - 62.
⑧ 邓峰,郭建如. 人才竞争、跨省流动与高校毕业生就业——毕业生跨省流动的路径、空间分布与就业状况分析[J]. 国家教育行政学院学报,2020(07):24 - 33.

配之间也具有关系,就学流动和就业流动都能显著降低过度教育的发生率,使毕业生找到与专业更加匹配且满意度更高的工作。[①]

我国硕士毕业生的就业空间分布呈现"孔雀东南飞"的特点,经济发展水平较高的区域对人才产生黏附效应。[②] 相当高比例的硕士研究生选择迁移就业,过度集中在东南沿海与长江沿岸等经济发达地区,经济暂时落后的中西部地区面临较为严重的人才外流现象。[③④] 研究生、重点高校毕业生在就业地选择上有更大的流动性:研究生较本科生和专科生、重点高校毕业生较一般本科高校和高职高专院校的学生更倾向于离开生源地、留在院校地就业。[⑤] 近年来,随着各级政府陆续出台鼓励高校毕业生基层就业、返乡创业的优惠政策,返乡就业群体的比例呈逐年上升趋势。其中,女性的返乡就业比例增幅明显,男性与女性返乡就业比例的差异逐渐缩小。[⑥] 高校毕业生的就业流向受地区经济、人力资本、预期成本、预期收入和预期就业概率等因素影响,其中经济因素是跨省流动的主要原因,人力资本更高的毕业生将会流向起薪更高的地区与岗位。[⑦⑧⑨]

三、案例高校研究

本章的研究数据来源于案例高校 2017—2021 年硕士毕业生就学体验调查,以及该校年度《就业质量报告》。"硕士毕业生就学体验调查"每年在研究生毕业季 3 月展开,提供了学生视角下的择业原因、学用匹配、就学就业流动等一手样本数据;年度《就业质量报告》基于 6 月官方就业统计数据,每年年底发布,在总体数据的收集和汇总方面更有优势。

① 马莉萍. 流动与工作匹配[J]. 复旦教育论坛,2015,13(02):73-79.
② 聂晶鑫,刘合林. 中国人才流动的地域模式及空间分布格局研究[J]. 地理科学,2018,38(12):1979-1987.
③ 邓峰,郭建如. 人才竞争、跨省流动与高校毕业生就业——毕业生跨省流动的路径、空间分布与就业状况分析[J]. 国家教育行政学院学报,2020(07):24-33.
④ 李锋亮,赵延东,郭紫墨. 对硕士毕业生迁移就业收益的实证研究[J]. 高等工程教育研究,2010(03):60-65.
⑤ 马莉萍,潘昆峰. 留还是流?——高校毕业生就业地选择与生源地、院校地关系的实证研究[J]. 清华大学教育研究,2013,34(05):118-124.
⑥ 马莉萍,刘彦林,罗乐. 高校毕业生返乡就业的性别差异:趋势与特点[J]. 教育与经济,2017(01):13-19.
⑦ 杨钋,门垚,马莉萍. 高校毕业生就业流动现状的分析[J]. 国家教育行政学院学报,2011(04):75-80.
⑧ 岳昌君. 大学生跨省流动的特点及影响因素分析[J]. 复旦教育论坛,2011,9(02):57-62.
⑨ 岳昌君,周俊波. 高校毕业生为何跨省就业[J]. 清华大学教育研究,2005(02):34-41.

（一）近八成硕士毕业生进入职场，逾一成毕业生"就业慢"

五年来，案例高校的硕士生毕业去向的分布大体稳定（见表 10 - 1）。就业人数百分比约 83%，深造率约为 16%，去向待定的不到 1%。

表 10 - 1　硕士生的毕业去向（2016—2020,6 月数据）

	就业	深造	待定
2016	82.4%	16.9%	0.6%
2017	83.3%	16.0%	0.8%
2018	81.9%	17.2%	0.9%
2019	81.6%	17.5%	0.9%
2020	86.0%	13.2%	0.8%

对比历年的硕士毕业生调查数据和年度《就业质量报告》，我们发现超过一成的硕士生在获得学位后三个月，即 3—6 月期间，从去向"待定"实现了升学或就业。以 2020 年为例，2020 年 6 月仅有 0.8% 的硕士毕业生去向待定，相较于同年 3 月 11.7% 的待定率，待定人数比大幅下降，就业率与升学率均有增长（见图 10 -1）。

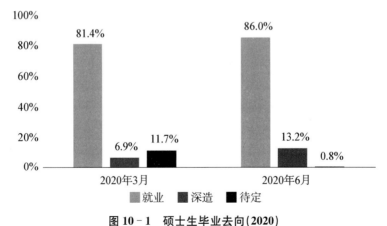

图 10 - 1　硕士生毕业去向（2020）

各学科类别硕士生的就业率存在差异。历年 3 月的调查数据显示，工科硕士的就业率均超过 80%，生命科学的就业率最低而深造率最高（见图 10 - 2）。

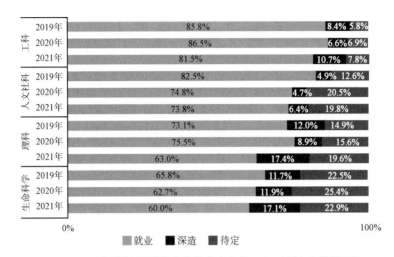

图 10‑2　各学科类别硕士生毕业去向(2019—2021,3 月数据)

分性别统计,3 月毕业季男女生的去向待定率每年均有爬升,女性"去向待定"比例更高。女性硕士生毕业去向待定的比例比男性要高出 5—8 个百分点(见图 10‑3)。以 2020 年为例,2020 年 3 月硕士毕业生中男性的去向待定率为 8.8%,女性则为 16.5%;当年《就业质量报告》中 6 月数据显示,两者的去向待定率都降至 2%。女性的待定人数比下降幅度更为明显,且最终在就业率上反超男生约 4 个百分点。相较于男性,"就业慢"的现象在女性中更为普遍,15% 的女硕士生拿到学位后才确定毕业去向。

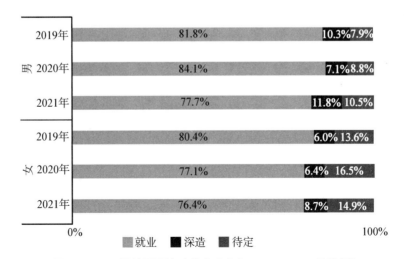

图 10‑3　不同性别硕士生毕业去向(2019—2021,3 月数据)

硕士毕业生"就业慢"存在多重原因,实习经历不足是其中之一。一位理科男生将求职困难归因为缺乏实习经验、没有职业准备:"**硕士期间导师既不让我去实习,也不太希望我去实践,最后我没有准备就去找工作了。因为我找的并不是本专业的工作,一开始就是海投,进了之后一轮,第二轮基本上被刷掉了,因为没有相关的实习经历。**"

"就业慢"的另一个原因是毕业生为了达成就业期待而做出的主动选择。一位生命科学女生在毕业季拿到了录用通知,但仍把自己归为"去向待定"一族:"**我已经拿到了 offer,因为对已经拿到录取的单位不是太满意,我想找比较稳定可以照顾到家庭的工作,所以现在还在选择比较。**"对于拿到工作录用就止步不前的同学,一位工科男生在访谈中也表示了遗憾:"**我最后工作 offer 拿的非常多,我挑了很长时间。我有的同学非常优秀,研一的时候就发了文章,最后找工作可能找了几个就不找了。在我看来他能找到更好的工作,但是他就没有继续往前。**"

(二) 硕士深造率稳中有升,学硕和专硕的深造读博率相近

近五年来,案例高校硕士毕业生的读博深造率平均为 16%,远高于教育部直属高校的硕士生平均深造率(8%)。和全国趋势一致,硕士生深造率近年来稳中有升,生命科学和理科毕业生深造的比例较高,工科生次之,而人文社科学生的深造率最低。2021 届毕业生中,生命科学 17.1%读博,人文社科毕业生中只有 6.4%深造(见图 10-2)。男生读博的比例也要比女生高出 3 个百分点(见图 10-3)。值得注意的是,硕士生毕业时的深造率和入学初的学术意愿反差强烈。以 2021 届学术型学位硕士毕业生为例,超过四分之三的受访者表示入学时"比较愿意"或"非常愿意"走学术道路,但这些人中只有 16%毕业后继续深造(见图 10-4)。

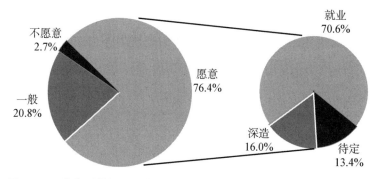

图 10-4　学术型学位硕士生入学时的深造意向与最后的毕业去向(2021)

学硕和专硕毕业后的深造率逐年拉开差距,但仍较为接近,两类硕士生的深造读博率差距不超过 6%(见图 10-5)。按照我国对不同学位类型硕士生培养目标的规定,学硕旨在培养具备较强科研能力高层次人才,而专硕的培养目标是以职业为导向、具有较强解决实际问题能力的高层次应用型专门人才。学硕和专硕在教育"出口"升学率接近,反映了不同学位类型研究生的分类培养有待进一步落实。

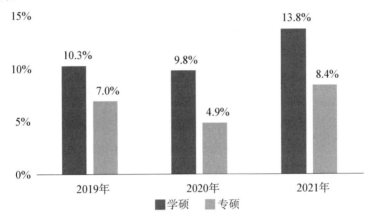

图 10-5 学硕和专硕的深造读博率(2019—2021)

硕士毕业生的访谈资料印证和解释了上述判断,培养环境是影响硕士生毕业后是否深造读博的重要因素之一(具体分析见第十一章)。一位工程硕士表示自己的培养过程和学硕并无较大差异:**"其实我一直搞不懂专硕和学硕的区别到底在哪。从课程学习上来讲有一点点差别,但大多数是一样的。从导师的指导上,甚至导师都不知道你是专硕还是学硕。从刚开始直到我毕业答辩,老师说你是专硕还是学硕?我说我是专硕,我其实也不知道区别在哪。"**培养环境对学术型学位硕士研究生的深造决定影响更大:学硕通过就学期间的科研投入,发掘志趣所在与科研潜力,最终做出是否继续深造的选择。一位受访者表示,硕士期间的课程学习、科研训练和学术交流促使自己明确了学术志趣,最后选择读博深造:**"过去我一直把自己定位成一个工程师,后面选择读博是因为跟老师学了生物医学方面的知识,我发现确实比较感兴趣。关于医疗方面的课程,我很感兴趣;我导师研究的课题是一项很有意义的技术。回忆硕士的就读历程,我最大的收获是有了开阔的视野,这两年我参加很多学术会议,接触很多国外的大牛,都是老师提供的平台和机会。这两年感觉对于自己的未来有一个比较清晰的目**

标,可能刚进来时想到未来会感觉到恐慌,现在不会了,现在想到未来很踏实。"

(三)硕士生择业看重行业前景,服务国家社会意识较为欠缺

历年来,案例高校的硕士毕业生择业考虑因素的排序存在共性:"行业发展前景好"始终是硕士毕业生择业的最重要原因,"服务国家和社会""家庭原因"等则处于末位(见图 10-6)。

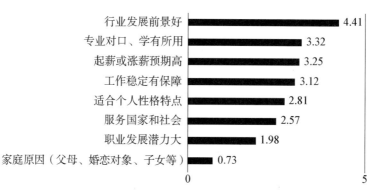

图 10-6 硕士毕业生的择业考虑因素(2021)

注:排序题计算方法为:选项平均综合得分 $= (\sum$ 频数×权值)/本题填写人次,下同。

以 2021 年硕士毕业生为例,研究生的择业考虑因素存在性别差异。男女生都最关心所在行业的发展前景。相较而言,男性更重视"起薪或涨薪预期",而女性更关心工作是否"适合个人性格特点",且对"工作稳定有保障"的要求更高(见图 10-7)。

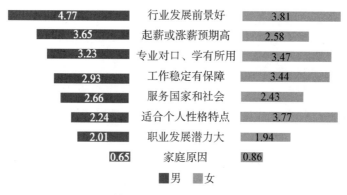

图 10-7 不同性别硕士毕业生的择业考虑因素(2021)

(四) 逾二成硕士毕业生的学用不匹配,择业价值观是主要原因

近五年来,硕士毕业生就业与专业的匹配程度有所下降。就业的硕士毕业生中,平均 53.4%认可将从事的工作与硕士专业相关度高,21.6%的毕业生认为学用不匹配。从发展趋势来看,前四年硕士毕业生认为就业与专业相关度"高"的比例呈下降趋势且降幅明显,从 2017 年的接近六成(57.4%)到 2019 年不足半数(48.2%);硕士毕业生认为就业与专业相关度"低"的比例有所增长,从2017 年的 18%上升至 2019 年达到近四年的峰值(29.5%),即 10 位就业学生中就有 3 位认为自己从事的工作非专业所学(见图 10 - 8)。

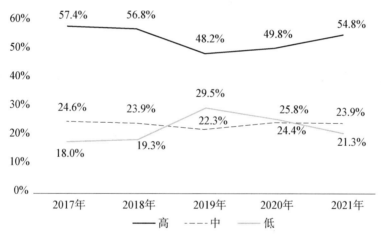

图 10 - 8　硕士毕业生的学用匹配(2017—2021)

注:每年的样本量均为就业和创业的人数。

分类比较学硕和专硕的学用匹配,我们发现两者数据在 2017—2019 无显著差异,但 2019 年以后,学硕中就业专业匹配度高的毕业生比例逐年上升,而专硕该数据相对平稳。截至 2021 年,两者的差距达到 8%(见图 10 - 9)。

硕士毕业生选择专业相关度较低工作的原因主要包括三方面。第一,毕业生为找到工作,退而从事与所学专业无关的工作,以降低求职难度。第二,"男生求薪、女生求稳"的择业价值观导致部分毕业生放弃专业匹配度高的工作。一位生命科学的女生在访谈中提到:**"我也有参加商务公司的招聘,因为专业对口很有优势,面试完他当场说可以给我 offer,就看我什么时候过来。但是我不太愿**

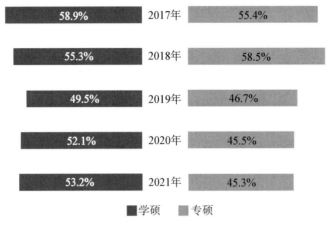

图 10‐9　学硕和专硕学用匹配度高的人数比例(2017—2021)

意去专业相关的公司。因为想找个比较稳定的工作,听说企业这两年裁员力度挺大的,怕有风险性。"最后,毕业生出于自身兴趣,主动从事与专业无关的行业。对于部分学生,相比"专业对口、学有所用"的择业原因,"适合个人性格特点"的考量占据上风。一位延期毕业、正在实习的理科女生表示:"我觉得专业性比较强、专业对口的工作做起来会得心应手一些,但其实就我个人而言,我更偏向于兴趣导向。我特别不喜欢研发类的工作,太无聊了,而且我兴趣不在这。之后我就转行了。"

(五) 逾九成硕士生发生就学就业流动,就业地集中在经济发达地区

2021 年,填写问卷调查的硕士生来自全国 31 个省、自治区、直辖市,其中江苏、安徽、山东、上海、浙江、河南是六大生源省份。超过九成的硕士生发生了就学流动,且生源地分布存在邻里效应,即大部分硕士生来自高校所在地相邻省份。

就业地域上,东部地区为案例高校硕士生就业的主战场。2021 年,国内就业毕业生的输出地涵盖全国 23 个省、自治区、直辖市,但也呈现明显的聚集趋势,66% 的毕业生留沪就业,广东省、浙江省、北京市和江苏省也是毕业生择业的热点省市;前往中西部和东北地区就业的人口比例合计仅占 9%。相比经济发展水平较高的长三角和珠三角地区,经济与社会发展暂时落后的中西部和东北省市对这所高水平高校硕士毕业生的吸引力不大。

重点建设高校的研究生更倾向于离开生源地,留在院校地就业,案例高校的

数据印证了这一观点。2021年,国内就业的调查样本中,就业地分为"返回生源地""留沪就业"和"流入其他地区"三类,其中"流入其他地区"指毕业生既未返回生源地又未留沪就业。通过对硕士生生源地和就业地的交叉分析,表10-2呈现了案例高校硕士生的五类就学就业流动路径的类型和特点。

表 10-2 硕士生就学就业流动路径类型(2021)

就业流动路径类型	百分比[a]	特点
两次流动	21.3%	普遍流向京、粤、浙等经济发达省市
返回流动	12.1%	来自并返回京、粤、浙、苏等经济发达省市
前期流动	58.7%	院校所在地就业
后期流动	0.6%	本地生源外地就业
不流动	7.3%	本地生源本地就业
合计	100%	

注:N=489。a.指各类流动路径人数占全部已确定就业地学生的比例。

(1)两次流动:从生源地流动至上海就学,毕业后又到生源地和上海以外就业的学生占五分之一(21.3%),且普遍流向北京、广东、浙江等经济发达省份。

(2)返回流动:12.1%的学生由生源地流动至上海就学,毕业后又返回生源地就业,且主要来自北京、广东、浙江、江苏等经济发达的省份,其中来自北京、广东的硕士毕业生返回流动的人数超过一半。

(3)前期流动:58.7%的学生为前期流动,即非本地生源的毕业生留沪就业,这是案例高校硕士生就学就业流动路径的主流。

(4)后期流动:留在生源地就学,而毕业后流动到其他省域就业的学生不足1%,且主要流入浙江等沿海发达省份,这是案例高校硕士生极少见的流动路径。

(5)不流动:始终在生源地就学且就业的学生占7.3%。

四、讨论与启示

(一)理解毕业生就业慢的现实,减轻硕士研究生的就业焦虑

本研究显示,2.5年学制的硕士生毕业后3个月内出现就业小高峰,逾一成

硕士生毕业之际尚未确定毕业去向；女性"就业慢"更为普遍，15%的女性拿到硕士学位后才确定毕业去向。社会环境就业形势复杂、研究生职业同一性发展延缓、坚定职业目标学生的理性等待都是造成硕士生"就业慢"的原因，培养单位和研究生个体均需认清和理解毕业生"就业慢"的现实。

培养单位应将就业指导贯穿于培养过程的始终。在高等教育普及化、研究生教育规模扩大的背景下，硕士生生源呈现多元化，个体的读研动机不尽相同，入学时的职业同一性发展处于不同阶段。通过研究生入学初的培养目标解读和职业生涯规划调查，有利于促进培养单位和研究生双方的彼此了解，培养学生的专业行业情怀，把握职业规划的主动权。就业季指导研究生明确自身情况、合理就业期望，有针对性地寻找工作岗位，"很快找到工作"不等同于"找到好工作"。求职学生也须避免从众心态，减轻求职焦虑，通过广度和深度探索达成职业承诺（具体见第八章）。

(二) 落实研究生分类培养，提升专业硕士的就业竞争力和学用匹配度

调整和优化研究生的类型结构，实现专业硕士和学术型学位硕士生的分类培养，是应对当前社会对高层次应用型专门人才需要的重要途径。学术型学位和专业学位两种类型分类培养是目前我国研究生培养模式的主要特征，其中学术型学位侧重于学术科研能力的培养，专业学位突出职业实践能力的提升。本研究显示，学硕和专硕毕业生中深造读博的比例差异不大，专硕的就业工作与专业对口度更低，均指向研究生分类培养、专硕培养模式存在的问题。

完善专业硕士导师制度、促进专业硕士教育产教融合，是落实分类培养的抓手。一方面，建设专业学位研究生的导师队伍。校内导师将两类硕士生混淆培养、实践阶段校外导师参与度不高是存在的问题（具体见第十二章）。纠正导师不同类型研究生同质化培养这一错误观念的同时，还须着力强化共生型双导师指导制度。通过校内外导师合作，调动双导师的指导积极性，保障校企双导师对专业硕士的指导时间投入与指导质量。[①] 另一方面，调动学校科研优势和社会实践资源，促进产教融合、建设实践平台。案例高校专业硕士对于增设实践课程、加强课外实习的呼声强烈。专业硕士培养单位须多渠道开拓研究生实践基

---

① 石卫林，惠文婕. 校企双导师制更有助提高全日制专硕生职业能力吗[J]. 中国高教研究，2018(10)：68-74.

地,形成校内创新实践基地与企业实习基地的结合。①②

(三)开展研究生家国情怀教育,引导学生树立正确的择业观

研究生作为我国社会主义现代化进程中的高层次人才,掌握着前沿的科技和专业理论知识,其社会责任感具体反映在择业观上,应当对社会的精神文明建设发挥着重要作用。③ 但是,和 2006 年一项研究结论一致,本研究硕士生样本择业时最看重行业发展,男性重薪、女性求稳,服务国家和社会的意识较为薄弱。④

促进硕士生就业充分对接国家的战略需求和社会的发展需求,是高校研究生培养和就业工作的重点和难点。通过道德教育、劳动教育、实践教育等途径,培育研究生的社会责任感,促进学生把个人职业发展与服务国家社会相结合。发挥思政课程和课程思政的主渠道作用,发挥社会实践等第二课堂的育人作用,为学生提供服务社会的机会。组织研究生"三下乡"暑期社会实践、基层挂职锻炼、开展"西部计划"等活动,既有利于研究生了解国情,又可以打开择业视野、促进就业流动。

(四)客观认识学用匹配问题,加强人才区域自由流动

本研究发现,硕士毕业生的就业专业对口率呈下降趋势,择业价值观是硕士生"学用不对口"的主要原因,是个体的"主动"选择。另一个可能的原因是学校专业结构与市场需求错位导致的学生不对口择业的"被动"行为。这就需要培养单位收集和分析毕业生的学用匹配数据及原因。一方面,尽可能避免由于专业设置不当、个人盲目择业所致的"被动"专业不对口。高校毕业生学用不匹配会造成社会资源的浪费,既浪费了家庭和社会对教育的各类投入,又浪费了毕业生的人力资本积累。⑤ 因此,高校在全局上还是要鼓励研究生专业与就业相对口,

---

① 丁雪梅,甄良,宋平,杨连茂,魏宪宇.实施分类培养构建应用型人才质量保证体系[J].学位与研究生教育,2010(02):1-4.
② 英爽,康君,甄良,丁雪梅.我国研究生培养模式改革的探索与实践[J].研究生教育研究,2014(01):1-5.
③ 张礼军,余惠琼.解析当代研究生的社会责任及其意识的强化[J].教育与职业,2006(30):65-66.
④ 刘小双.当代研究生择业价值取向的问题与对策研究[D].西南大学,2006.
⑤ 于洪霞,丁小浩.高校毕业生就业专业结构匹配情况及其影响因素探析[J].教育学术月刊,2011(08):33-36.

使人才培养与社会需求接轨。另一方面，灵活对待由于个人兴趣与发展需要所致的"主动"专业不对口。毕业生择业受学生个人的从业志趣、市场就业形势等因素影响，而且毕业生进入职场后，相较于对口就业，个人综合素质、能力、态度起到更为重要的作用。

案例高校硕士生的就业地域流向分布较为单一，绝大多数就业的毕业生都选择京、沪、粤、浙等经济发达地区。高学历人才的就业空间集中易造成部分地区人才过度饱和，加剧区域经济发展的不均衡，也易于引发人才与岗位的横向不匹配和纵向不匹配。硕士研究生作为劳动力市场的优势群体，其就业的有序流动和合理分布对于我国人力资本的充分利用和区域协调发展具有重要意义，因此在引导学用匹配的同时，也要鼓励就业的地域流动。硕士生克服对于流动的心理障碍，做出理性的地域流动选择，避免攀比和盲目跟风下的聚集性就业尤为重要。

第十一章

"读博"还是"工作"?

——基于扎根理论的硕士生读博意愿影响机制研究

一、问题的提出

博士研究生教育是国民教育的顶端,是国家核心竞争力的重要体现。[1] 随着博士招生规模的迅速扩大,进一步提高博士生培养质量已成为我国研究生教育改革面临的迫切任务之一。我国政府历来重视博士研究生选拔和培养工作,《国家中长期教育改革和发展规划纲要(2010—2020 年)》明确提出,要"加强管理,不断提高研究生特别是博士生培养质量"。[2] 但近些年来,网络媒体上频频爆出申请读博者自愿放弃拟录取资格、高校"批量"清退不合格博士生、博士生因不堪学业压力而主动退学甚至自杀等消息。[3][4][5][6] 与此同时,高校博士生延期毕业现象越来越普遍,根据 2017 年度"全国博士生离校调查"数据,我国博士生

① 中华人民共和国教育部. 教育部关于加强博士生导师岗位管理的若干意见[EB/OL]. (2020 - 09 - 29)[2021 - 07 - 25]. http://www.moe.gov.cn/srcsite/A22/s7065/202009/t20200927_491838.html.
② 中华人民共和国教育部. 国家中长期教育改革和发展规划纲要(2010 - 2020 年)[EB/OL]. (2010 - 07 - 29)[2021 - 07 - 25]. http://www.moe.gov.cn/ srcsite/A01/s7048/201007/t20100729_171904.html.
③ 大连理工大学马克思主义学院. 关于唐解云自愿放弃 2019 年博士拟录取资格的公示[EB/OL]. (2019 - 05 - 21)[2021 - 7 - 25]. http://marx.dlut.edu.cn/info/1008/2519.htm. 西安电子科技大学研究生院. 关于对部分超期博士研究生作出退学处理的公示[EB/OL]. (2020 - 08 - 21)[2021 - 07 - 25]. https://gr.xidian.edu.cn/info/1052/9363.htm.
④ 西安电子科技大学研究生院. 关于对部分超期博士研究生作出退学处理的公示[EB/OL]. (2020 - 08 - 21)[2021 - 07 - 25]. https://gr.xidian.edu.cn/ info/1052/9363.htm.
⑤ 张盖伦. 读研路上的进与退——研究生"出局"的三个非典型样本[EB/OL]. (2021 - 01 - 14)[2021 - 07 - 25]. https://www.thepaper.cn/newsDetail_forward_10753623.
⑥ 中国青年报. 寒门博士之死:曾称转博导后每天活在痛苦中[EB/OL]. (2018 - 01 - 17)[2021 - 07 - 25]. https://baijiahao.baidu.com/s?id=1589805056937445885&wfr=spider&for=pc.

的平均延期率高达 39.68%。[①] 尽管一定比例的流失率和延期毕业率有利于提高博士生整体质量,但如果某个高校或院系的博士生流失率和延期毕业率长期保持较高水平,往往对博士生个体、家庭、高校造成严重影响并带来社会公共资源的多重浪费。

申请者的入学动机被认为是关系博士生教育质量的关键因素,由动机引发的学术态度影响了博士生的学术成就以及博士教育的学业周期、耗损率和完成率等,进而深刻影响着博士生的培养质量。[②] 那么,哪些因素影响个体的读博意愿? 这些因素是如何左右个体读博意愿的? 研究这些问题不仅有利于帮助硕士研究生正确面对升学和就业,进而作出合理的选择,也有利于提高我国博士生的培养质量,实现教育资源利用效益的最大化。 当前,国外许多学者关注到家庭背景、院校类型、师生互动、重要他人、职业发展需要、内部动机等因素对个体读博意愿的影响,[③④⑤⑥⑦]但国内关于个体教育期望的研究多停留在大学或大学前阶段,仅有少数学者关注到硕士生读博意愿的影响因素。[⑧⑨⑩] 有鉴于此,本章试图借助扎根理论探讨硕士生读博意愿的影响因素及其作用机制,以期为减少博士生因学术志趣和能力不足而导致的"延期毕业""弃学""厌学""退学"等现象提供参考。

---

① 高耀,陈洪捷,王东芳. 博士生的延期毕业率到底有多高——基于 2017 年全国离校调查数据的实证研究[J]. 研究生教育研究,2020(01):42-51.

② 黄海刚,金夷. 通往 Ph. D. 之路:中国博士生入学动机的实证研究——兼论学术动机对博士生培养质量的意义[J]. 复旦教育论坛,2016,14(05):59-66.

③ BACHSLEITNER A, BECKER M, NEUMANN M, et al. Social Background Effects in the Transition to a Doctoral Degree-Empirical Evidence from a German Prospective Study [J]. Research in Social Stratification and Mobility, 2018(57):24-34.

④ PáSZTOR A, WAKELING P. All PhDs are Equal but... Institutional and Social Stratification in Access to the Doctorate [J]. British Journal of Sociology of Education, 2018,39(7):982-997.

⑤ CEJA M, RIVAS M. Faculty-Student Interactions and Chicana PhD Aspirations. [J]. Journal of the Professoriate, 2010,3(2):75-100.

⑥ LEONARD D, BECKER R, COATE K. To Prove Myself at the Highest Level: The Benefits of Doctoral Study [J]. Higher Education Research & Development, 2005,24(2):135-149.

⑦ BRAILSFORD I. Motives and Aspirations for Doctoral Study: Career, Personal, and Inter-Personal Factors in the Decision to Embark on a History PhD[J]. International Journal of Doctoral Studies, 2010,5(1):15-27.

⑧ 赵万霞,邹娟. 社会期待与读博意愿——一项基于身份认同理论的研究[J]. 现代教育论丛,2020(02):81-88.

⑨ 牛晶晶,周文辉. 谁更愿意读博士——学术型硕士研究生读博意愿影响因素分析[J]. 中国高教研究,2021(04):82-88.

⑩ 肖苗苗. 硕士生读博意愿的生成机制研究[D]. 南京大学,2020.

二、研究设计

(一) 研究方法

当前,学术界关于硕士生读博意愿的研究较少,且已有研究对硕士生读博意愿影响因素的看法存在较大差异。在这种核心变量范畴难以确定的情况下,采用定量方法探索硕士生读博意愿的影响因素及其作用机制的可行性较差。因此,本研究运用扎根理论对硕士生读博意愿的影响因素进行分析。扎根理论是一种从下往上建立实质理论的方法,研究者在研究前未做任何理论假设,秉持开放的态度对一手资料进行经验概括,在此基础上寻找反映社会现象的核心概念,并通过概念间的联系构建起相关的社会理论。[①] 这种从资料中产生的理论注重发现逻辑而非验证逻辑,与本研究要开展的探索性工作相吻合,有利于深入剖析硕士生读博意愿背后复杂的影响机制。

(二) 数据来源

本研究的数据来源于两部分,主要数据来源于一对一半结构化访谈资料。研究者根据最大差异原则选取并访谈了 17 名研究对象(包括在校和已毕业研究生)。其中,11 名访谈对象硕士阶段就读于世界一流大学建设高校,3 名访谈对象硕士阶段就读于一流学科建设高校,2 名访谈对象硕士阶段就读于国内其他高校,1 名访谈对象硕士阶段就读于国外高校。访谈主要围绕以下几个方面的问题进行:①你什么时候决定读博或不读博,当时为什么这样选择? ②在你求学过程中,有哪些重要的人或经历对你的读博意愿产生了影响? ③家庭背景对你读博意愿产生了怎样的影响? ④除上述因素外,还有什么因素对你的读博意愿产生了影响? 每次访谈大约耗时 40—60 分钟。本研究遵守"尊重、行善不伤害和公平正义"的原则,对受访者隐私的保密贯穿研究的全过程。[②]

---

① 陈向明. 扎根理论的思路和方法[J]. 教育研究与实验,1999(04):58 - 63.

② THE NATIONAL COMMISSION FOR THE PROTECTION OF HUMAN SUBJECTS OF BIOMEDICAL AND BEHAVIORAL RESEARCH. The Belmont Report: Ethical Principles and Guidelines for the Protection of Human Subjects of Research [EB/OL]. (2018 - 01 - 15)[2021 - 7 - 25]. https://www. hhs. gov/ohrp/regulations-and-policy/belmont-report/read-the-belmont-report/index. html.

本研究的另外一部分数据来源于新浪微博超级话题(简称"超话")。超话是新浪微博推出的将话题模式和社区属性相结合的产品,通过沉淀关联话题的优质内容,聚集具有相同兴趣的"趣缘群体"。① 超话♯pitd互助♯和♯pitd树洞♯均聚焦硕士生升学道路的选择问题,二者的累积阅读量已超过30亿。许多硕士生以匿名帖的形式对自己家庭背景、求学经历以及对毕业去向的利弊考量进行了细致描述,从而希望寻求网友的合理建议。这些匿名帖背后实际反映了硕士生个体对是否应该读博的思考,故而对本研究有极大参考价值。因此,本研究结合需要从中挑选了16份表述完整且较为典型的匿名帖(共12 279字,发帖时间为2020年1—12月),将其作为补充材料进行分析。在这16名发帖者中,有8人硕士阶段就读于"双一流"高校,2人硕士阶段就读于中国科学院,2人硕士阶段就读于国外的高校,2人硕士阶段就读于国内其他高校,2人未透露硕士阶段高校的信息。在以上所有33个研究对象中,本研究随机选取8个对象的访谈资料或匿名帖,用于后续的理论饱和度检验。研究对象基本信息见表11-1。

表 11-1　研究对象基本信息

访谈					超话匿名帖				
编号	性别	学科	年级	硕士时读博意愿	编号	性别	学科	年级	发帖时状态
A01	男	工学	博五	坚定读博,未找工作	B01	未知	经管	研二	纠结
A02	女	理学	博四	坚定读博,未找工作	B02	女	理学	研三	纠结
A03	男	教育学	博三	坚定读博,未找工作	B03	女	工学	研三	纠结
A04	男	历史学	博二	坚定读博,未找工作	B04	男	工学	研三	纠结
A05	女	交叉	博一	坚定读博,未找工作	B05	女	经管	研一	纠结
A06	男	工学	博一	坚定读博,未找工作	B06	女	医学	硕士在读	纠结
A07*	女	工学	博一	坚定读博,未找工作	B07	男	文学	研一	纠结
A08	男	工学	博六	同时申请博士和找工作	B08	男	文学	硕士在读	纠结
A09	男	交叉	博一	同时申请博士和找工作	B09	女	理学	研三	纠结

---

① 郭勇,高歌,王天勇,等.社交网络舆情意见领袖研究:蝴蝶图示、甄别及影响力评价[J].图书情报工作,2019,63(14):62-73.

(续表)

		访谈					超话匿名帖		
编号	性别	学科	年级	硕士时读博意愿	编号	性别	学科	年级	发帖时状态
A10	女	教育学	研三	正在申请博士	B10	女	理学	研一	纠结
A11	男	理学	研三	正在申请博士	B11	女	医学	研二	纠结
A12	男	教育学	研三	同时申请博士和找工作	B12	未知	工学	研三	纠结
A13	男	工学	研三	同时申请博士和找工作	B13	女	文学	研二	纠结
A14	女	管理学	工作半年	曾获得博士入学资格,后放弃	B14	女	文学	研一	准备申请博士
A15	男	理学	工作半年	直接就业,未曾申请博士	B15	女	文学	研二	准备申请博士
A16	男	经济学	工作三年	直接就业,未曾申请博士	B16*	未知	医学	博一	后悔直博
A17	女	教育学	研一	不准备申请博士					

注:以 * 标注的两名受访者为硕博连读研究生。

三、资料分析与发现

(一) 编码策略

1. 开放式编码(一级编码)

开放式编码(open coding)是将原始访谈资料打散、赋予概念,再以新的方式组合起来的操作化过程,主要目的在于发展概念和提炼范畴。[1] 本研究对 25 个研究对象的文本资料逐句予以编码、贴标签,然后在此基础上将原始资料进行概念化和范畴化。经过反复的比较、整合与归纳,本研究共提炼出 51 个初始概念,然后在此基础上进一步将存在交叉的初始概念归纳压缩为 15 个初始范畴,即成功入学期望值、如期毕业期望值、成功求职期望值、读博沉没成本、读博预期成本、读博职业收益、读博非职业收益、学术潜能、心理偏好、心理焦虑、家庭

① 陈向明.质的研究方法与社会科学研究[M].北京:教育科学出版社,2000:332-335.

环境、培养环境、社会环境、重要他人的主观态度、重要他人的客观条件、重要他人的自我选择，如表 11-2 所示，这 15 个范畴即是硕士生读博意愿的影响因素。

表 11-2　开放式编码结果

原始语句示例(初始概念)	初始范畴
A06　我研三那会感觉自己申博成功的概率差不多有 80%，没有意外的话应该就会读了(成功入学期望值较高)。	成功入学期望值
A10　我有段时间觉得读博对我来说太冒险了，所以摇摆不定(成功入学期望值较低)。	
A09　读博的不确定性比较强，不知道能否按期毕业(担心无法毕业)。	如期毕业期望值
A13　我深知读博多么艰辛，因为如果你做得不好，老师会延毕你；如果你做得好，老师希望你跟他继续做一些研究，也会花你很长时间(担心延期毕业)。	
A06　我硕士毕业时成果不是很好，很难找到一份满意的工作(硕士毕业后成功求职期望值)。	成功求职期望值
A10　我们专业读博读出来选择要多一点，更可能找到一个有编有户的工作(博士毕业后成功求职期望值)。	
A05　我硕士期间时间基本上都投到学习和科研中去了，就没有什么自己的时间(已付时间成本)。	沉没成本
A01　我读硕士期间有补助、奖学金，也会干点项目，金钱基本够用，没有让家里出钱(已付经济成本)。	
A06　我本硕期间没有参加实习，反正就一直在搞科研(已付实习成本)。	
A06　读博时间成本会比较长，少则三年，多则五六年(预期时间成本)。	预期成本
A01　现在博士的补助确实是有点低，到我们现在这个年纪，应酬又多，所以压力很大(预期经济成本)。	
B01　不想读博的一个原因在于，我觉得读博期间比较孤独，畏难(预期心理成本)。	
A01　读博出来，你的工作经验和资历肯定很难比得上那些硕士一毕业就出来工作的人(预期机会成本)。	
A08　我硕士是边工作边读的，当时在一所大专学校任教，想通过读博跳到一个更好的单位(职业平台收益)。	职业收益
A17　读博以后出来，可能工资起步会比较高(职业待遇收益)。	
B05　硕士的职业上升空间没有博士大(职业晋升收益)。	
A17　读博出来以后，年薪可能会比较稳定，工作也会比较舒心(职业稳定性收益)。	

（续表）

原始语句示例(初始概念)	初始范畴
A06 我觉得自己硕士期间虽然学了一点东西,但学得并不是很好,想通过读博来提升一下自己(知识/能力提升)。	非职业收益
A05 读博会让你认识不同的学者,与这些学者交流过程中发生的思想碰撞会让你思维更开阔(眼界提升)。	
A12 与其说我想读博,不如说我想证明自己读得上博(证明自我)。	
A17 我觉得自己研究能力比较欠缺,如果以后搞学术可能会比较痛苦(研究能力)。	学术潜能
B06 我个人喜欢打退堂鼓,退学的念头总是浮现在脑海里,觉得自己抗压能力太差了(抗压能力)。	
A16 我读研期间除了硕士毕业论文以外,没有其他学术成果,觉得自己不适合走科研这条路(科研产出)。	
A04 我对未来的职业规划就是去大学任教,想去大学任教,就只能读博(职业性质偏好)。	
A14 我之前之所以想读博,主要是因为觉得高校的环境蛮好的,比较想在高校一直呆着(职业环境偏好)。	
A13 可能博士身份听上去会比较光鲜亮丽一点,但这又能怎么样呢? 我以赚钱为目的(高薪偏好)。	
A13 很多人读博是为了找一个稳定的编制内工作,我不想稳定,所以读博并不是我的理想选择(稳定性偏好)。	
B15 我对读博和学历有谜之执念,非常非常非常想读到博士(高学历偏好)。	
A05 我知道自己本硕学校平台不太好,所以即使父母不同意,我还是会选择读博(名校偏好)。	心理偏好
A11 我之所以想读博,有一个原因在于期待自己以后能解决某一方面的科学问题(科研偏好)。	
A01 我是一个有点保守的人,不会做没有把握的事情,如果申博机会不大,我会先找个工作保底(风险偏好)。	
B02 想直接工作的一个原因在于考虑到父母年龄比较大,且身体不是特别硬朗,担心子欲养而亲不待(责任偏好)。	
A10 我觉得我有一种很享受或者很习惯了这种读书的感觉(读书惯性)。	
B05 我希望赚钱,希望和男朋友一起攒钱买房(金钱焦虑)。	
B11 老板不喜欢全职博士在读期间结婚生子,但男朋友及父母均希望我能尽早结婚生子(婚姻焦虑)。	心理焦虑
B05 女生在30岁求职时会面临"家庭""生育""冲劲""稳定性"等困难,会被挑剔(年龄焦虑)。	

（续表）

原始语句示例（初始概念）	初始范畴
A03　虽说我们家不是很富裕，但我觉得供我把博士学位读下来还是可以的（客观家庭环境）。	家庭环境
B14　原生家庭是我的噩梦也是动力根源，爸妈全部心力倾注弟弟身上，还半开玩笑地要求我以后负担弟弟工作，房子至少分担20万元，并多次暗示我女儿贴心小棉袄，以后为他们养老。基于以上，我一直很痛苦，我认为读博从长远来看对我个人来说是最理想的选择（主观家庭环境）。	
B03　我们课题组读博风气非常浓厚！弥漫着"工作皆下品，唯有读博高"的一种氛围！（师门/课题组环境）。	培养环境
A13　我们班一共20个人，读博的就一个。大家的想法一样，（硕士学历）够用了（班级/专业环境）。	
A07　硕士和博士的各项政策都挺好的，至少我不用了生活担忧（政策环境）。	
A10　我们（家乡）那边，不管你是男生还是女生，大家感觉你能读博就很厉害，有种"唯学历"的感觉（学历观）。	社会环境
A05　现在很多人觉得女生读个博士以后当老师挺好的，但男生的话，可能进企业赚钱才是最重要的事（性别观）。	
A06　读博出来更可能进高校，高校教师社会地位会比企业员工更高一些（职业观）。	
A09　我们专硕研二时有一个实习环节，我当时去建筑设计院实习了，但工作一段时间后觉得不喜欢设计院的工作环境，想读博留校（行业环境）。	
A12　我之所以想要读博，很大一个原因在于家里人希望我读博（亲友态度）。	重要他人主观态度
B13　在我们学院惨淡的就业率之下，导师也一直催学生读博，最好去国外读博（老师态度）。	
A10　周围同学都说我是做学术的料，或者底子很好（同辈态度）。	
A10　我妈和我舅，一个是教师，一个是农民，通过对他们生活状态的观察，我觉得多读书还是有好处的（亲友选择）。	重要他人自我选择
A13　我觉得我导师现在的状态可能就是我日后发展的一个上限，这种状态不是我想要的（老师选择）。	
B10　我身边一些同学都直博了，看到别人干什么，自己也不想落下（同辈选择）。	

　2. 主轴编码（二级编码）

　　主轴编码（axial coding）是在开放式编码基础上对数据的进一步分析，其主要任务是分辨出主范畴和副范畴，发现并建立各范畴之间的联系。[①] 本研究将开放式编码得到的 15 个范畴进行归纳，最终形成 6 个主范畴，分别为成功读博期望值、读博相对成本、读博相对收益、自我认知、重要环境和重要他人（见表 11-3）。

表 11-3　主轴编码形成的主范畴与对应副范畴

范畴内涵	副范畴	主范畴
硕士生对自身能够获得博士入学资格的期望值	成功入学期望值	成功读博期望值
硕士生对自身能够如期获得博士学位的期望值	如期毕业期望值	
硕士生对自身硕士毕业和博士毕业后能找到理想工作的期望值	成功求职期望值	
硕士生在面临升学选择时已付出且不可收回的成本，如时间成本、经济成本和实习成本	沉没成本	读博相对成本
硕士生在面临升学选择时预计还需为读博付出的成本，如时间成本、经济成本和机会成本	预期成本	
硕士生预计读博将给自身职业平台、职业待遇、工作稳定性、晋升空间等方面带来的收益	职业收益	读博相对收益
硕士生预计读博将给自身知识、能力、眼界带来的提升以及给自身心理带来的满足	非职业收益	
硕士生基于自己研究能力、抗压能力、科研产出对自身未来是否能够胜任科研工作的判断	学术潜能	自我认知
硕士生的职业偏好（对职业性质、待遇、环境和稳定性的偏好）与非职业偏好（如高学历偏好、名校偏好、专业偏好、科研偏好、风险偏好、责任偏好）	心理偏好	
有心理偏好硕士生对"因读博而难以早日养家糊口或结婚生子"产生的焦虑	心理焦虑	
硕士生的客观家庭环境和主观家庭环境	家庭环境	重要环境
硕士期间感知到的师门与课题组环境、班级与专业环境及政策环境	培养环境	
硕士生所感知的社会观念（学历观、性别观、职业观等）和行业环境	社会环境	
亲友、老师、同辈等重要他人对硕士生读博的态度	主观态度	重要他人
亲友、老师、同辈等重要他人对高学历的追求及其当前工作、生活状态	自我选择	

[①] 陈向明. 质的研究方法与社会科学研究[M]. 北京:教育科学出版社,2000:332-335.

3. 选择性编码(三级编码)

选择性编码(selective coding)是在主轴编码基础上的进一步精炼和整合，即从主副范畴中发展出"核心范畴"。相比其他范畴，核心范畴具有统领性，能将大部分研究结果囊括在一个比较宽泛的理论范围之内。[①] 本研究在开放式编码和主轴编码的基础上，通过对成功读博期望值、读博相对成本、读博相对收益、自我认知、重要环境和重要他人六个主范畴之间关系的反复考察和分析，将核心范畴确定为"硕士生读博意愿的影响因素及其作用机制"。本研究主范畴之间的关系如图 11-1 所示。

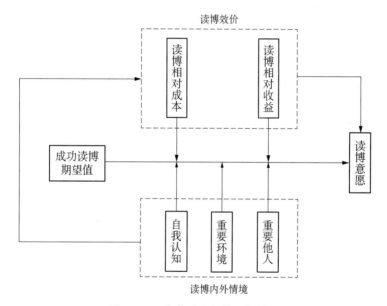

图 11-1　主范畴之间的逻辑关系

4. 模型构建

本研究的核心范畴为"硕士生读博意愿的影响因素及其作用机制"，围绕这一核心范畴的"故事线"可以概括为：成功读博期望值、读博相对成本、读博相对收益、自我认知、重要环境、重要他人六个主范畴对硕士生的读博意愿有显著影响。成功读博期望值直接影响硕士生的读博意愿；由"沉没成本""预期成本"构成的读博相对成本以及由"职业收益""非职业收益"构成的读博相对收益两个因

---

① 陈向明.质的研究方法与社会科学研究[M].北京:教育科学出版社,2000:332-335.

素,共同反映了读博效价(即成功读博对满足硕士生个人需要的价值),一方面直接影响硕士生的读博意愿,另一方面调节了成功读博期望值与读博意愿两者之间关系的强度。硕士生的成功读博期望值和读博效价均属于硕士生对升学的理性考量。由"学术潜能""心理偏好"和"心理焦虑"构成的自我认知,由"家庭环境""培养环境"和"社会环境"构成的重要环境,以及由重要他人"主观态度"和"自我选择"构成的重要他人三个因素,共同构成读博内外情境,一方面通过影响读博效价间接作用于硕士生读博意愿,另一方面在硕士生成功读博期望值与读博意愿的关系中起调节作用。据此,本研究构建了"硕士生读博意愿的影响因素作用机制模型"(简称"理性考量—情境—意愿"模型),见图11-2。

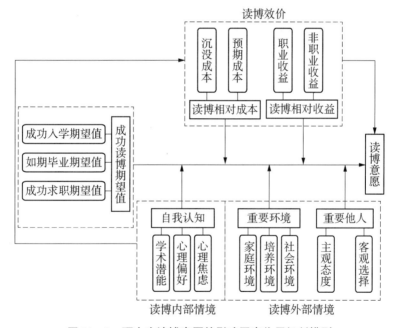

图 11-2 硕士生读博意愿的影响因素作用机制模型

5. 理论饱和度检验

理论饱和(theoretical saturation)是指新增加的样本不能再发展新的概念和范畴,也不能产生新的理论。[①] 本研究对预留的 8 名研究对象的文本资料进行编码和分析,以检验理论饱和度。以 A02 为例,A02 生于一个小康家庭,父母均

---

① PANDIT N R. The Creation of Theory:A Recent Application of the Grounded Theory Method [J]. Qualitative Report,1996(2):1-14.

为大学生,"非常重视子女教育"(家庭客观条件),很多亲友孩子均有硕士研究生学历(重要他人自我选择)。A02 硕士顺利考进了一所"双一流"建设高校攻读硕士,在读书期间,她没有参与校外兼职,而是将时间和精力投入学习和科研中(沉没成本),学习成绩和科研成果在同专业学生中"还可以"(学术潜能),自己也"很享受做研究的过程"(科研偏好)。在一次专业讲座上,A02 认识了 Y 老师,通过与 Y 老师的交流,她发现自己"很喜欢高校老师的工作状态"(重要他人自我选择)。硕士三年级上学期,导师希望她"能直接在其门下读博",家人也认为"她这种偏研究性的专业最好继续读博"(重要他人主观态度)。A02 关注学校的读博政策并广泛了解后发现,尽管"读博需要花费好几年时间"(预期时间成本),"不确定什么时候能毕业"(如期毕业期望值),毕业后"也未必能找到满意的工作"(成功求职期望值),但"读博不用家里花太多里钱"(预期经济成本),她"没有太多关于经济方面的焦虑"(金钱焦虑),而且"博士毕业之后可以继续从事自己喜欢的研究工作"(读博职业收益)。在综合各种因素后,A02 决定申请读博。本研究按照以上方法,就剩余的 7 名研究对象逐一进行饱和度检验,没有在以上编码分析之外形成新的概念和范畴,由此可以判断,上述模型在理论上达到饱和状态。

(二) 模型阐释

通过前文的分析可发现,"理性考量—情境—意愿"模型能有效解释硕士生读博意愿的影响因素及其作用机制,以下结合访谈记录对其作具体解析。

1. 硕士生对升学的理性考量直接影响读博意愿

硕士生的升学理性考量包括成功读博期望值及读博效价,二者均直接影响其读博意愿。

第一,成功读博期望值直接影响硕士生的读博意愿。对硕士生而言,成功读博不仅是成功入学,还意味着如期毕业并顺利找到理想的工作。通常情况下,成功入学期望值、如期毕业期望值、博士毕业后成功求职期望值正向影响硕士生读博意愿,硕士毕业后成功求职期望值负向影响硕士生读博意愿。其中,在成功入学期望值方面,硕士生在评估成功入学可能性时往往会关注自己本科和硕士阶段的学校与专业平台以及取得的科研成果。较高水平的学校、专业平台以及取得的科研成果一方面可提高成功入学期望值,从而提高读博意愿;另一方面也可能产生"我硕士阶段的学校平台已经够了，不需要再奔别的学校读博了"(A13)这样的想法，进而主动放弃读博。在如期毕业期望值方面，不同性格的硕士生持不同态度，悲观者往往担心"面临延期非常久或不能毕业的状况"(B05)，而乐观者则认为，"尽管毕业前的那段时间很痛苦，但并不会真的毕不了业"(A04)。在成功求职期望值方面，如果硕士生认为"本科和硕士毕业出来能找到的那些工作都不是自己想要的"(A01)，则倾向于读博，反之则倾向于直接就业。

第二，读博效价直接影响硕士生的读博意愿。硕士生在计算读博效价时主要是比较读博相对于直接就业的成本和收益。读博相对成本包括沉没成本和预期成本，通常情况下前者正向影响硕士生读博意愿，后者负向影响硕士生读博意愿。具体而言，在沉没成本方面，如果硕士生已在学习和科研上花费了较多的时间和精力，往往会觉得"放弃读博有点浪费"(A10)，从而产生较强的读博意愿；而如果硕士在读给家庭带来了较大的经济压力，则倾向于毕业后立即就业以缓解压力。* 在预期成本方面，硕士生在面临升学选择时预估读博所需的时间成本、经济成本、心理成本、机会成本越低，他们越倾向于读博；反之则倾向于直接就业。值得一提的是，"直博可以省很多时间"(B16)是不少学生倾向于本科后直接攻读博士学位的重要原因。

读博相对收益包括职业收益和非职业收益。在职业收益方面，倾向于毕业后继续深造的硕士生看重的往往是博士毕业后"起薪比较高，且更有可能留在高校任教"(A05)，相比其他工作，高校教师"工作环境好"(A14)，"比较稳定和自由"(A06)，"会有安家费或科研启动资金"(A10)，"社会地位比进企业更高"(A06)；倾向于毕业后直接就业的硕士生则往往认为"硕士毕业和博士毕业的收入差距不大，但硕士毕业生就业更为灵活，选择性更广"(A13)。在非职业收益方面，倾向于毕业后继续深造的硕士生看重的往往是读博"给自身知识、能力与眼界带来的提升"(A05)，而倾向于毕业后直接就业的硕士生更看重"工作经验与资历的积累"(A13)。

2. 读博内外情境通过读博效价间接影响硕士生的读博意愿

第一，读博内部情境对硕士生读博意愿的间接影响。影响硕士生读博意愿的内部情境主要是硕士生的自我认知。自我认知对硕士生读博意愿的间接影响

---

* 需要指出的是，如果硕士生读书期间凭借奖助学金或勤工助学收入支付(或部分支付)了学习和生活费用，则已付经济成本对其读博意愿的负面影响将得到削弱。

经由三条路径。一是硕士生对自身学术潜能的认知会影响其对读博相对成本和收益的计算,进而影响读博意愿。例如,A17 在接触一些研究之后,认为自身研究能力比较欠缺,"如果搞学术可能会比较痛苦"(预期心理成本高),所以最终未申请读博。二是硕士生心理偏好会影响其对读博相对成本和收益的计算,进而影响读博意愿。通常而言,如果硕士生"习惯了一直读书的感觉"(A10),"对读博和高学历有谜之执念"(B14),"希望去一所比自己本硕学校更知名的学校学习"(A05),"对做科研工作感兴趣"(A05),则倾向于硕士期间"将大量时间都投入到学习和科研上去"(A05),即使预计未来读博会"很苦"(A01)、"压力很大"(A08),也往往觉得"这一切都是值得的"(A08)。三是硕士生心理焦虑会影响其对读博相对成本和收益的计算,进而影响读博意愿。读博往往意味着推迟进入劳动力市场的时间和婚育时间,那些渴望尽早"毕业赚钱,养家糊口"(A15)或"结婚生子"(B11)的硕士生往往倾向于在读期间尽可能多地参加实习和课外实践活动,为毕业后直接就业打下基础。

第二,读博外部情境对硕士生读博意愿的间接影响。影响硕士生读博意愿的外部情境因素包括重要情境和重要他人。重要情境对硕士生读博意愿的间接影响经由三条路径。一是家庭环境通过影响读博效价作用于硕士生读博意愿。例如,A03 在谈及未来规划时说:"虽说我们家不是很富裕,但我觉得供我把博士学位读下来还是可以的。"从中可看出,相对优越的家庭条件使选择读博与否无须过于关注其经济成本,从而对其读博意愿产生正面影响。二是培养环境通过影响读博效价作用于硕士生的读博意愿。例如,B03 在硕士期间,课题组弥漫着"工作皆下品,唯有读博高"的气氛,无形中提升了其对读博相对收益的期待,认为"读博会让我的未来有更好的保障,更加顺利"。三是社会环境通过影响读博效价作用于硕士生读博意愿。例如,A10 感知到的家乡人对知识和文化的尊重,无形中提升了其读博相对收益预期,进而增强了读博意愿。

亲友、老师和同辈等重要他人对硕士生读博意愿产生间接影响也有两条路径。一是重要他人的主观态度影响硕士生的读博效价判断,进而影响读博意愿。例如,A06 的硕导曾与其探讨了读博的利弊,使其认识到"读博对自己来说是个性价比较高的选择",进而增强了读博意愿。二是重要他人的经历会影响硕士生对读博效价的判断,进而影响读博意愿。例如,A11 在硕士毕业前专门拜访了多位已工作的学长,他们的经历加深了 A11 对读博成本与收益的认识,进而影响其读博意愿。

3. 读博效价和内外情境在成功读博期望值和读博意愿之间起调节作用

第一,读博效价的调节作用。相比于认为读博性价比较低的硕士生,成功读博期望值往往对认为读博性价比较高的硕士生的读博意愿影响更大。例如,A12 渴望将来在高校获得一个教职,并深知博士学位是当前获取高校教职的敲门砖,因此,其在科研成果较少、成功获得博士入学资格概率较低的情况下依然优先准备申请读博;而 A13 则因"读博无法为自己获得理想收益",选择在自身科研成果较多的情况下主动放弃读博申请。

第二,读博内部情境的调节作用。读博内部情境在成功读博期望值和读博意愿之间发挥调节作用主要有三条路径。一是在学术潜能方面,成功读博期望值往往对那些科研产出较少,但自身研究能力、抗压能力信心较强硕士生的读博意愿影响更大。例如,A09 虽认为自己"科研成果和能力一般",但仍然同时准备申请读博和找工作,在得知有机会被一所高校录取后,毅然决定停止找工作,专心申请读博。二是在心理偏好方面,成功读博期望值对高学历偏好、名校偏好和科研偏好较强硕士生的读博意愿影响更大;风险偏好较强的硕士生往往跟随自身兴趣直接"准备读博"(A03)或"准备找工作"(A13),风险偏好较弱的硕士生则倾向于"两边都准备着"(A09),从而确保"有个好去处";责任偏好较强的硕士生在面临升学选择时不仅考虑读博带来的成本与收益,还考虑读博给父母等重要他人带来的影响。三是在心理焦虑方面,成功读博期望值对金钱、结婚、生育焦虑感较弱硕士生的读博意愿影响更大。例如,A13 在谈及读博打算时比其他受访者表现出更强的金钱焦虑,认为"赚钱要趁早",因此,成功读博期望值对其决定是否读博影响不大。

第三,读博外部情境的调节作用。重要环境在成功读博期望值和读博意愿之间主要经由三条路径产生调节作用。一是家庭环境在成功读博期望值和读博意愿之间起调节作用。例如,B03 尽管"英语比较好,发论文还算快",也认为读博会让"未来有更好保障、更加顺利",但一想到读博会让"父母再辛苦五年",便又在是否读博这一问题上陷入纠结;而硕士期间科研成果较少但家庭经济条件较优越的 A03 在作决定时,更关心"自己能否有机会获得博士入学资格"。二是培养环境在成功读博期望值和读博意愿之间起调节作用。例如,A01 在硕士期间一直负责导师的一项子课题,并在做课题中获得了成就感,得知导师有博士名额后,便毅然决定申请读博。三是社会环境在成功读博期望值和读博意愿之间起调节作用。例如,A06 受社会环境影响,认为"读博出来更可能进高校,高校教师社会地位会比企业员工更高一些",这正向调节了其成功读博期望值和读博意愿之间的关系。

重要他人在成功读博期望值和读博意愿之间的调节作用主要经由两条路径。一是成功读博期望值往往对那些获重要他人支持、鼓励读博的硕士生的读博意愿影响更大。例如,A10 因导师支持自己读博而觉得"信心倍增",决定尽可能地争取读博机会。二是成功读博期望值往往对那些重要他人重视学历或鼓励以高学历获得理想生活的硕士生的读博意愿影响更大。例如,A10 通过对比妈妈(小学教师)和舅舅(农民)的学历和生活状态,进一步坚定了继续读博的想法。

四、讨论与启示

本研究表明,成功读博期望值等六个主范畴对硕士生读博意愿存在显著影响。在此基础上,本研究探索性地构建了六个主范畴对硕士生读博意愿的影响作用机制模型(理性考量—情境—意愿模型)。该模型在一定程度上证实了弗鲁姆等人的期望理论,即人们从事某项活动所受到激励力的大小取决于其对活动结果的价值评价(效价)和对完成该活动结果的可能性估计(期望值)。[①] 与期望理论不同的是,本研究还从三个方面进行了拓展:一是个体期望(硕士生读博意愿)不仅受其对活动结果价值评价(读博效价)和对完成该活动的可能性估计(成功读博期望值)的直接影响,还受到二者的交互影响。二是个体期望除受其对活动结果的价值评价和对完成该活动的可能性估计的影响以外,还受到活动内外部情境(读博内外情境)的影响。三是探索了六个主范畴的形成机制和构成因子。其中,六个主范畴下的 15 个变量范畴及 51 个初始概念是通过扎根理论得出的特有结论,不仅丰富了硕士生读博意愿形成机制相关理论,也为我国高校研究生招生和培养工作的开展提供了有针对性的策略。

---

① J·史蒂文·奥特,桑德拉·J·帕克斯,理查德·B·辛普森. 组织行为学经典文献(第三版)[M]. 王蕾,朱为群,孔宴等,译. 上海:上海财经大学出版社,2009:188 - 195.

(一) 重视硕士生学业生涯指导

已有研究指出,人的行为取决于其内在需要与周围环境,是两者相互作用的结果。[①] 本研究借助扎根理论分析发现,硕士生的读博意愿与其所处内外部情境密切相关。内部情境和外部情境任何一方的错估,都可能导致硕士生形成不合理的学业和职业规划。为促进硕士生形成科学的学业与职业规划,朝着规划"合理发力",有必要对硕士生加强学业生涯指导。从访谈结果看,目前培养单位和导师对硕士生学业生涯指导工作重视不足,在培养过程中将精力主要集中在知识和能力的提升上,而研究兴趣、抗压及抗挫折能力、心理偏好、心理焦虑、家庭环境、读博要求等对硕士生读博意愿产生深刻影响的因素却往往被忽视。因此,建议导师在与学生的交流过程中,一方面引导学生及时关注本专业硕士、博士的毕业要求及就业环境,树立合理的学历观和职业观;另一方面引导学生理性审视自身学术兴趣、抗压及抗挫折能力,明确自身的心理偏好和心理焦虑,在制定学业规划及职业规划之前综合考虑亲友、老师、同学等多方面的意见,避免因为"读书惯性""逃避工作""随大流""证明自己"等心理而作出不当选择。需要指出的是,导师是学生未来规划的引导者而非制定者,在与学生交流过程中应避免代替学生作出决定。

(二) 完善博士生招生录取机制

当前,高校在开展"申请—考核制"博士生招生过程中主要关注候选人的学术能力,而对其他方面关注较少。[②] 本研究发现,除学术能力外,硕士生读博意愿还受到成功读博期望值、读博相对成本与收益、个人偏好与焦虑、重要环境、重要他人等因素影响。本研究基于访谈发现,部分硕士生在申请读博之前过于看重"入学成功概率",忽略了学术兴趣、心理偏好与焦虑、家庭环境等因素,甚至为获得宝贵的入学资格采取一些功利性行为;在其成功入学以后,却发现自己对研究工作不感兴趣或无法胜任博士生科研工作,进而"厌学"甚至"退学";还有部分硕士生将读博视为众多"出路"之一,当找到比读博更理想的"出路"(如一份理想

---

① 许祥云. 中国家庭高等教育投资行为研究[M]. 北京:清华大学出版社,2010:68.
② 李海生. 博士生"申请—考核"制面临的问题及对策探析——基于对 54 所研究生院高校的问卷调查[J]. 学位与研究生教育,2020(12):45 – 53.

的工作)时,极易做出"弃学"行为。不论是"弃学""厌学"还是"退学",均会造成个体、家庭造成严重影响并带来社会公共资源的多重浪费。因此,建议高校在发布博士招生简章时,配套发布学制、学费、住宿费和奖助学金、培养方案、导师简历等关键信息,帮助申请者明确读博成本、培养过程与可能收益,进而降低选择读博的盲目性。同时,高校还可通过专家推荐信、个人陈述等材料对申请者的性格特征(尤其是抗压能力和抗挫折能力)、研究经历等进行综合考察,并在面试环节结合申请者个人特征向其阐明读博可能面临的困难,帮助其进一步审视自身的读博意愿。

(三) 减轻学生对读博成本的担忧

　　博士生教育是教育体系"皇冠上的明珠",其生源质量直接关系到国家创新能力的提升和创新潜力的释放,对我国经济社会转型发展具有至关重要的作用。[①] 本研究发现,预期成本对硕士生读博意愿有显著影响,较高的时间成本、经济成本、心理成本与机会成本预期对读博意愿产生负面影响。这可能导致部分有较高学术兴趣和潜力的硕士生放弃读博而选择直接就业,不利于高校选拔优秀生源。为激发优质生源的读博意愿,有必要减轻学生对读博成本的担忧。为此,一要积极落实分流退出机制,完善博士生资格考试、中期考核和年度考核制度,对不适合继续攻读博士学位的学生及早采取"分流"或"退出"措施,[②]倒逼导师"用心教学"、学生"潜心向学",从而降低学生读博的时间成本。二要完善博士生奖助体系,以多源流生活保障措施、多样化奖优激励机制、多渠道资助补充方式完善"保障、激励、补充"三位一体的奖助机制,[③]从而减轻学生读博的经济负担。三要实施弹性学制,适当放宽部分高延毕率专业学生的修业年限,[④]以减轻延期毕业给学生造成的心理负担。四是有条件的高校可根据各专业在就业市

---

① 王传毅,李福林,程哲."申请—考核"制入学的博士生培养质量更高吗? ——基于"研究生满意度调查"[J].高校教育管理,2021,15(01):18-28.

② 中华人民共和国教育部等.教育部、国家发展改革委、财政部关于加快新时代研究生教育改革发展的意见[EB/OL].(2020-09-21)[2021-07-25]. http://www. moe. cn/srcsite/A22/s7065/202009/t20200921_489271. html.

③ 游蠡,张林.研究生奖助体系改革实践与探索:资源配置的视角——以北京大学为例[J].大学(研究版),2017(06):23-28.

④ 中华人民共和国中央人民政府.国务院办公厅关于深化高等学校创新创业教育改革的实施意见[EB/OL].(2015-05-04)[2021-7-26]. http:// www. gov. cn/zhengce/content/2015-05/13/content_9740. htm.

场中的平均工资水平,适当提高"高薪专业"学生的生活补助,从而在一定程度上弥补其读博的机会成本。

需要指出的是,硕士生读博意愿的影响因素具有个体差异性,并非所有硕士生都会受到上述全部因素的影响,同一因素对不同硕士生造成的影响大小甚至方向也是不同的,正由于这些差异,不同硕士生在面对未来的升学选择时都将经历独特的心理变化过程。此外,本研究仍存在一些不足。一是部分资料来源于微博超话,研究者无法通过交流深入了解研究对象所处的真实教育情境及其"语言"背后隐含的一些想法,这在一定程度上影响了理论模型的准确性。二是读博意愿是一种变化的心理活动,随个体阅历和现实环境的改变而有所不同,本研究着重关注硕士生的读博意愿,对那些没有硕士生经历的读博申请者或硕士毕业后先工作再读博的个体而言,影响读博意愿的因素可能与本研究模型有所不同,未来可进一步对这些群体读博意愿的影响机制进行研究。三是本研究通过扎根理论建立了硕士生读博意愿影响机制模型,但相关结论未经过大样本数据的检验,在今后的研究中可考虑开发相应的量表,以大样本数据对该模型进行检验和完善。

第十二章
全日制专业硕士培养过程中的问题研究

一、引言

自 20 世纪 90 年代我国开始设立专业学位以来,专业学位研究生规模目前已经占硕士生群体的半数以上。"十三五"期间,在实施人才强国发展战略和建设创新型国家的战略部署下,为适应经济社会发展和增强未来发展动力的需要,国家调整研究生培养规模和结构、加大创新型应用型人才培养。2020 年,专业学位硕士生招生在研究生招生总数中超过 60%。[①] 专业硕士教育的大力发展改变了以往硕士生培养中学术型学位研究生占主体的局面。本章从专业硕士研究生教育的发展历程、基本属性、培养模式等梳理二十年来这一主题的相关研究,并对案例高校的硕士生就学体验展开对比分析,剖析专业硕士培养的现状和问题。专业硕士研究生分为全日制和非全日制两种学习形式形式,本章聚焦全日制专业学位硕士研究生。

二、专业学位研究生教育的发展与属性

(一) 专业学位研究生教育的发展历程

专业学位研究生教育起源于美国,以 1908 年哈佛大学商学院首创工商管理专业硕士作为起始标志,至今已经成为美国硕士研究生教育的主体。[②] 我国专

① 新京报. 2020 年我国研究生招生规模 110 万人左右,专硕招生超 60%[N]. (2020 - 09 - 22)[2022 - 01 - 20]. http://edu.china.com.cn/2020-09/23/content_76731324.htm.
② 王薇. 美国专业硕士研究生教育发展研究[D]. 河北大学,2020.

业学位研究生教育起步较晚,这与我国特有的国情和高等教育背景有关。20世纪70年代末,我国刚刚恢复研究生教育,当时国家急需高校教师和科研人员,迫切需要通过加强我国自身的研究生教育体系建设以满足这一重要国家需求,建立学位制度的首要目标就是要培养学术性理论型人才。因此,出台的《中华人民共和国学位条例》主要是针对学术型研究生培养与学位授予而制订的一部法规。[①] 实施学位制度后不久,随着我国改革开放的步伐加快,社会主义现代化建设对于高层次人才培养类型的多样化就提出了新的要求,国家开始试点培养面向实际应用部门的专门人才。

　　总体上看,我国专业学位研究生培养可以分为四个发展阶段。[②][③] 第一阶段是应用型高层次专门人才的培养试点阶段(1984—1989年)。从开始招收工程硕士生到增加医学博士学位(临床医学)学位,再到《"货币银行学"、"国际金融"两专业硕士生(应用类)参考性培养方案》和《"刑法"、"民法"、"国际经济法"三专业硕士生(应用类)参考性培养方案》的出台,应用型高层次人才培养起步。第二阶段是专业学位正式设置及初步发展阶段(1990—1996年)。1990年被视为我国"专业学位教育元年",之前"职业学位"的提法正式修正为"专业学位",1992年"关于按专业授予专业学位证书的建议"确立我国学术型和专业学位研究生按两种类型进行学位授予的制度。1996年通过的《专业学位设置审批暂行办法》,对专业学位的设置目的、特点、层次、审批、培养、管理等作了制度化的规定,对我国专业学位教育的规范化发展起到了积极的促进和保障作用。第三阶段是专业学位研究生教育快速发展阶段(1997—2008年)。1997年我国开始招收在职攻读的专业学位研究生,自此开始了我国专业学位研究生教育的快速发展时期。专业学位授权点由1996年的88个增加到2008年的3 200多个,硕士专业学位研究生年招生人数由1997年的7 800多人增加到2008年的17.4万人。第四阶段是专业学位研究生教育制度完善阶段(2009至今)。2009年,我国开始招收应届全日制本科毕业生攻读全日制硕士专业学位。这一制度安排,转变了我国长期以来专业研究生学位只能在职攻读的局面,将专业学位研究生教育工作纳入

---

① 梁传杰,吴晶晶. 我国专业学位研究生教育发展历程回顾与前瞻[J]. 研究生教育研究,2014(03):23-27+31.
② 黄宝印. 我国专业学位教育发展的回顾与思考(上)[J]. 学位与研究生教育,2007(06):4-8.
③ 梁传杰,吴晶晶. 我国专业学位研究生教育发展历程回顾与前瞻[J]. 研究生教育研究,2014(03):23-27+31.

研究生教育的主要渠道。2010 年的《硕士、博士专业学位教育发展总体方案》的十年发展总体设想指出,2020 年要实现我国研究生教育从以培养学术型人才为主转变为学术型人才和应用型人才培养并重,专业学位教育体系基本完善。①《专业学位研究生教育发展方案(2020—2025)》指出 2025 年的发展目标包括将硕士专业学位研究生招生规模扩大到硕士研究生招生总规模的三分之二左右、进一步创新专业学位研究生培养模式、教育质量水平显著提升。②

(二) 专业学位研究生教育的基本属性

我国学者从不同角度对专业学位研究生教育本质属性展开分析和界定,既有职业性、专业性之说,也有知识发展性与独特职业性,职业性、学术性和研究性,实践性、职业性和综合性之论。

一种观点认为专业学位研究生教育在属性上是职业教育。③④⑤⑥ 1990 年专业学位在我国初创时,"在没有确立'专业学位'的概念之前,我国曾经考虑把专业学位命名为'职业学位',因为这种学位'带有明显的职业目标','具有职业学位的性质'"。⑦ 1996 年国务院学位委员会通过的《专业学位设置审批管理暂行办法》中也明确规定:"专业学位作为具有职业背景的一种学位,为培养特定职业高层次专门人才而设置,应逐步把专业学位作为相应职业岗位(职位)任职资格优先考虑的条件之一。"⑧

在"职业性"的基础上,也有学者建议使用"专业性"代替"职业性",作为专业学位基本性质的界定。直接用"职业性"表述专业学位的基本性质很容易使人产生误解,导致把"专业学位教育"等同于"职业教育"或"职业培训",从人才培养规

---

① 国务院学位委员会. 关于印发《硕士、博士专业学位研究生教育发展总体方案》、《硕士、博士专业学位设置与授权审核办法》的通知. (2010 - 09 - 18) [2022 - 01 - 20]. http://www. cdgdc. edu. cn/xwyyjsjyxx/gjjl/zcwj/268313. shtml.
② 中华人民共和国教育部. 国务院学位委员会 教育部关于印发《专业学位研究生教育发展方案(2020—2025)》的通知. (2020 - 09 - 30) [2022 - 01 - 20]. http://www. moe. gov. cn/srcsite/A22/moe_826/202009/t20200930_492590. html.
③ 单晓峰,宫照军,徐隽. 论全日制专业学位研究生教育发展的历史必然性[J]. 中国高教研究,2010(11):34 - 37.
④ 邓光平. 国外专业博士学位的历史发展及启示[J]. 比较教育研究,2004(10):27 - 31.
⑤ 翟亚军,王战军. 我国专业学位教育主要问题辨识[J]. 学位与研究生教育,2006(5):23 - 27.
⑥ 闫建璋. 专业学位的功能探析[J]. 黑龙江高教研究,2010(3):24 - 26.
⑦ 黄宝印. 我国专业学位教育发展的回顾与思考(上)[J]. 学位与研究生教育,2007(06):4 - 8.
⑧ 中华人民共和国教育部. 专业学位设置审批管理暂行办法[EB/OL]. (1996 - 07 - 24) [2022 - 01 - 20]. http://www. moe. edu. cn/edoas/website18/46/info6646. html.

格上说,专业学位教育不是培养普通的从业人员,而是培养"专业人士"甚至是"专家"。① "专业性"是专业学位区别于学术型学位的本质特征,专业学位教育的本质属性应是其"专业性"而非"学术性"。②③ 专业学位教育中"专业"的内涵更偏向于社会学意义上的专业,指一群人通过特殊的教育或训练掌握了高深的知识和技能并提供专业服务从而促进社会进步的专门性职业。④

如果说"专业性"的属性无法区分专业学位研究生教育与专业学位学士教育,"知识发展性和独特职业性"的界定则很好地解决了这个问题。⑤ 该观点认为专业学位研究生教育的基本属性主要表现为知识属性和独特的职业性,它们相互作用,使专业学位研究生教育体现出"知行统一"的特点。一方面,专业学位研究生教育也有发展知识、创新知识的功能,只是在对知识发展的追求方式上侧重点不同,它突出在实践中对知识新的运用途径的研究,从中创造出新的知识,体现知识发展的内涵和价值。它要求不仅要教会学生应知的、应会的,更要使学生学会创造。另一方面,专业学位研究生教育具有职业性的特点,但是是具有实用性、蕴含着研究生教育知识属性的"独特的职业性"。⑥

"应用研究性"是另一种属性观点,专业学位研究生教育被界定为"本科后以应用研究为主要特征的高层次专业教育",将应用研究性视为专业学位研究生教育本质属性。⑦ 此属性界定使得专业学位研究生教育既与学术学位研究生教育相区别,又能与本专科层次高等职业教育相区别;在培养实践中,既强调专业学位研究生教育的研究性要求,保证其属于研究生教育的合法性,又能突出特定职业领域实践能力的要求,形成通过科学研究解决实际问题的能力,而且还具有较高的概括性和较强的解释力。

除以上观点外,还有若干专业学位研究生教育属性的论述:如实践性、职业性和综合性;职业性、学术性和研究性;基于职业,强调实践,注重技能,突出应

①　石中英.论专业学位教育的专业性[J].学位与研究生教育,2007(01):7-11.
②　申姗姗.从"专业性"看专业学位教育的发展[J].学位与研究生教育,2009(07):61-65.
③　张秀峰,白晓煌.专业学位教育"专业性"实践与保障机制探究——来自美国的经验与反思[J].中国高教研究,2020(07):54-59+92.
④　张秀峰.美国专业学位教育研究:基于专业的视角[M].上海:上海交通大学出版社,2016:11.
⑤　袁广林.应用研究性:专业学位研究生教育的本质属性[J].学位与研究生教育,2011(09):42-46.
⑥　史雯婷.专业学位研究生教育的基本属性探讨[J].学位与研究生教育,2004(10):32-35.
⑦　袁广林.应用研究性:专业学位研究生教育的本质属性[J].学位与研究生教育,2011(09):42-46.

用等。①②③

三、专业硕士研究生培养过程中的问题

与学术型学位研究生的培养相比,我国专业学位研究生教育的历史较短,培养模式尚处于摸索阶段。目前普遍的做法或是套用学术型学位研究生的培养模式,或参考职业教育的模式,在专业知识学习之外加入企业或实践基地实习。这两种简单化的培养思路并不适合全日制专业学位硕士研究生的培养。专业硕士教育大而不强、学生和社会满意度不高,专业实践不够丰富、实践能力培养不足是核心问题。借鉴国外经验的基础上,研究者提出了对我国专业学位硕士研究生培养模式的思考与探索。④⑤⑥⑦⑧

专业学位硕士研究生课程体系和课程教学的相关研究普遍揭示问题。专业学位研究生课程体系与学术型学位研究生课程体系无差别,课程内容陈旧且重理论轻实践,研究生对教师教学方法的认可度较低。⑨ 课程设置理论化,学位课程重复化,选修范围狭窄化,实践课程形式化。⑩ 课程体系目标定位模糊,课程结构不合理,课程内容选取不当,实践性课程落实不力。⑪ 课程体系未独立于学术型硕士生课程体系,实践性不强。⑫ 2013 年的研究生教育满意度调查显示,专

---

① 邹碧金,陈子辰.我国专业学位的产生与发展——兼论专业学位的基本属性[J].高等教育研究,2000 (05):49-52.
② 刘国瑜.论专业学位研究生教育的基本特征及其体现[J].中国高教研究,2005(11):31-32.
③ 孙国友.追本溯源:专业学位研究生教育的本质属性探骊[J].研究生教育研究,2016(02):75-79.
④ 徐小龙,孔媛媛,李梦娥.专业学位硕士研究生"螺旋提升型"培养模式[J].高等工程教育研究,2011 (02):149-154.
⑤ 孙怀林,肖鹏.基于实践能力提升的专业学位硕士研究生培养模式研究[J].黑龙江高教研究,2018 (08):95-98.
⑥ 章晓莉,郁诗铭.我国专业学位硕士研究生培养模式的反思与改革[J].学位与研究生教育,2012(10): 55-59.
⑦ 曹洁,张小玲,武文洁.对专业学位研究生教育与培养模式的思考与探索[J].清华大学教育研究, 2015,36(01):60-63.
⑧ 黄锐.以实践能力为核心的专业硕士培养模式探究[J].教育研究,2014,35(11):88-94.
⑨ 周文辉,陆晓雨.专业学位硕士研究生课程教学现状及改革建议——基于研究生教育满意度调查的分析[J].研究生教育研究,2014(06):60-64.
⑩ 李传兵,方千华.新时期全日制体育硕士专业学位研究生课程设置探索——现状、问题及改革设想[J].学位与研究生教育,2014(10):21-25.
⑪ 刘国瑜.专业学位硕士研究生课程体系建设之省思[J].研究生教育研究,2016(03):81-84.
⑫ 张乐平,付晨晨,朱敏,王应密,刘金田.全日制硕士专业学位研究生教育课程体系的独立性与实践性问题[J].高等工程教育研究,2015(01):161-167.

业学位硕士研究生对课程教学满意度为 73.6%，低于学术型硕士研究生近 3 个百分点。[①] 自 2014 年起至 2020 年，两类硕士生群体对课程教学的满意度稳定持平。[②]

对专业学位硕士研究生导学关系的研究指出，导师在专业学位研究生教育质量保障过程中应发挥重要作用，承担对学生学术能力和专业技能的培养。"双导师制"强调理论学习和实践运用的双结合，但实施过程中存在许多问题。比如校内外导师缺乏有效的沟通机制、校内导师的观念亟待更新、基地导师的指导空间有限、缺乏对专业学位研究生教育的认同。[③] 校内导师招收全日制专业学位研究生的意愿不强且实践指导能力不足，校外导师数量少、遴选标准差异大且难以管理。[④][⑤]

值得一提的是，针对专业硕士研究生培养过程的问题和批评虽频频见诸文献，但 2019 年一项全国范围的研究指出专业硕士的就业率和就业满意度显著高于学术型硕士。研究者认为"专业硕士在就业竞争中正逐步摆脱传统认知上的弱势地位，初步具备比较优势，本研究的发现可以被看做是对培养单位不断改革专业硕士培养的一种肯定。"[⑥]

四、案例高校研究

本章从学生视角考察学术型硕士研究生（以下简称"学硕"）和专业硕士研究生（以下简称"专硕"）的就学体验和学习成果。研究数据来源于一所高水平研究型大学硕士生就学体验调查。每年研究生毕业季，全体应届硕士毕业生收到问卷填答的邀请，该校硕士毕业生中，专硕约占 60%，学硕约占 40%。每年调查样

① 研究生教育质量报告编研组.中国研究生教育质量年度报告 2013[M].北京:中国科学技术出版社，2013.
② 周文辉,王战军,刘俊起,陆晓雨,赵清华,周玉清.2014 年我国研究生满意度调查[J].学位与研究生教育，2014(11):48-52.
③ 王焱,董增川,刘平雷,周林.全日制专业学位研究生双导师制建设的探索和实践——以河海大学为例[J].研究生教育研究,2015(06):75-79.
④ 郑刚.全日制专业学位研究生导师队伍建设的探索与实践——以扬州大学为例[J].学位与研究生教育,2014(11):10-14.
⑤ 向诚,张云怀,王东红,郭瑜.基于导师团队的专业学位研究生集体培养模式探索[J].研究生教育研究,2015(01):67-70.
⑥ 李敏,蒿楠,陈洪捷,高耀.全日制专业硕士与学术硕士就业状况的比较研究——基于 2017 年全国研究生离校调查数据的实证分析[J].高教探索,2019(09):32-39+81.

本中的学硕、专硕比例,性别比例、学科门类比例与总体数据相当,因此样本具有很好的代表性。表 12 - 1 列出了 2019—2020 年的样本描述性统计数据。

表 12 - 1　调查对象的样本特征

变量	2019(N＝823)				2020(N＝1478)			
	专硕(N＝424)		学硕(N＝399)		专硕(N＝899)		学硕(N＝579)	
	人数	百分比	人数	百分比	人数	百分比	人数	百分比
性别								
男	272	64.2%	220	55.1%	628	69.9%	291	50.3%
女	152	35.8%	179	44.9%	271	30.1%	288	49.7%
学科大类								
理工农生	341	80.4%	343	86%	776	86.3%	404	69.8%
人文社科	83	19.6%	56	14%	123	13.7%	175	30.2%
录取方式								
全国统考	219	51.6%	127	31.9%	518	56.5%	184	31.8%
推荐免试	205	48.3%	272	68.2%	391	43.5%	395	68.2%

硕士毕业生总体和样本中,男女比例均约为 6∶4,但专硕中男生比例较高,学硕中女生比例较高。学硕通过推免入学的比例更高,专硕中统考入学的学生更多。虽然本科院校推荐优秀毕业生免试攻读研究生不限制学生报考的学位类型,但研究生招生院校倾向于为学硕分配更高比例的推免名额。

(一) 专硕的实践诉求凸显,但专业实践的落地因学科和导师而异

硕士生参与实践活动的比例有所增加。2019 年,读硕期间没有参加过实践的人数比为 10%,2020 年下降至 6%;专硕和学硕实践参与率的差异也在拉大(见表 12 - 2)。有趣的是,专硕在企事业单位实习的比例虽然显著高于学硕,但在政府部门挂职锻炼、勤工俭学、社会调研等类型的实践活动中参与度都低于学硕。以 2020 年为例,67.6% 的专硕和 59.9% 的学硕参与过企事业单位实习,但只有 3.4% 的专硕有挂职锻炼的经历,36.8% 有勤工俭学的经历,1/6 参加过社会调研。

表 12－2　两类硕士生的实践活动参与情况

活动类型	2019(N＝823)			2020(N＝1 478)		
	专硕(N＝424)	学硕(N＝399)	χ^2	专硕(N＝899)	学硕(N＝579)	χ^2
企事业单位实习	69.3%	56.9%	13.710***	67.6%	59.9%	9.132**
政府部门挂职锻炼	4.2%	7.8%	4.559*	3.4%	8.3%	16.319***
参观考察	25.5%	20.8%	2.515	26.3%	26.6%	0.022
勤工俭学	27.8%	33.3%	2.937	36.8%	43.2%	5.970*
社会调研	15.8%	16.8%	0.018	16.7%	24.2%	12.542***
志愿服务公益活动	44.3%	49.4%	2.092	48.9%	49.7%	0.090
没有参加	8.5%	11.5%	2.115	4.6%	8.1%	7.957**

注:多选题选项百分比＝该选项被选择次数÷有效答卷份数。* $p<0.05$,** $p<0.01$,*** $p<0.001$。

培养方案是学校教育教学理念和办学指导思想的集中体现,是实现人才培养目标要求的实施方案,是教学组织的基本依据。培养方案的内容涵盖了培养目标、课程体系、进度安排、毕业要求等诸多方面。阅读培养方案时,专硕和学硕关注的模块有共同点,也各有侧重。两者均最看重论文发表的要求,对实践要求的关注程度最低。但是,相比学硕,专硕对"实践环节要求"的关注高出学硕 17个百分点,对"论文发表要求"的关注要低 10 个百分点(见表 12－3)。

表 12－3　两类硕士生对培养方案模块的关注(2020)

阅读培养方式时,重点关注的模块	专硕	学硕	χ^2
培养目标	51.4%	46.0%	3.401
学分要求	63.2%	70.6%	7.126**
课程体系	59.2%	61.1%	0.424
培养过程要求	36.8%	36.4%	0.018
论文发表要求	75.3%	84.9%	16.230***
学位论文要求	62.0%	61.9%	<0.001
实践环节要求	37.2%	20.7%	37.296***

注:多选题百分比＝该选项被选择次数÷有效答卷份数。* $p<0.05$,** $p<0.01$,*** $p<0.001$。

虽然专硕的"实践环节"要求写进了培养方案,在培养过程中却未真正落地。专业实践或没有开展、或流于形式。一位工程硕士表示:"**培养中唯一不足是实践方面。我是专硕,看网上说专硕好像更看重实践,结果到研究生结束,现在我可以说完全没有区别。据说专硕有一个实践的要求,实际上大家都没有去做,就是一个形式,专硕学硕并没有实际意义上的区别。**"

对实践活动的态度上,无论是专硕还是学硕,都认识到参加专业实习实践对自己长远发展的重要性。两年的调查数据显示,专硕和学硕对实践重要性的认识差异化显现,专硕更认可专业实践的重要性(见表 12‐4)。但是,导师对硕士生在读期间参与实践的态度略高于"允许"的水平(2019 年 $M=2.19$,2020 年 $M=2.27$),且对两类学生参与实践的态度趋向无差别。以 2020 年数据为例,相比学硕($M=4.20$),专硕更加认可实习实践的重要性($M=4.30$),但是导师对专硕实践的态度($M=2.28$)和对学硕参与实践的态度($M=2.26$)却无差别。

表 12‐4　两类硕士生及导师对实践的态度

变量	定义	2019			2020		
		专硕	学硕	t	专硕	学硕	t
参加专业实践/实习对自己长远发展的重要性	1=非常不重要 2=比较不重要 3=一般 4=比较重要 5=非常重要	4.35	4.20	2.740**	4.30	4.20	2.546*
导师对学生参加实践的态度	1=不允许 2=允许 3=鼓励 4=非常鼓励	2.27	2.11	2.738**	2.28	2.26	0.489

注:* $p<0.05$,** $p<0.01$,*** $p<0.001$。

按照专业学位硕士培养的制度要求,全日制专硕就读期间应全部参与企事业单位实习,但实际该比例不到七成。专硕培养过程中实习实践工作并不到位,人文社科和理工农生学科中均存在这类情况。访谈资料显示,导师对学生实习实践的态度对学生的实践参与具有决定性作用。一位人文社科专硕学生表示,"**学院不太建议我们在校期间自己出去实习,你要出去实习必须经过导师同意签字。**"一位工程硕士的叙述解释了导师态度为何发生转变:"**大概两三年前,导师**

对我们实习还是很鼓励的,他也知道我们找工作不容易,需要有实习经历。但是后来变了,有一个师兄一直待在外面,导师叫他帮忙做项目,他也态度不积极,最后两边矛盾一直在加深,我们老师就生气了,到我们这就只放我们暑期出去实习,平时的日常实习就基本上没有了。"一位生命科学的专硕学生指出实习实践的培养要求和科研工作的导师要求之间的矛盾:"我是专硕,一开始认为会和学硕不一样,会去企业实习。但是在我们学院,包括我了解到的另一个学院,专硕和学硕在培养上没有区别,都是在实验室里面。专硕的确多一个企业实习,但是大部分老师都是找关系比较好的企业,或者自己的企业帮忙盖章,我们根本就没有去。这让我觉得学硕和专硕在培养上没有区别,反而课题组和老师比较有区别,有的老师松,就可以去实习;有的老师管得严,就不能去实习。这好像和专硕的初衷不匹配。"

(二)专硕的学术倾向和学术成果低于学硕,但科研投入水平相当

无论是入学时学术道路的选择意愿还是毕业时读博深造的实际选择,专硕的学术倾向均低于学硕。2020 年数据显示,入学时,学硕和专硕中分别有76.7%和70.7%愿意走学术道路,较 2019 年均有所增加,毕业后,9.8%的学硕继续攻读博士学位;专硕读博深造的比例为 4.9%,相比 2019 年(7.0%)有所下降。学硕和专硕毕业后的深造率逐年拉开差距,但仍较为接近(见图 12-1)。

图 12‐1　两类硕士生的学术道路选择——意愿和去向(2019—2020)

以期刊论文和高水平期刊论文作为科研产出的代理指标,我们发现近两年来,专硕和学硕的科研成果差异显著。2020年,无论是理工农生学科还是人文社科,学硕的科研产出都显著高于专硕;相较于2019年,专硕学硕在科研产出上的差异更明显(见表12-5)。

表 12-5 两类硕士生的论文发表

论文发表(篇数)		2019			2020		
		专硕	学硕	t	专硕	学硕	t
期刊论文	理工农生	1.23	1.38	−1.488	1.17	1.47	−3.784***
	人文社科	1.23	1.59	−1.290	0.88	1.55	−5.426***
高水平论文	理工农生	0.68	0.93	−2.644**	0.60	1.00	−5.440***
	人文社科	0.32	0.36	−0.231	0.15	0.46	−3.591***

注:* $p<0.05$,** $p<0.01$,*** $p<0.001$。

科研情感投入指学生在研究工作时投入的持续的、普遍的、积极的情感状态,分为专注、投身、活力三个维度。专注指对科研表现出全身心投入的状态,投身指对科研富有热情、充满灵感等,活力指对科研活动拥有高水平的精力和愿意付出努力的状态。硕士生科研投入量表以《乌特勒支学生投入量表》(Utrecht Work Engagement Scale-Student)为基础。采用7级计分法,1表示"从不/从来没有",3表示"很少/一个月一次或更少",5表示"经常/一周一次",7表示"总是/每天"。[1] 数据分析显示,理工农生学科的专硕和学硕在科研工作中的情感投入没有显著差异,且整体高于人文社科硕士生的科研情感投入(见表12-6)。2020年之后,人文社科专硕和学硕的科研情感投入产生了差异,专硕的科研投入更低。学生访谈资料也印证了上述观点。一位工程硕士表示自己的**"科研投入其实挺多的,基本上没事就跑去实验室待着。一方面是导师的要求,另一方面是自己的选择。对待科研的态度可以分为两方面:一方面只有科研才能毕业,另一方面也是增加自己的专业知识、专业技能,至少能找工作,通过科研提升技能有更大的优势。"**

---

① SCHAUFELI W B, BAKKER A B, SALANOVA M. The Measurement of Work Engagement with a Short Questionnaire:A Cross-national Study [J]. Educational and Psychological Measurement,2006,66(4):701-716.

表 12 - 6　两类硕士生的科研情感投入

科研情感投入	2019				2020			
	全体	专硕	学硕	t	全体	专硕	学硕	t
理工农生	4.45	4.49	4.41	0.744	4.87	4.89	4.85	0.564
人文社科	4.24	4.12	4.44	−1.429	4.52	4.34	4.66	−2.127*

注：* $p < 0.05$，** $p < 0.01$，*** $p < 0.001$。

(三) 理工农生学科导师倾向同质化培养专硕学硕，人文社科导师与专硕关系较为疏远

导学关系是硕士阶段最重要的人际关系。2020 年数据显示，63.3％的调查对象认为自己与导师的关系为"良师益友型"，17.7％为"普通师生型"，"老板员工型"和"松散疏离型"约占五分之一（19％）（见第五章）。86％的硕士毕业生对导师的指导总体满意，对导师指导不满意的学生比例为 4％。

使用卡方检验分析理科农生和人文社科的导学关系类型是否存在差异。全体硕士生以及学硕培养中，导学关系类型分布存在显著学科差异，但是专硕中导学关系分布不存在显著的学科差异。换言之，理工农生学科中，四种导学关系类型在学硕、专硕中的分布接近；但是人文社科类导师与专硕的关系较学硕疏远，"疏散疏离型"（6.5％）和"普通师生型"（18.7％）的占比较学硕中要高（见表 12 - 7）。

表 12 - 7　各学科大类两类硕士生的导学关系(2020)

导学关系类型	全体学生		专　硕		学　硕	
	理工农生	人文社科	理工农生	人文社科	理工农生	人文社科
良师益友型	61.0％	72.1％	62.6％	66.7％	57.9％	76.0％
普通师生型	18.5％	14.8％	18.2％	18.7％	19.1％	12.0％
老板员工型	15.7％	8.4％	14.7％	8.1％	17.6％	8.6％
松散疏离型	4.8％	4.7％	4.5％	6.5％	5.4％	3.4％
χ^2	15.411***		4.486		17.582***	

注：* $p < 0.05$，** $p < 0.01$，*** $p < 0.001$。

导师对专硕和学硕的培养风格存在学科差异，人文社科导师对专硕学硕的分类培养更明显。导师对两种学位类型硕士生的分类培养具体体现在指导频率、科研安排、学术要求等方面。理工农生学科中，专硕学硕的培养与成长路径类似；人文社科领域，专硕与导师的沟通和联系显著少于学硕。以下两段专业硕士毕业生的访谈资料典型地体现了两类截然不同的导师指导风格：

"我觉得（专硕学硕）差异还是比较大。老师基本不怎么管专硕，导师平常开周会不会叫专硕，因为他知道我们也不愿意开，我们平常上课实习都很忙。有事的话会联系一下，频率大概两三个月一次。"（人文社科，专硕）

"我们导师比较特别，我们实验室没有组会制度，他平时只要不上课，工作时间80%都在实验室，坐在我们每一个人旁边一对一进行指导。一个星期至少得跟他深入交流两三次。导师做了基本规定：一周至少要在实验室待80个小时，周一到周五如果没有课，早9点到晚8点最好都在实验室做科研。周六周日可以拿出一天休息，另一天也做科研。其他时间如果你不在，他找你你也没办法，他一个电话一个微信过来就要去实验室。"（工科，专硕）

（四）专硕就业和创业的比例更高，但是专硕的学用匹配率低于学硕

根据调查数据，3月毕业季约85%的专硕学生确定了就业单位或创业方向，比学硕高出约10个百分点。相较2019年，2020年的专硕和学硕毕业生中深造读博率的差距拉大，但是相差仍不超过5%（见图12-2）。

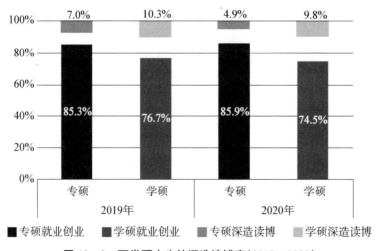

图 12-2　两类硕士生的深造读博率（2019—2020）

确定就业方向的硕士毕业生中,比较学硕和专硕的学用匹配,我们发现两者数据在 2019 之前无差异。但 2019 年以后,学硕中就业专业匹配度高的毕业生比例逐年上升,而专硕群体中该数据相对稳定。2020 年,专硕毕业生中学用匹配率高的人数比学硕高出 7 个百分点(见图 12 - 3)。

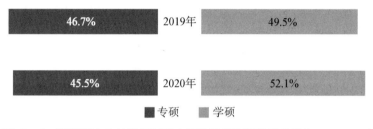

图 12 - 3　两类硕士生的学用匹配度("比较高"或"非常高")(2019—2020)

五、讨论与启示

通过对案例高校的专硕学硕的科研工作、实习实践、导学关系、毕业出口等比较,本研究发现专业硕士的实际培养过程同专业学位教育的"专业性"属性、"应用型"专门人才的培养目标尚有一定距离。专业学位研究生教育对实践的要求以及专业硕士研究生对实践的诉求未能切实达成,部分学科和学科导师并未实现专硕和学硕的差异化培养,专硕就业的专业对口度不高。基于本研究揭示的全日制专业硕士培养过程中的问题,本章提出以下几点启示。

(一) 依托专业学位水平评估,促进专业学位研究生教育回归基本属性

2016 年,教育部启动了首次专业学位水平评估试点工作,选取设置时间较早、社会关注度较高的法律、教育等 8 个专业学位类别的学位授权点进行评估;2020 年 11 月全面启动全国专业学位水平评估工作,对 30 个专业学位类别的学位授权点展开评估,是我国设立专业学位 30 年来第一次全面开展的水平评估。《全国专业学位水平评估实施方案》突出了专业学位的质量、成效、特色和贡献,构建了教学质量、学习质量、职业发展质量三维度体系,淡化了论文成果等学术质量,强化了实践在人才培养中的重要位置。水平评估作为牵引专业学位教育改革的"牛鼻子",聚焦专业硕士的实践创新能力和职业胜任能力,高校应抓住水

平评估的契机,"以评促建"让专业学位研究生教育回归"职业性""专业性""实践性"的基本属性。

(二) 完善专硕"实践性"的制度保障,建立有别于学硕的教育教学模式

高校须建立健全专硕"实践性"的相关制度,落实培养方案的实践要求、回应专业硕士的实践诉求。一方面,要进一步研究专硕课程设置的原则、标准和目标,构建区别化课程,并且完善和规范实践教学体系,避免专硕课程和学硕课程同质化,避免专硕课程重理论轻实践。另一方面,要规范专硕实习实践的制度和流程,学院、学位点层面组织安排实习实践岗位,避免完全由学生或导师主导,避免实习实践流产或流于形式。案例高校的硕士毕业生调查数据显示,一半以上(54.6%)接受调查的硕士生认为应加强对研究生实习实践的支持,认为院校应加强与企业的合作、建立更多的实习实践基地。此外,硕士生的意见还包括加强实习实践信息的传达(32.9%)、提高实习实践基地企业的质量(26.7%)、要求导师支持研究生实习实践(24.4%)等。

(三) 加强专硕导师队伍建设,提高学硕专硕分类培养的意识

导师是影响硕士生成长和发展的关键人物。对于既担任专硕导师也担任学硕导师的教师,必须使导师在意识上认识到专硕和学硕的区别,在指导上落实分类培养。高水平研究型高校中的专任教师大多获得学术型硕博学位,习惯套用自身学术成长的经验或培养学硕的模式指导专业硕士却并不可行。导师须明确专业硕士的培养目标,并围绕专业学位教育的"职业性""专业性""实践性"的基本属性确立指导方式,避免"用人"大于"育人"的倾向。人文社科导师在分类培养的基础上,也不能忽视与专硕的沟通和指导。规范校内导师指导专业硕士的同时,也须加强校外实践导师的选聘和管理,将专硕"双导师制"落到实处。此外,可逐步推进建立独立的专硕导师评价体系,建立不同于学硕导师的聘任和考评体系,以评价推动校内外专硕导师队伍建设。

(四) 强调理工农生学科硕士生分类培养,借鉴和探索全日制专硕培养模式

目前,理工农生学科中全日制专硕和学硕的培养与成长路径类似,无论是导

学关系、科研投入还是实践参与,两者的差异不大。理工农生学科专业硕士学位点应在充分发挥双导师作用、完善实践基地建设、规范实习实践制度和考评要求等方面发力,突出专硕和学硕培养过程的差异性,提高应用型人才培养质量。针对理工农生学科的专硕培养,若干高校在培养模式和教学实践上的举措变革提供了借鉴和参考,如上海交通大学全日制专业硕士产教融合课程教学路径的构建与实践;重庆大学工程硕士研究生构建校内跨专业、校外跨行业企业的校企联合导师团队;河海大学的"校内培养＋基地培养,知识构建＋工程实践"的全日制专硕培养模式;等等。[1][2][3]　搭建学科专业学位建设的平台,加强对卓越培养模式的总结和推广,"以点带面"推动该学科的全日制专业硕士培养。

① 蔡小春,刘英翠,熊振华,庞倩茹.全日制专业硕士产教融合课程教学路径的案例研究——以上海交通大学为例[J].高等工程教育研究,2019(2):161 - 166.
② 向诚,张云怀,王东红,郭瑜.基于导师团队的专业学位研究生集体培养模式探索[J].研究生教育研究,2015(01):67 - 70.
③ 王焱,董增川,刘平雷,周林.全日制专业学位研究生双导师制建设的探索和实践——以河海大学为例[J].研究生教育研究,2015(06):75 - 79.

第十三章
来华留学硕士研究生的就学体验

——基于中外学生对比的视角

一、引言

　　来华留学生教育是我国高等教育国际化的重要组成部分,也是统筹推进世界一流大学和一流学科建设的重要任务之一。随着学历留学生规模的不断扩大,来华留学生教育层次得到提高,来华研究生的比例也有所上升。这一现象体现出我国对高水平留学生的吸引力逐渐增强,也对来华研究生教育提出了更高的要求。因此,了解来华研究生的输入现状、培养过程以及输出质量对保障和提升留学生教育的质量具有重要意义。本章首先梳理来华留学研究生相关的核心文献,再对案例高校来华硕士研究生的就学体验展开分析,最后结合文献和实证研究结果提出启示和建议。

二、来华研究生教育的发展与问题

　　自 1950 年开始接受东欧国家留学生,我国来华研究生教育经历了以下几个阶段:规模较小且以社会主义国家留学生为主体的初创阶段(1950—1965 年),来华研究生招生计划缺失的中断阶段(1966—1972 年),改革开放后逐步发展并明确来华研究生为留学生类别之一的复苏阶段(1978—1989 年),国家宏观调控与市场调节机制相结合的新办学体制阶段(1990—1999 年)以及进入 21 世纪后的快速发展阶段。[①] 为提升来华留学生质量、深化开放合作、提升国际影响力,

---

① 程家福,陈松林,赵金坡.新中国来华研究生教育历史研究[J].学位与研究生教育,2012(10):64-71.

国家颁布了一系列政策,包括:加强对"一带一路"沿线国家研究生来华留学的资助,打造"留学中国"品牌,吸引优秀学生来华攻读硕士、博士学位;完善来华留学生招生、培养等管理体系,保障学位授予质量;鼓励培养单位与国际高水平大学建立研究生双向交流机制,支持双方互授联授学位等。①② 我国对国际学生教育的态度已经从服务国家政治和外交任务、履行国际主义职责和为关系友好国家培养人才转变为服务国家现代化建设、促进学生交流、培养具有国际视野和竞争力的人才以及进一步对外开放,最终服务于教育发展,促进高校之间的国际交流与合作。③

在政策推动下,来华留学生规模不断扩大,学历留学生的比例显著增加,来华研究生教育也得到不断发展。首先,研究生占学历留学生的比例显著增加。2018 年接受学历教育的来华留学生总计 25.8 万余人,已超过来华生总数的一半,研究生人数占学历留学生总数的 32.9%。④ "一带一路"沿线国家是来华留学研究生的主要来源国,来自这些国家的研究生数量呈稳步快速发展态势。⑤ 其次,来华研究生专业选择面更广泛,打破了汉语学习为主的格局。众多专业中,经济管理和理工农医类专业对国际学生的影响力和吸引力得到提升,使得留学生所在的学科分布更加合理。其中,硕士研究生选择管理学、工学、经济学和法学的比例较高。⑥

来华留学生教育取得跨越式发展的同时,也要清楚地认识到我国留学生教育中依然存在的一系列问题。首先,在规模上,虽然我国在留学生总体数量、学历留学生和来华研究生数量上有了明显的增长,但高校硕士研究生中国际学生占比(国际化率)还较低,并且各高校来华研究生数量也存在较大差异。2018—

① 中华人民共和国教育部. 教育部关于印发《高校科技创新服务"一带一路"倡议行动计划》的通知[EB/OL]. (2018 - 11 - 12)[2022 - 01 - 20]. http://www.moe.gov.cn/srcsite/A16/kjs_gjhz/201901/t20190102_365666.html.

② 中华人民共和国教育部. 教育部　国家发展改革委　财政部关于加快新时代研究生教育改革发展的意见[EB/OL]. (2020 - 09 - 21)[2022 - 01 - 20]. http://www.moe.gov.cn/srcsite/A22/s7065/202009/t20200921_489271.html.

③ MA J, ZHAO K. International Student Education in China: Characteristics, Challenges, and Future Trends [J]. Higher Education, 2018,76(4):735 - 751.

④ 中华人民共和国教育部. 2018 年来华留学统计[EB/OL]. (2019 - 04 - 12)[2022 - 01 - 20]. http://www.moe.gov.cn/jyb_xwfb/gzdt_gzdt/s5987/201904/t20190412_377692.html.

⑤ 程伟华,张海滨,董维春. 从"规模扩张"到"提质增效":新时代来华留学研究生教育转型与制度重构[J].学位与研究生教育,2018(12):32 - 38.

⑥ 程伟华,张海滨,董维春. 从"规模扩张"到"提质增效":新时代来华留学研究生教育转型与制度重构[J].学位与研究生教育,2018(12):32 - 38.

2019 学年留学生比例(学历留学生占全日制在校生)排名全国百强的高校中,上海纽约大学留学生比例达 41%,远高于排名第二的北京语言大学(29.8%),而百强高校中仅 8 所高校留学生比例超过 10%。[①] 其次,我国与欧美等留学发达国家在外国留学生教育层次上依然存在一定差距。例如,2021 年美国高等教育接收的学历留学生超过 114.2 万人,约为留美学生总数的 92%,其中研究生超过 62.9 万人,占留美学历生的 55.1%。[②] 最后,在生源上,亚洲是来华研究生的主要来源地,2018 年占来华研究生总数的 59.9%,远超生源占比第二的非洲(16.6%),凸显了来华研究生生源洲际国别结构的不平衡。[③]

三、来华研究生的培养模式与学习效果研究

随着来华研究生规模的扩大,有关这一群体在华教育经历的研究在过去十年起步,主要围绕来华研究生的培养模式与满意度展开。

目前,国内高校对来华研究生的培养大致采用了三种模式。一是考虑到来华研究生文化背景多元、学习动机多样、汉语言水平迥异等特点,对他们进行因材施教的"差异化"培养模式。[④] 二是侧重帮助来华研究生适应中国的学习和生活环境的"趋同化"培养模式。[⑤] "差异化"培养需要投入大量资源,给学校和教师都带了一定压力,也不利于来华研究生融入中国文化;而"趋同化"培养则忽略了来华研究生个体背景的差异,对来华研究生的适应性要求较高,因此也有高校尝试新的培养模式,例如"趋同化"与"个别指导"相结合的培养模式、将来华研究生与中国研究生融合培养的"协同培养"模式等。[⑥⑦]

① 软科排名研究院. 2020 软科中国大学排名:留学生比例排名[EB/OL]. (2020 - 12 - 14)[2022 - 01 - 20]. https://mp. weixin. qq. com/s/VQjTr_lsXboAUBg-ZLx_Nw.
② U. S. Immigration and Customs Enforcement. Student and Exchange Visitor Program (SEVP) 2021 SEVIS by the Numbers Report. [2022 - 01 - 20]. https://www. ice. gov/doclib/sevis/pdf/sevisByTheNumbers2021. pdf.
③ 程伟华,张海滨,董维春. 从"规模扩张"到"提质增效":新时代来华留学研究生教育转型与制度重构[J]. 学位与研究生教育,2018(12):32 - 38.
④ 万俊,陈蕾,张旭. 来华留学研究生差别化培养的思考[J]. 江苏高教,2016(03):105 - 107.
⑤ 夏青. 对来华学历留学生实施"趋同教学管理"模式的思考[J]. 教育探索,2010(09):72 - 73.
⑥ 刘爱军,程伟华,杨春艳. 来华留学研究生培养模式研究——以南京农业大学为例[J]. 黑龙江教育(高教研究与评估),2016(05):63 - 65.
⑦ 谭清美,王军华,NG JHONY CHOON YEONG. 来华留学研究生与国内研究生协同培养模式研究[J]. 学位与研究生教育,2018(12):45 - 49.

来华研究生满意度研究调查留学生对研究生课程、导师指导、科研训练、校园支持等方面的满意度。多院校研究结果显示八成左右的来华研究生对所在高校的综合培养质量感到满意,包括对导师学术水平和学业指导情况、对在校期间课程开展形式和内容、对科研训练和校园环境支持等方面的认可。①② 课程评价中,相比于对专业课程数量和质量、合理性和科学性的满意度,来华留学研究生对"跨学科课程数量""专业课程前沿性"满意度较低。教师评价中,相比于教师的教学态度和知识面,这些学生对"教师语言准确易懂"的满意度偏低。培养环节评价中,相比于对培养过程中"开题报告、学位论文、发表论文质量"相关制度的较高认同度,来华研究生对"中期考核、资格考试对研究进展具有把关作用"的评价较低。校园支持评价中,相比于其他咨询服务,来华留学研究生希望学校能够提供的"职业发展路径信息"以及"心理咨询服务"的期望没有得到较好地满足。③ 来华硕士研究生在校期间所接受的学习和科研训练、获得的校园环境支持与服务以及人际交往对其总体满意度有显著影响,且学习和科研训练的预测能力最强。同时,对课程设置和内容、科研硬件设施、教师学术能力的满意度又会显著影响来华硕士生对学习和科研训练的满意度。④

来华研究生的学习效果是留学生教育成效的一种体现,目前相关研究较为有限。来华研究生自我报告的专业知识、中文水平、就业机会和国际教育背景方面取得了较大收获,基本达到了他们来华留学的预期目标。⑤ 来华留学政府奖学金生表示获得了预期的专业知识,并且所学习的中国文化和提升的语言能力要大于在专业知识方面的进步。⑥ 也有研究表明,专业基础差异、语言能力薄弱、查找资料能力不足等个体因素以及教学、政策等环境因素限制了来华研究生

① 刘水云.来华留学研究生培养质量调查[J].学位与研究生教育,2017(08):26-31.
② 文雯,王朝霞,陈强.来华留学研究生学习经历和满意度的实证研究[J].学位与研究生教育,2014(10):55-62.
③ 程伟华,张海滨,董维春."双一流"建设背景下来华留学研究生教育质量研究——基于学生发展理论[J].学位与研究生教育,2019(01):64-71.
④ 文雯,王朝霞,陈强.来华留学研究生学习经历和满意度的实证研究[J].学位与研究生教育,2014(10):55-62.
⑤ 刘水云.来华留学研究生培养质量调查[J].学位与研究生教育,2017(08):26-31.
⑥ 赵彬,刘水云.对来华留学政府奖学金政策的审思——基于来华留学研究生的学习经验感知[J].研究生教育研究,2020(03):73-80.

学术能力的提升。[①]

　　通过梳理文献可以发现,学者在来华研究生教育的研究领域有数据积累和观点洞见,既从宏观层面呈现了我国来华研究生教育取得的进展,指出了在生源质量和分布结构上存在的问题,也从微观层面探究了留学生在华求学期间的经历与感受,总结了我国来华研究生培养的经验与不足。这些研究也存在一些不足:在内容上,关注生源输入质量较多、研究就读经历和教育增值较少,也缺乏对来华研究生教育成效系统性的讨论。在视角上,多聚焦来华研究生单一群体的研究,缺少和国内研究生的比较。在方法上,以定量或思辨为主,质性研究较少。针对上述局限性,本研究基于案例高校的硕士毕业生就学体验问卷调查数据,对比来华留学研究生和国内研究生的培养过程和毕业发展,并通过质性访谈补充和解释定量研究的发现,以期为来华研究生教育提供参考。

四、研究数据和方法

(一) 数据来源

　　案例高校的硕士毕业生就学体验调查自 2019 年起面向来华留学生发放双语问卷,除了个人背景信息题项不同,问卷主体同中国学生问卷保持一致。案例高校的硕士研究生学制为 2.5 年。2020 年 3 月毕业季,共有 2799 人获得硕士研究生学位,包括 175 位来华留学生,分布在 20 个培养单位。值得注意的是,2017 级国际研究生硕士入学人数为 445 人,只有 40%按时获得学位,其他学生受疫情影响或其他原因延期毕业。

　　中国学生问卷调查的整体回复率为 55%,留学生的问卷回复率为 33%。填答问卷的 58 位国际学生覆盖了所有 20 个培养单位。其中,60.3%为男生,39.7%为女生;50%来自工科院系,其次为人文社科院系(37.9%)、生命科学(6.9%)和理科(5.2%);逾七成(70.7%)攻读学术型硕士学位。超六成(63.8%)的来华硕士生来自亚洲,其次为欧洲(17.2%)和北美洲(10.3%),约八成为亚裔(见表 13 - 1)。

_____

① 　朱萍,巩雪.来华留学研究生学术能力影响因素分析及应对策略[J].江苏高教,2016(05):96 - 99.

表 13-1 来华硕士生的样本特征

变量	样本（N=58）	
	人数	百分比
性别		
男	35	60.3%
女	23	39.7%
生源地		
亚洲	37	63.8%
欧洲	10	17.2%
北美洲	6	10.3%
大洋洲	3	5.2%
南美洲	2	3.5%
学位类型		
学术型硕士	41	70.7%
专业硕士	17	29.3%
学科类别		
工科	29	50.0%
理科	3	5.2%
生命科学	4	6.9%
人文社科	22	37.9%
本科高校		
本校	5	8.6%
国内其他高校	14	24.1%
国外高校	39	67.2%
家庭第一代大学生		
是	15	25.9%
否	43	74.1%

(二) 数据分析

本研究通过描述性统计呈现来华研究生的就读体验,通过独立样本 t 检验比较来华研究生与国内学生硕士期间就学体验的差异。比较差异时,为了避免样本量的较大差异并减少混杂因素对学生就学体验的影响,本研究采用罗森鲍姆(Rosenbaum)和鲁宾(Rubin)提出的倾向得分匹配法(Propensity Score Matching),从中国学生数据库中挑选出一组在性别、学位类型和学科类别等变量与来华研究生相匹配的硕士生样本,使得混杂变量在两组学生数据中趋于均衡可比,从而提高对比结果的有效性。[1][2] 倾向得分匹配分两步进行,第一步是在一定协变量条件下估算倾向得分,第二步是根据得分进行匹配。本研究将"是否为留学生"作为因变量,性别、学位类型和学科类别等背景特征作为自变量建立模型,通过逻辑回归(logit regression)估计倾向得分。表 13-2 显示了逻辑回归预测倾向得分的结果。在 1478 名中国学生中找到了 58 名匹配对象,与来华研究生样本在性别、学位类型和学科类别上完全匹配。

表 13-2　逻辑回归倾向得分估计

		回归系数	标准误	p 值
	截距项	−2.019	0.298	<0.001
性别[a]	女	−0.346	0.304	0.254
学位类型[b]	专业硕士	−1.283	0.307	<0.001
学科类别[c]	工科	−0.676	0.323	0.036
	理科	−0.962	0.634	0.129
	生命科学	−0.818	0.557	0.441

注:$N=1478$。a. 参照组:男;b. 参照组:学术型硕士;c. 参照组:人文社科。

匹配后,运用独立样本 t 检验分析案例高校来华硕士研究生和国内硕士研究生的就学体验差异。

① ROSENBAUM P R, RUBIN D B. The Central Role of the Propensity Score in Observational Studies for Causal Effects [J]. Biometrika,1983,70(1):41-55.
② ROSENBAUM P R, RUBIN D B. Constructing a Control Group Using Multivariate Matched Sampling Methods That Incorporate the Propensity Score [J]. The American Statistician,1985,39 (1):33-38.

五、研究发现

通过对比两类学生在研究生课程学习、培养体系、科研训练、导学关系、毕业去向五个方面的指标,本研究发现来华硕士研究生对培养体系的评价、科研参与和投入、导学关系与中国学生存在显著差异。

(一) 相较中国学生,来华研究生认为硕士生培养体系和过程更"松"

58 位来华硕士生中,39 名学生表示了解所学专业的培养方案,并评价了培养方案的内容和实施(图 13-1)。在培养方案认可度方面,均有九成左右的学生表示培养方案明确了符合学校定位与自我期待的培养目标(92.3%),强调学术高标准(87.2%),84.6%的学生认为培养方案融合专业前沿发展,69%认为培养方案为学生职业发展做好准备。在培养方案落实度方面,89.7%的学生认为培养方案中的必修课和选修课定期、如期开设,九成左右的学生表示导师(89.7%)和院系(92.3%)按照培养方案组织研究生教学和培养。

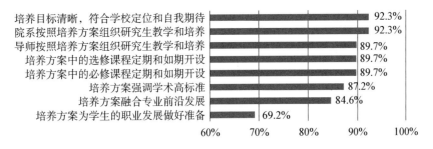

图 13-1 来华硕士生对培养方案内容和实施的评价

相较中国学生,来华研究生认为培养方案设定的学习要求、对培养过程各环节考核的严格程度显著更低,且效应值检验(Cohen's d)显示两类学生的差异较大(见表 13-3)。首先,来华研究生认为目前培养体系中的总学分要求趋于合理($M=2.91$,3 表示"合理"、4 表示"偏多"),而中国学生则认为总学分要求偏多($M=3.31$),两者差异较大($d=0.7$,$p<0.001$)。其次,来华研究生认为学位论文检查各环节的严格程度介于"一般"和"比较严格"之间,而中国学生则评价各环节"比较严格";两者对于论文答辩严格程度的感知差异效应值达到了0.78,说明留学生在这个环节受到了"宽松"的"待遇"。一位人文社科的美国留

学生表示,"特别明显看出来学院对国际学生的要求非常低"。

此外,来华研究生对实验课的需求呼声显著高于中国学生($d=0.57$,$p<0.01$),对专业课的满意度显著更低($d=0.40$,$p<0.05$)。访谈中,一名来自法国的工科男生表示在校期间收获了自主学习的能力,但学校的课程水平并没有达到自己的预期,同伴的努力方向也和自己的期待有出入:**"在学校读硕期间,我锻炼了自学能力。学校课程的开设情况并没有我预期的那么好,同学们真的很在意结果而不是获得结果的这个过程。我认为课堂上应该更多关注如何解决问题而不仅仅是提供正确答案。"**(*During my studies at this university, I learned how to study by myself, but I felt that the courses level wasn't as good as I expected. And students were really focusing on the results not on the way of obtaining results. Classes have to be more about how to solve a problem and not just giving the good solution.*)

表 13-3　来华硕士生和中国硕士生对培养环节的评价

变量	定义	来华硕士生（N=58）		中国硕士生（N=58）		t	Cohen's d
		均值	标准差	均值	标准差		
总学分要求	1=过少 2=偏少 3=合理 4=偏多 5=过多	2.91	0.43	3.31	0.68	−3.749***	0.70
对开题报告培养环节的评价	1=非常容易 2=容易 3=一般 4=比较严格 5=非常严格	3.59	1.19	4.14	0.83	−2.908**	0.54
对中期答辩培养环节的评价		3.45	1.23	3.93	1.04	−2.281*	0.42
对论文答辩培养环节的评价		3.59	1.61	4.55	0.65	−4.228***	0.78
希望增加实验类课程比重	0=否 1=是	0.38	0.49	0.14	0.35	3.061**	0.57
专业课满意度	1=非常不满意 2=比较不满意 3=一般 4=比较满意 5=非常满意	3.50	0.98	3.85	0.72	−2.162*	0.40

注:* $p<0.05$,** $p<0.01$,*** $p<0.001$。

（二）来华研究生的科研课题参与不及中国学生，但科研情感投入显著更高

硕士生的科研工作通过两项指标测量：课题参与数量和科研情感投入。课题参与数量为参与导师的课题数和其他教师的课题数之和。科研情感投入指学生在研究工作时投入的持续的、普遍的、积极的情感状态，分为"活力""投身""专注"三个维度。[①]"活力"指对科研活动拥有高水平的精力和愿意付出努力的状态，如"做科研时，我感到自己迸发出能量"；"投身"指对科研富有热情、充满灵感等，如"我对我的研究充满热情"；"专注"指学生对科研表现出全身心投入的状态，如"我沉浸于我的学术工作中"。

来华研究生和中国研究生在课题参与和科研投入上均存在显著差异（见表 13-4）。一方面，留学生的课题参与率较低，参与导师的课题数量显著少于中国学生（$d=0.54$，$p<0.01$）。与之相反的是，来华研究生的科研情感投入显著高于中国学生，具体表现在科研情感投入的"投身"（$d=0.49$，$p<0.05$）和"专注"（$d=0.57$，$p<0.01$）维度得分显著更高。在科研产出方面，两组学生的高水平论文产出无显著差异。[*]

表 13-4　来华硕士生和中国硕士生的科研参与和投入

变量	定义	来华硕士生（N=58）		中国硕士生（N=58）		t	Cohen's d
		均值	标准差	均值	标准差		
参与导师的课题数量	计数变量	1.50	1.16	2.41	2.08	−2.925**	0.54
参与其他老师的课题数量		0.90	0.95	0.64	1.224	1.271	
高水平论文产出数量		0.81	1.32	0.71	0.88	0.498	

① SCHAUFELI W B, BAKKER A B, SALANOVA M. The Measurement of Work Engagement with a Short Questionnaire: A Cross-National Study [J]. Educational and Psychological Measurement, 2006, 66(4): 701-716.

* 本研究中，高水平论文指 SCI、SSCI 或 CSSCI 期刊论文。

（续表）

变量	定义	来华硕士生（N＝58）		中国硕士生（N＝58）		t	Cohen's d
		均值	标准差	均值	标准差		
科研情感投入	1＝从不 2＝几乎从不/一年几次或更少	5.31	1.17	4.76	1.22	2.506*	0.47
（1）活力	3＝很少/一个月一次或更少	5.08	1.24	4.75	1.24	1.397	
（2）投身	4＝有时/一个月几次 5＝经常/一周一次	5.49	1.26	4.87	1.30	2.615*	0.49
（3）专注	6＝十分频繁/一周几次 7＝总是/每天	5.37	1.25	4.64	1.33	3.052**	0.57

注：* $p < 0.05$，** $p < 0.01$，*** $p < 0.001$。

一名来自印度尼西亚的工科留学生硕士毕业后将赴国外读博深造，访谈中他谈到了硕士教育环境对自己追求学术目标的支持与鼓舞：**"进入学校读研时，我就有做科研的意愿和想法。我们学院全英文授课，有比较好的学习收获。为什么我在科研会有很多的收获呢？首先是因为自由度比较高，可以实现自己的价值。其次，我的导师也是很给力的，他会给自己的学生无限的支持，这在我的学术道路上影响了很多，给予我方向上的指导。"**

（三）八成来华硕士生认为得到了导师的支持，"普通师生型"导学关系占比28%

导师对硕士生的支持包括学术指导、学术引荐、情感支持和就业支持四个方面。虽然样本数据中，来华留学生对导师四方面支持的评价略高于中国学生，但两类学生的评价并不存在显著差异。从整体来看，留学生对导师指导的整体满意度和中国学生相当（见表13-5）。

表 13-5 来华硕士生和中国硕士生对导师支持的评价

变量	定义	来华硕士生($N=58$)		中国硕士生($N=58$)		t
		均值	标准差	均值	标准差	
学术指导	1=非常不同意 2=不同意 3=一般 4=同意 5=非常同意	4.20	0.84	4.10	0.98	0.608
学术引荐		4.04	0.97	3.93	1.06	0.594
情感支持		4.29	0.81	4.15	0.97	0.875
就业支持		4.07	1.02	3.91	1.11	0.782
对导师指导整体满意		4.26	0.95	4.09	1.08	0.914

从占比来看,八成左右的来华硕士研究生认为得到了导师的各方面支持。学术指导上,近八成(79%)来华研究生认为导师专业且有效地指导了研究工作,逾八成的学生认为导师有效指导了学位论文的选题(85%)、撰写(81%)以及研究工作的开展(81%)。学术引荐方面,83%的来华研究生表示导师引荐自己参加各类学术活动,74%的学生表示导师利用其学术人脉为自己的专业发展提供了帮助。情感支持上,76%的来华研究生认为导师支持自己的研究兴趣,逾八成的学生表示导师在自己取得成就时会给予鼓励(81%),认为导师尊重自己(86%)、值得信赖(81%),90%认为导师能够在自己需要时提供帮助。就业支持方面,76%的来华研究生认为导师关心且支持自己的职业发展。

本研究将硕士生导学关系分为"良师益友""普通师生""老板员工""松散疏离"四种类型(具体见第五章)。来华硕士生和中国学生群体中,"良师益友型"最多,达 60.3%;"松散疏离型"最少,来华研究生群体中松散疏离型导学关系占比(3.5%)少于中国学生(8.6%)。不同的是,留学生群体中"普通师生型"导学关系占比(27.6%)高于"老板员工型"(8.6%),而中国学生群体则相反,"普通师生型"占 12.1%,"老板员工型"占 19.0%(见图 13-2)。

(四) 来华硕士生毕业后"深造"或"待定"比例更高,直接就业比例相对较低

来华硕士生样本中,21%的学生选择毕业后深造,这一比例高于中国学生(10%),其中有一半的学生在本校继续攻读博士学位。近一半留学生(45%)未确定毕业去向,这一比例也高于中国学生(24%)。直接就业的留学生比例

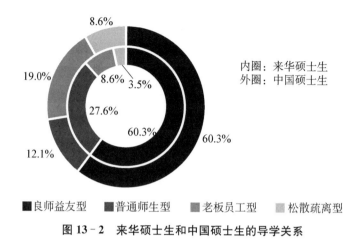

图 13－2　来华硕士生和中国硕士生的导学关系

(31%)则显著低于中国学生(65%)。此外,有 3.4%的来华研究生选择毕业后创业。

　　进一步分析来华硕士生毕业后直接就业或创业的学用匹配、就业单位以及择业动机,并和中国硕士生数据对比。在学用匹配方面,65%的来华研究生认为毕业后从事的工作与所学专业相关性比较高,5%则认为非常高,比中国硕士毕业生的学用匹配率(50%)高出 20 个百分点。在就业单位类型上,20%的学生将在国家重点行业或领域工作,选择在"双一流"建设高校及科研机构、基层公共服务部门、重要国际组织就职的留学生各占 3%。在择业动机上,"职业发展潜力大""行业发展前景好""专业对口学有所用"是留学生择业的前三位考虑原因,"服务国家和社会"居末位。对中国硕士毕业生而言,行业前景和专业对口也是前两位择业因素,家国情怀相对靠后。

六、研究启示

　　来华研究生是最高教育层次的留学生群体,来华研究生教育是培养和把握高层次国际人才资源的重要方式。本研究基于中外研究生对比的视角,考察了留学生在华攻读硕士学位期间的就学体验和毕业出口,为高校和教师带来如下启示。

（一）高水平研究型大学对来华研究生的学术培养可采用"趋同化"模式

对比分析发现,虽然约九成来华研究生认可学位点或专业制定的培养目标、学术标准和培养方案的实施过程,但学生认为总学分相对偏少,且论文的开题、中期和答辩环节的严格程度较低。这可能有两方面原因。一方面,可能是学校或院系考虑到文化适应、语言障碍等问题为留学生制定了差异化培养方案,或在培养过程中教师降低了对来华研究生的要求和标准,让留学生受到"特殊照顾"。另一方面,也可能是该校吸引和招收的来华研究生生源质量较高,结合自身学业能力和本科求学经历对中国高水平大学的研究生培养环境和过程抱有更高的期待。

针对上述情况,高水平研究型大学可以在有侧重的跨文化管理基础上,采用"趋同化"模式对来华研究生进行学术培养。[①] 首先,在培养方案中体现中外学生学术要求和考核标准趋同,包括学分和学位论文要求。其次,在实施过程中加强质量管理,明确任课教师、导师和答辩专家组不能因来华留学生的身份而"放水"。

（二）研究生导师须认识留学生的科研热情,提供平等的科研参与机会

研究发现,来华硕士生虽然科研投入的热情更高,但参与导师的课题数量显著低于中国学生。其中存在留学生和导师两方面的原因。一方面,留学生可能倾向独立自由的学术环境,而不局限于导师的课题,样本中留学生参与其他教师的课题数量略高于中国学生、留学生"老板员工型"导学关系比中国学生低10个百分点等研究发现也印证了来华研究生对导师的课题依附少;另一方面,也可能是导师对留学生和中国学生采取不同的指导理念和培养方式,给予留学生更大的课题参与自由度,或在科研任务分配上区别对待。

研究生导师可以从心态和行动上支持来华留学生的发展。首先,合理认识来华研究生的求学动机。留学生的科研热情、学术志趣不见得比我国研究生低,毕业后深造率也高于中国学生。其次,在中外学生学术培养"趋同化"的理念下,

---

① 王勇,林小英,周静,等. 来华留学生教育管理工作满意度:构成、贡献与策略——基于北京大学来华留学毕业生样本的调查分析[J]. 教育学术月刊,2014(02):40-48.

落实课题组会和科研任务的机会公平。在团队科研过程中促成中外学生的互动、增进与留学生的沟通,既挑战甚至"逼迫"留学生花大力气完成学术任务,在国际教育环境中提升科研能力,同时也为中国研究生创造了本土的国际化科研环境。最后,也要为留学生提供额外支持,包括生活上和跨文化适应方面的支持。

(三)协同建设来华留学生服务与管理的工作队伍

研究生阶段,来华留学生的学术培养可采用"趋同化"模式,日常管理和服务工作仍需一支专门化的留学生教育队伍完成。2020届毕业生中,60%的来华硕士研究生延期毕业,按时毕业的学生中近一半未能在毕业季确定毕业去向,这可能是签证政策、就业形势、全球疫情等多方面因素造成的。目前,案例高校的来华留学生管理和服务点分散在各个职能部门,与学校放假时间同步且缺少部门间协调,留学生在部门间辗转办事或假期无人回应时挫折感较强。

设置留学生班主任或辅导员为来华研究生的管理和服务提供了一条思路。① 鼓励专任教师,尤其是具有"二元文化"优势的海归教师,担任留学生班主任或辅导员,直接管理来华研究生的日常事务,包括就业指导及跨文化适应等。通过建立更直接的沟通渠道,及时提供非学术类的支持,减少留学生对语言障碍的顾虑。同时,留学生班主任或辅导员也是直接反馈机制中的重要角色,能够成为来华研究生读研经历中的重要他人,也能够成为来华留学教育的骨干力量。

---

① 丁笑炯.高校来华留学生支持服务满意度调查与思考——基于上海高校的数据[J].高校教育管理,2018,12(01):115-124.

第十四章
从生源到就业：一项医学硕士生就学体验的混合研究

一、研究背景

医学作为服务社会、服务公众的关键学科，已经逐步成为促进生物、材料、信息、工程等学科领域集成融合应用的重要引擎。《中共中央关于制定国民经济和社会发展第十四个五年规划和二〇三五年远景目标的建议》提出了"全面推进健康中国建设"的重大任务。① 不论是中国范围内的全民健康，还是全球视野下的生命守护，医学尖端领域的研究、探索与应用始终需要大批的相关人才。医学教育是国家医疗卫生事业发展的重要基石，国务院 2020 年印发了《关于加快医学教育创新发展的指导意见》，这份战略性、纲领性文件强调落实立德树人根本任务，把医学教育摆在关系教育和卫生健康事业优先发展的重要地位，全面提高人才培养质量，为推进健康中国建设、保障人民健康提供强有力的人才保障。②

医学生是国家医疗卫生事业的后备军，是人民健康的守护者，也是社会未来发展进步的中坚力量。《关于加快医学教育创新发展的指导意见》提出了"强调以新内涵强化医学生培养"的基本原则，即"加强救死扶伤的道术、心中有爱的仁术、知识扎实的学术、本领过硬的技术、方法科学的艺术的教育，最终培养出医德高尚、医术精湛的人民健康守护者"。为了适应国家医学创新和国际竞争对高水

---

① 中国共产党第十九届中央委员会. 中共中央关于制定国民经济和社会发展第十四个五年规划和二〇三五年远景目标的建议[EB/OL]. (2020 - 11 - 03)[2022 - 01 - 20]. http://www.gov.cn/zhengce/2020-11/03/content_5556991.htm.
② 国务院办公厅. 国务院办公厅关于加快医学教育创新发展的指导意见[EB/OL]. (2020 - 09 - 23)[2022 - 01 - 20]. http://www.gov.cn/zhengce/content/2020-09/23/content_5546373.htm.

平医学人才的要求,医学研究生教育承担着培养少而精、国际化的医学拔尖创新人才的任务。医学研究生教育作为医学教育结构中的最高层次,是高素质医学科技人才队伍的主要储备力量,同时也是高等医学院校和科研机构突破科研瓶颈的重要人力支撑。医学研究生教育承担着培养高层次医药卫生人才的重要使命,是提升社会医疗卫生服务水平的关键影响因素,也是深入推进"健康中国"战略、共筑全民健康、决胜全面小康的基础工程。

对医学硕士生就学体验的剖析能够从学生视角提出证据为医学研究生教育和医学拔尖人才的培养提供启示。本章以医学硕士生为研究对象,从招生入口、培养过程和毕业出口三个阶段分析医学硕士生与其他专业硕士生的共性与个性。

二、医学教育和医学生的特点

医学教育相对其他专业教育,具有一定的独特性。首先,从培养方向上,医学教育是具有职业色彩的专业教育。[①] 医学教育以培养合格医生为要旨,医学领域始终具有严格的行业准入标准,接受医学教育是医学生通往"医生"职业的必经之路。因此,从学科领域上看,相比于理科、工科和人文社科毕业生从业方向广泛,医学教育培养对象的从业方向更具专业性和指向性。其次,从学科属性来看,医学具有科学与人文双重属性。医学包含了医学科技发展所彰显的科学属性,也具有人文精神。医学是关于人的科学,医疗活动不单纯指向一种技术化的单向治疗过程,医学生所学习和研究的客体,不仅是生物层面上的人,不仅需要关注疾病的治疗以及健康的维持,还需在此过程中关注人的社会属性,强调人性化的双向沟通过程。[②] 我国医患纠纷和医患矛盾频发,医患沟通能力的培养成为医学教育的重要一环。最后,在培养时限上,相比于其他专业教育,医学教育的学制更长。"4+4"年制是美国医学高等教育的固定学制;英国,医学本科学制一般为5年,也有部分医学院学制为6年。[③] 我国医学本科教育以五年制为主,当前我国高等医学教育"5+3"学制的培养模式正成为医学人才尤其是临床

---

① 黄达人.关于医学教育发展的一些思考[J].中国高等教育,2010(06):8-10.
② 苏强,吕帆,林征.医学人文教育的危机与重塑[J].高等教育研究,2016,37(04):66-70.
③ 李勇.中外高等医学教育学制的比较研究[D].第三军医大学,2005.

医学人才培养的主流,八年制教育代表了我国医学教育的发展方向。[1] 纵观各国高等医学教育学制改革与实践,长学制是当今世界医学教育学制改革的趋势与特征。

医学生属于当代大学生群体中的一员,与其他学科专业的大学生无本质区别。从宏观来看,医学生与其它专业的大学生一样,都是高等教育的经历者,以发展和成就自我以及改善和造福社会为成长目标。从微观视角看,医学生与其他专业的大学生在年龄、生理、心理成熟度等基本特质方面也具有一致性和共通性。与此同时,基于医学的专业属性,医学生也存在一定的特殊性:包括职业方向和择医动机,坚毅力、社会责任感等人格特质。

医学生的职业方向明确,人生目标感对个人发展意义重大。2020 年《就业蓝皮书》数据显示,医学类专业毕业生的就业专业对口度较高,近年来医学生选择从医的比例保持上升趋势(见图 14-1)。[2][3] 国外研究发现,医学预科生相比于其他专业学生有着更高水平的学习投入,原因在于医学生职业方向更加明确,从医动机更为强烈。[4] 在我国,医学教育领域相关研究揭示了目标感对于学生成长的关键作用:一方面,医学生的目标感与主观幸福感正相关;另一方面,目标感是个体心理健康的一项重要保护性因素,目标感强烈的医学生更能够有效缓解学业压力,通过减轻消极情绪影响保障自身心理健康。[5][6]

医学生的择医动机呈现多样性。我国关于某医科大学临床五年制和七年制本科生的调查发现,个人志趣、父母及亲友建议是医学生重要的择医动机。[7][8] 除家人和师长的影响以外,医学生择医动机的多样性还体现在医学生对

① 邹丽琴. 中国八年制医学教育培养模式研究[D]. 第三军医大学,2013.
② 麦可思研究院. 就业蓝皮书:2020 年中国本科生就业报告[M]. 北京:社会科学文献出版社,2020.
③ 麦可思研究院. 就业蓝皮书:2020 年中国高职高专生就业报告[M]. 北京:社会科学文献出版社,2020.
④ GASIEWSKI J A, EAGAN M K, GARCIA G A, et al. From Gatekeeping to Engagement:A Multicontextual, Mixed Method Study of Student Academic Engagement in Introductory STEM Courses [J]. Research in Higher Education, 2012,53(2):229-261.
⑤ 王枫,钱艳,叶剑辉. 医学生生命意义感、生活目的与主观幸福感的关系[J]. 中国健康心理学杂志,2018,26(08):1253-1257.
⑥ GALL T L, MALETTE J, GUIRGIS-YOUNGER M. Spirituality and Religiousness:A Diversity of Definitions [J]. Journal of Spirituality in Mental Health, 2011,13(3):158-181.
⑦ 郭茜,刘惠军. 新入学医学生从医动机与职业认知调查分析[J]. 中国高等医学教育,2016(01):19-20.
⑧ 张剑,钱沿,甘雅芬,王斯坤,俞轶钧,罗小林,彭磊. 医学生学习动力的调查分析及对策[J]. 赣南医学院学报,2005(04):558-561.

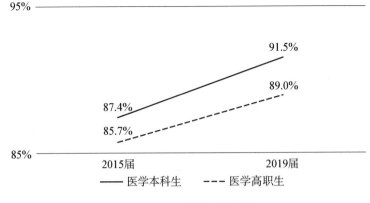

图 14 - 1　医学生从医比例

数据来源:《就业蓝皮书:2020 年中国本科生就业报告》《就业蓝皮书:
2020 年中国高职生就业报告》

医生职业的认知。面向临床医学生的调查发现,多数医学生的择医动机指向"救死扶伤",也有部分医学生因"职业稳定性"而选择学医;在自我认知方面,自身对医学的热爱以及性格与职业的匹配是医学生择医的重要个人因素。[①]

医学生的坚毅力突出。美国一项研究发现,在医学生、西点军校学员、常春藤盟校本科生等多组群体中,医学生群体具有最高水平的坚毅力。医学生的坚毅力对于其学业表现和心理健康存在积极影响。在学业表现方面,具有高水平坚毅力的医学生的学业表现更加卓越,这一结果在美国及中东地区的研究中得到验证,证实了医学生的坚毅力与学业表现的正向关系。[②③] 在心理健康方面,医学生的坚毅力与心理健康存在正向联系。医学生的坚毅力与主观幸福感正相关,体现了坚毅力的"促进积极"倾向。此外,坚毅力水平高的医学生较少存在心理问题,凸显了坚毅力之于心理健康的"抵御消极"倾向。[④]

社会责任感是医学生重要的个性特质,立足于医学职业救死扶伤的特点以

① 梁仟,陈茂怀,罗益镇,林振华,郁丽娜,连兴基,李丽萍. 医学生学医动机对医德素质的影响[J]. 中国医学伦理学,2016,29(06):937 - 940.
② MILLER-MATERO L, MARTINEZ S, MACLEAN L, et al. Grit: A Predictor of Medical Student Performance [J]. Education for Health, 2018,31(2):109 - 113.
③ ALZERWI N A. Effects of Grit on the Academic Performance of Medical Students: A Cross-Sectional Study at Majmaah University [J]. Advances in Medical Education and Practice, 2020,11:419 - 425.
④ CALO M, PEIRIS C, CHIPCHASE L, et al. Grit, Resilience and Mindset in Health Students [J]. The Clinical Teacher, 2019,16(4):317 - 322.

及维护公共健康的追求,医学生的社会责任感高于其他学生群体。社会支持对社会责任感有直接的正向预测作用,为医学生社会责任感的培养提供了理论依据。[①] 除实证研究外,我国医学教育者对医学生社会责任感的培养也有实践案例研究和思辨理论探讨。[②③]

综上所述,医学生与其他专业学生既有共性,也存在职业和个性特质。本章使用案例高校医学院的硕士毕业生调查数据,从招生入口、培养过程和毕业出口三个阶段勾勒医学硕士生的就学体验。

三、研究设计

本研究使用混合研究方法,以问卷调查为主、质性访谈为辅。案例高校的硕士毕业生就学体验调查自 2020 年起面向医学院研究生,除了针对医学教育设计的个别题项,问卷主体同校本部其他专业学生的问卷保持一致。2020 年,校本部共回收有效问卷 1 478 份(不包括留学生),回收率为 55%;医学院共回收 498 份问卷,回收率为 48%。样本学生的性别、学位类型、学科类别和录取方式的分布与总体中的分布趋于一致,样本具有代表性。样本的描述性统计数据见表 14-1。在质性研究阶段,通过目的性抽样对 6 名医学研究生展开访谈,包括 4 名男性、2 名女性,访谈对象涵盖内科学、口腔医学、临床检验诊断学等专业,为保护访谈对象的隐私,采用 A1—A6 进行编号。

表 14-1　调查对象的样本特征

	医学硕士研究生($N=498$)		非医学硕士研究生($N=1478$)	
	人数	百分比	人数	百分比
性别				
男	174	34.9%	919	62.2%
女	324	65.1%	559	37.8%

① 孙红梅,阴山燕,郝志红,李勇. 医学生社会支持对社会责任感的影响:自我效能感的中介作用[J]. 中国高等医学教育,2018(03):29-30.
② 陈乃车,唐闻捷. 医学院校学生社会责任感的培育路径——以温州医科大学为例[J]. 教育研究,2016,37(02):146-150.
③ 李增光,韦勤. 关于医学生责任意识培养的探讨[J]. 中国医学伦理学,2016,29(02):351-353.

（续表）

	医学硕士研究生($N=498$)		非医学硕士研究生($N=1478$)	
	人数	百分比	人数	百分比
学位类型				
学术型学位硕士	355	71.3%	579	39.2%
专业硕士	143	28.7%	899	60.8%
生源地				
东部地区	258	51.8%	714	48.4%
中部地区	173	34.7%	552	37.4%
西部地区	67	13.5%	210	14.2%
家乡所在地				
地级市及以上	237	47.6%	745	50.4%
县乡村	261	52.4%	733	49.6%
本科高校类型				
重点建设高校	212	42.6%	1231	83.3%
非重点建设高校	286	57.4%	247	16.7%

四、研究发现

（一）医学研究生的生源学校层次广泛、生源省份集中，学术型学位硕士研究生占比更高

生源方面，案例高校近六成（57.4%）医学生的本科院校为非重点建设高校。该校非医学生中仅有 16.7% 本科来自非重点建设高校，近三分之二（65%）的非医学生的本科院校为原 985 高校。医学生在访谈中对本科生源分布做出了解释："相比于非医学生群体，我们医学生本科来自'双非'高校很正常，因为很多'双非'的医科类学校的医学都很厉害，甚至优于'双一流'高校的医学院。"（A1，女，医学检验）

从总体数据来看，医学院的学术型学位硕士研究生（简称"学硕"）占 62%，专业硕士（简称"专硕"）占 38%；非医学生中，学硕和专硕的比例为 32∶68。与

总体数据一致,样本中医学生与非医学生的学位类型比例差异较大:医学生中学硕(71.3%)的比例远高于专硕(28.7%)。A2(男,"4+4"硕博班)从地域的角度表达了对不同学位类型硕士生培养的理解:"**就我的感受来看,南方更关注科研,北方侧重临床。我们学院大部分是学硕,但北方医学院校学硕专硕的数量基本持平。临床和科研是分不开的,只是时间先后的问题。学硕虽然主要在做实验、发文章,但大多数也会做医生,毕业后会到医院进行规培;专硕在硕士期间临床经历丰富,后续同样会有科研的要求。**"

(二) 医学生的科研项目经历更为丰富,但科研热情相对较弱

科研是医学发展的后劲力量,能够助力医学实现跨越式发展,培养具有科研意识、面向未来的医学人才是医学教育的重点任务。[①] 与非医学生相比,更高比例的医学生参与科研项目。96%的医学生读研期间参与过导师的科研项目,相比之下非医学生参与导师科研项目的比例稍低(93%)。从参与其他老师的科研项目来看,医学生参与的比例占55.8%,非医学生中只有35.6%参加过其他老师的课题(见图14-2)。

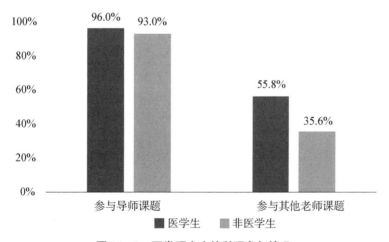

图 14-2 两类硕士生的科研参与情况

除了科研项目的参与行为,对科研重要性的认识、对科研的情感投入体现了

---

① 詹启敏,王维民,王县成,段丽萍,文历阳. 面向未来:医学教育的责任与使命(笔谈)[J]. 中国高教研究,2018(05):77-81.

医学研究生对科学研究的主观认知。图14-3展示了医学生和非医学生对不同活动的重要性认识,医学生看重"做科研发文章"和"学术探讨与交流",体现了医学研究生对自身科研训练以及科研能力提升的重视。科研能力的训练和培养也直接关系到医学生的进步与成长,A3(男,口腔医学)从职业发展的角度阐述对科研的重要性认识:**"我是临床医学学硕,目前主要做科研。我未来的职业规划是做医生,我肯定是先做科研,然后上临床。专硕的同学是先做临床,以后也必须做科研。医生既要有科研能力去指导学生,也要完成医院的科研任务,所以科研是我们必须攻克的部分,不能规避。"**

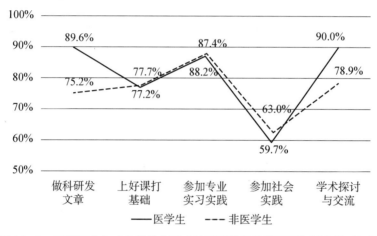

图14-3 两类硕士生对各类教育活动的重要性评价("重要"或"非常重要")

科研热情指学生投入科研活动时的情感反应,表现为"持续的、普遍的、积极的情感状态"。[①] 前文所述,医学生对科研活动的重视程度更高,科研参与经历也更加丰富,但是他们的科研投入水平如何呢? 在此基础上,本文进一步探析了医学生的科研热情,通过《乌特勒支学生投入量表》(Utrecht Work Engagement Scale-Student)测量。该量表包括九个题项,采用7级计分法,1表示"从不/从来没有",3表示"很少/一个月一次或更少",5表示"经常/一周一次",7表示"总是/每天",均值越高意味着硕士生的投入水平越高。总体来看,医学生科研热情的整体水平($M=4.56$)低于非医学生($M=4.81$)。不同学科类别研究生的科研

---

① SCHAUFELI W B, MARTINEZI M, PINTO A M, et al. Burnout and Engagement in University Students: A Cross-national Study [J]. Journal of Cross-cultural Psychology, 2002,33(5):464 - 481.

热情存在差异:生命科学和工科研究生的科研热情最为突出,医科、人文社科和理科研究生的科研热情则处于较低水平(见图 14-4)。由此可见,虽然医学生在科研参与和重要性认识上有积极表现,但科研热情并不高涨,大幅低于工科和生命科学研究生。A1 结合学科方向特点和个人经历解释了为何科研热情较低:**"就我的方向来说,寻找一个突破口发创新性文章特别困难,但导师的要求就摆在那里,我必须要完成。所以对我来说每天做实验、发文章是一个'不得不'的事情,主观热情并没有特别突出,主要是被动地接受。"**

虽然整体上医学生的科研情感投入相对较低,但也不乏科研热情高涨的硕士研究生,A4(女,"4+4"硕博班)自述其科研热情是学医初心和努力工作的纽带:**"对科研的热情很重要,热情决定态度,也是一心一意坚持为医学事业作出贡献的初衷。我觉得只有真正充满热情,才能有后来的努力和行动。"**

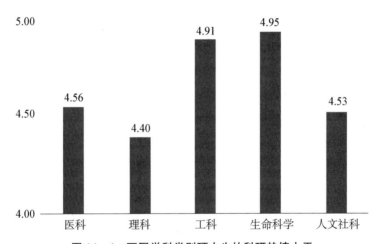

图 14-4　不同学科类别硕士生的科研热情水平

(三) 课程挑战度与前沿性和满意度正相关,自主学习能力是医学生的重要课程收获

研究生课程教学是研究生培养的基础环节,承担着激发学生学习兴趣、培养创新精神和实践能力的功能。研究生教育不只是单纯的知识授受,更强调对新知识的探索、发现和研究。[①] 研究生课程建设不仅要围绕培养目标展开,而且要

---

① 章丽萍,金玺,顾建民. 研究生课程建设:从理念到方略[J]. 中国高教研究,2013(07):66-70.

关注课程的挑战度和前沿性。本研究分析了医学生的课程满意度与课程挑战度、前沿性的关系,发现专业课挑战度和前沿性均与满意度呈正相关,即医学生感知到的专业课挑战度越高,课程满意度越高($r=0.44$, $p<0.001$);医学生感知到的课程前沿性越强,课程满意度越高($r=0.45$, $p<0.001$)。

医学生与非医学生对课程收获的感知存在差异,医学生感知到的最大的课程收获是自主学习能力的提升和科研方法的掌握,非医学生通过课程学习得到的收获是提升自主学习能力、夯实基础知识和了解学科前沿。课程学习对于研究生的发展成长的帮助主要体现在提升了自主学习能力;与本科教育相比,研究生教育更加强调自主性,自学能力、求索能力及创新意识是当代研究生需要具备的核心素养。访谈发现,医学生倾向将医学课程中的知识背诵和学习视为临床实践的前提和基础,认为基本的背诵和知识学习对于专业技能提升和职业发展具有积极意义:**"在医学研究生阶段,书本的背诵是必须的。进入临床可以明显发现,课本上的东西真的非常有用而且非常关键,基本没有一句是废话。大多数病例都能用课本知识解决。当我的临床经验越多,就越发现当初背诵的知识能够给我一个大方向的引导。"**(A5,男,临床医学八年制)

(四) 医学生的就业匹配度更高,从医动机源于学有所用和超我价值

就业专业对口度指高校毕业生所从事的工作与所学专业相符合的程度。准备就业的医学生中,所学专业与将从事工作的相关度"比较高"或"非常高"的比例占 86.5%;而在非医学生中,毕业后就业学用匹配度高的比例则不足五成。医学生的就业专业对口度更高,具体原因包括医学生对其专业技能的热爱,也包括医学生对于跨越专业边缘难度的感知:**"至于我为什么选择做医生而不做其他工作:一方面,我热衷于自己的专业技能,比如我好久没拔牙了现在手是很痒的,并且学有所用是理所当然的。另一方面,我觉得其他工作我既不会做也做不好。"**(A3,男,口腔医学)

医学生与非医学生在择业动机方面存在较大差异,"专业对口,学有所用"是医学生择业考虑的首要因素,佐证了上文医学研究生的专业就业匹配度高的发现。医学生的择业动机其次为"工作稳定有保障"和"服务国家和社会",而在非医学生群体中,非医学生的择业动机主要为"行业发展前景好"以及"起薪或涨薪预期高",而"服务国家和社会"历年来都在末三位徘徊。在择业动机方面,医学

生将学有所用与自我超越价值作为重点考虑因素，非医学生群体更加重视就业前景和就业经济，凸显了医学生对增进社会福祉的重视与追求。[①] A6(男,内科学)在访谈中真诚地说道："为社会作贡献是我想成为医生的动力。正如医学生誓言所说：健康所系,性命相托。医生是伟大的职业,需要我们有一颗帮助他人的责任心。恪守医德、努力钻研,是所有医务工作者共同的目标和方向。我们需要尽自己所能去救治患者,给患者带去健康和幸福。"

五、讨论与启示

(一) 重视培养医学生科研热情

在参与有效教育实践的基础上,长时间的行为投入、高水平的认知投入及情感投入是获得学习成果的前提条件。[②] 硕士研究生教育是激发医学生科研志趣的重要阶段,科研投入热情是研究生实现学术能力增值、提升科研获得感的必要条件(见本书第三章、第四章),也是实现自我价值的内在力量。作为个体的主观情感体验,科研热情具有可塑性。大部分医学生饱含热情开启硕士生阶段的学习,在就学过程中强化或磨灭。医学教育者,包括导师,应有意识地呵护医学研究生对医学研究的"初心"和"火种"。一方面,引导学生理解具体科研工作的价值与长远意义;另一方面,通过设立阶段性目标并奖励目标达成以保持学生的科研"士气"。

(二) 整合优化医学教育课程体系

课程学习、科研探究和临床实践是医学专业硕士研究生培养过程的重要板块。医学研究生课程中研究方法的训练为后期的科研探究提供了脚手架支撑,但是研究生课程对临床实践的指导作用在本研究中并未得到充分支持。全国医学专业学位研究生教育指导委员会 2020 年编写的《专业学位研究生核心课程指南(试行)》中,设置以临床实践为着眼点的课程内容包括医学职业素养、组织管

---

① PAWELCZYK A, PAWELCZYK T, RABE-JABLONSKA J. Medical Students Hierarchy of Values and Sense of Responsibility [J]. Teaching and Learning in Medicine, 2012,24(3):211 - 214.
② 岑逾豪.大学生成长的金字塔模型——基于实证研究的本土学生发展理论[J].高等教育研究,2016 (10):74 - 80.

理与领导能力、医学人文与心理等。[①] 各医学院按《指南》要求开发和建设上述课程存在周期,最终落实到学生的学习效果评价也有待时日。此外,从医学生反馈来看,通过背诵的知识学习对临床实践有积极意义,在医学研究生教学中"一刀切"批判"记忆"知识的低阶认知方式并不合适。

(三) 倾听医学生声音,加强价值引领

医学硕士毕业生的就业匹配度远高于其他学科的毕业生,"服务国家和社会"是主要的择业动机,在一定程度上体现了医学研究生教育的"成功"。但是,值得进一步深入思考的是,高就业匹配结果是基于医学生对医学事业的热爱,还是被动的选择与妥协? 从长期来看,医疗卫生事业能不能留住人才一方面受环境生态的影响,另一方面取决于个体——经历和认识临床实践和医学科研的毕业生仍选择从医是保有热情的主动选择还是服从规则的被动接受? 医学教育者应倾听医学生的声音,医学生也需要倾听自己的声音,坚持兴趣导向、坚持自我主导。[②] 对于热情消逝的医学生而言,一方面应增加激励事件、加强价值引领,另一方面也须尝试探索合理的退出机制。

---

① 全国专业学位研究生教育指导委员会. 专业学位研究生核心课程指南(二). (试行)[M]. 北京:高等教育出版社.
② 于晨,吴红斌,吴美辰. 八年制医学博士的"弃医"选择——基于自我主导力理论的研究[J]. 中国高教研究,2020(01):83-89.

第十五章
家庭第一代大学生的读研经历研究

一、问题的提出

原生家庭是子女学习和成长的重要场所,个体从接受基础教育到升学就业都受到家庭影响。接受高等教育是低学历家庭子女实现阶层跃升的重要途径,考上大学对很多低学历家庭子女而言意味着"鲤鱼跃龙门"。然而,随着高等教育进入普及化阶段,昔日的"象牙之塔"逐渐成为"大众之厦",用人单位对应聘者的学历和能力要求越来越高,本(专)科文凭,尤其是非重点建设高校的本(专)科文凭,往往难以帮助家庭第一代大学生从激烈的就业竞争中脱颖而出。在此背景下,越来越多家庭第一代大学生将获得高水平大学的硕士教育入学机会视为继高考之后需要跨跃的第二道"龙门"。已有研究发现,尽管高等教育扩张增加了各阶层子女的参与机会,但这种扩张并不能解决弱势群体遭遇剥夺的教育不平等问题,而是将这种不平等推到了更高的教育层次,只有当上层阶级在某一学段的教育需求达到饱和,教育扩张带来的新的教育机会才会向较低阶层扩散。[①] 且当上层阶级在某一学段的教育需求达到饱和后,不同阶层教育机会的不平等将由显性的"量的不平等"向隐性的"质的不平等"转变。[②] 在我国高等教育步入普及化,研究生教育进入由大到强的新时代,剖析家庭第一代大学生的读研经历,对促进高等教育的"质"的公平、提升研究生教育整体水平有现实意义。

---

① RAFTERY A E, HOUT M. Maximally Maintained Inequality: Expansion, Reform, and Opportunity in Irish Education, 1921 - 1975[J]. Sociology of Education, 1993,66(1):41 - 62.

② LUCAS S R. Effectively Maintained Inequality: Education Transitions, Track Mobility, and Social Background Effects [J]. American Journal of Sociology, 2001,106(6):1642 - 1690.

二、文献综述

自 1978 年爱荷华州教育机会协会全国协调委员会将"第一代大学生"作为影响学生接受高等教育的一个潜在非经济障碍提出以来,学术界围绕这一群体能否通过大学教育弥补家庭文化资本的不足这一问题进行了大量研究。[①] 根据对这一问题的回答,可将相关研究划分为赤字视角与优势视角两种研究范式。[②]

赤字视角倾向于将第一代大学生描绘为高等教育机会匮乏、学业表现不佳、不太可能成功的形象。文化再生产理论认为,个体从家庭继承的文化资本与学校教育资本之间具有关联,低学历家庭子女不具备"取得高学业成就所需的属于中上阶层的高雅文化资本",容易遭遇学业失败。[③][④] 文化错配理论则认为工人阶级及底层家庭文化与大学文化之间存在的文化壁垒是造成不同社会阶层大学生学业成就差距的重要因素。[⑤] 相关实证研究表明,第一代大学生更有可能在低收入家庭长大,从家庭获得的与大学入学有关的支持较少。[⑥] 家庭文化资本及与之密切相关的经济资本的匮乏不仅在客观上不利于第一代大学生优质高等教育入学机会的获得,也使得其难以通过继承或模仿父辈行为等方式习得良好的学习能力和习惯。[⑦] 他们中的很多人对高等教育"游戏规则"缺乏了解,进入大学后,往往会经历一段艰难的适应期;在一些需要个体发挥主动性或需要家庭、学校提供关键性教育资源和机会的指标上,表现明显逊于非第一代大学

---

① AUCLAIR R, BÉLANGER P, DORAY P, et al. Transitions-Research Paper 2-First-Generation Students: A Promising Concept [C]. Montreal Canada: The Canada Millenium Scholarship Foundation, 2008:3 - 4.

② 田杰,余秀兰. 从赤字视角到优势视角:第一代大学生研究述评[J/OL]. 重庆高教研究:1 - 16

③ 皮埃尔·布尔迪厄. 区分:判断力的社会批判[M]. 刘晖,译. 北京:商务印书馆,2015:32.

④ 程猛,康永久."物或损之而益"——关于底层文化资本的另一种言说[J]. 清华大学教育研究,2016,37 (4):83 - 91.

⑤ COVARRUBIAS R, VALLE I, LAIDUC G, et al. "You Never Become Fully Independent": Family Roles and Independence in First-Generation College Students [J]. Journal of Adolescent Research, 2019,34(4):381 - 410.

⑥ TERENZINI P T, SPRINGER L, YAEGER P M, et al. First-Generation College Students: Characteristics, Experiences, and Cognitive Development [J]. Research in Higher Education, 1996, 37(1):1 - 22.

⑦ 孙冉,梁文艳. 第一代大学生身份是否会阻碍学生的生涯发展——基于首都大学生成长追踪调查的实证研究[J]. 中国高教研究,2021(05):43 - 49.

生。① 大学毕业率、就业能力和职业获得感均低于同龄人。②③ 此外,相对不利的家庭背景降低了家庭第一代大学生的升学意愿和成功升学的可能性;即使顺利读研,他们也比同龄人更有可能在没有学位的情况下终止学业。④⑤

　　优势视角试图突破结构主义的话语体系,重点挖掘家庭第一代大学生自身及其所处环境中的积极因素,认为他们可以借助外部支持和自身独特的品质弥补家庭文化资本的先天不足,从而获得成功。抗逆力理论认为那些家庭经济、文化资本匮乏但具有高抗逆力的学生,通过家庭资本中教育优先的非物质资源投资和自我潜能的激发,仍有能力取得高学业成就。⑥ 社会选择假设则强调教育选拔的作用,通过层层选拔后进入高等教育的学生在学习能力和品质方面趋于同质,个人努力和能力对他们的成长更为重要。⑦ 在外部支持方面,第一代大学生家庭在资本占有量与中上阶层相距甚远的情况下,为避免子女在激烈的学业竞争中处于不利地位,往往会集中家庭资源以去满足子女教育需要。⑧ 并且,家庭第一代大学生还可以通过老师、同伴、学校支持获得自身发展的助力。⑨ 在个人品质方面,家庭第一代大学生在相对不利的家庭环境中培养出来的勤奋、自制、能吃苦、不服输、乐观向上、抗逆力和责任心强等优良品质,以及对学业成就

① 张华峰,赵琳,郭菲. 第一代大学生的学习画像——基于"中国大学生学习发展和追踪调查"的分析[J].清华大学教育研究,2016,37(06):72 - 78.
② DELIMA D G. Making A Case for a Funds of Knowledge Approach to Teaching and Learning for First-Generation College Students [J]. College Teaching, 2019,67(4):205 - 209.
③ PARKS-YANCY R. Interactions into Opportunities: Career Management for Low-Income, First-Generation African American College Students [J]. Journal of College Student Development,2012,53(4):510 - 523.
④ MULLEN A L, Goyette K A, Soares J A. Who Goes to Graduate School? Social and Academic Correlates of Educational Continuation after College [J]. Sociology of Education, 2003,76(2):143 - 169.
⑤ KNIFFIN K. Accessibility to the Ph. D. and Professoriate for First-Generation College Graduates: Review and Implications for Students, Faculty, and Campus Policies [J]. American Academic, 2007, 3(1):49 - 79.
⑥ ORTHNER D K, JONES-SANPEI H, WILLIAMSON S. The Resilience and Strengths of Low-income Families [J]. Family Relations, 2004,53(2):159 - 167.
⑦ MARE R D. Social Background and School Continuation Decisions [J]. Journal of the American Statistical Association, 1980,75(370):295 - 305.
⑧ 朱焱龙."资本补给"与"自觉共情":低阶层子代获得高层次高等教育过程的代际支持[J].中国青年研究,2018(06):91 - 98.
⑨ MOSCHETTI R V, HUDLEY C. Social Capital and Academic Motivation among First-Generation Community College Students [J]. Community College Journal of Research and Practice, 2015, 39(3):235 - 251.

的不懈追求,有利于他们获得成功。[①②③]

纵观国内外文献,当前针对家庭第一代大学生求学经历的研究多集中于其第一次跃过"龙门"之后(即本科阶段);关于这群学生第二次跃过"龙门"后(即研究生阶段)的求学经历,仅零星见诸国外高教研究界。[④⑤] 有鉴于此,本章将对象聚焦于第二次跃过"龙门"之后的家庭第一代和非第一代大学生,主要回答三个问题:家庭第一代和非第一代大学生研究生入学前的教育背景是否存在差距?两类学生在硕士阶段分别有怎样的学习经历? 在两类硕士生的读研收获中,个人特征、家庭和教育背景和研究生教育过程等因素如何发挥作用?

三、研究设计

(一) 理论框架

基于阿斯汀(Astin)的"投入—过程—产出"模型,本研究对家庭第一代与非第一代大学生的硕士入学背景、就读经历和毕业收获进行比较,以描摹两类学生的读研画像。[⑥] 在研究生教育"入口"处,考察两类硕士生的家庭背景和教育背景。在硕士就读过程中,考察两类硕士生在一般教育活动和资源驱动型教育活动上的参与水平,前者包括对家庭资源依赖度较低的科研课题、讲座/沙龙、校外实习、勤工助学四类教育活动,后者包括对家庭资源依赖度较高的国际化教育活动。在硕士教育"出口"处,考察两类硕士生的学业收获和职业去向,前者包括硕士毕

---

① 谢爱磊. 精英高校中的农村籍学生——社会流动与生存心态的转变[J]. 教育研究,2016,37(11):74 - 81.

② 曾东霞. "斗室星空":农村贫困家庭第一代大学生家庭经验研究[J]. 中国青年研究,2019(07):38 - 43.

③ M PRÓSPERO, VOHRA-GUPTA S . First Generation College Students: Motivation, Integration, and Academic Achievement [J]. Community College Journal of Research & Practice, 2007,31(12): 963 - 975.

④ GARDNER S K, HOLLEY K A. "Those Invisible Barriers are Real": The Progression of First-Generation Students through Doctoral Education [J]. Equity & Excellence in Education, 2011,44 (1):77 - 92.

⑤ WOFFORD A M, GRIFFIN K A, ROKSA J. Unequal Expectations: First-Generation and Continuing-Generation Students' Anticipated Relationships with Doctoral Advisors in STEM[J]. Higher Education, 2021:1 - 17.

⑥ ASTIN A W. What Matters in College? Four Critical Years Revisited [M]. San Francisco: Jossey-Bass, 1993:1 - 31.

业生自我汇报的课程能力增值、科研获得感及国际化能力，后者包括硕士毕业生自我汇报的深造机会、一线城市就业机会和工作—专业匹配度（见图 15-1）。

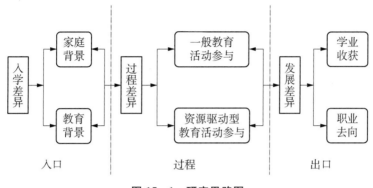

图 15-1　研究思路图

（二）数据收集与分析

本研究数据来源于案例高校 2020 年硕士毕业生就学体验调查。该校是一所位于东部地区的"双一流"建设高校，是一所高水平研究型大学。全体 2020 届硕士毕业生收到了问卷调查邀请，1 478 位硕士毕业生填答了问卷，问卷回收率为 55%。其中，家庭第一代大学生 854 人，占 57.8%。男生 919 人（62.2%），女生 559 人（37.8%）；人文社科学生 298 人（20.2%），理工农生专业 1 180 人（79.8%）；受访者的平均年龄为 25.7 岁。该调查收集了硕士毕业生的入学背景、就学经历及毕业信息，为本研究串联起家庭第一代和非第一代大学生的读研历程提供了数据基础。

四、研究发现

（一）两类硕士生的入学背景分析

已有研究发现，在本科阶段，家庭第一代大学生在个人和家庭情况、大学前学习特征上都明显不同于非第一代大学生。[①] 本研究将案例高校两类学生的入

---

① 张华峰，赵琳，郭菲. 第一代大学生的学习画像——基于"中国大学生学习发展和追踪调查"的分析 [J]. 清华大学教育研究，2016,37（6）：72-78,94.

学背景进行比较后发现,站在同一所高校的研究生教育入口处,家庭第一代大学生在家庭和教育背景上依然处于相对不利地位。具体而言,家庭第一代大学生来自中西部地区的比例(55.4%)约比非第一代大学生高 9 个百分点,拥有农业户口的比例(61.6%)约比非第一代大学生高出 56 个百分点。进一步对两类群体的父母教育水平进行细分,我们发现家庭第一代大学生父母受教育水平主要集中在"初中或初中以下",父母双方均接受过高中教育的比例不到四分之一;而在非第一代大学生中,该比例达到 91.3%($\chi^2 = 640.367$,$p < 0.001$)(见表 15-1)。

　　在教育背景方面,本科就读于重点建设高校的家庭第一代大学生占 77.6%,显著低于非第一代大学生的 91.0%($\chi^2 = 46.450$,$p < 0.001$)。这表明,不论对于第一代还是非第一代大学生而言,良好的本科教育背景都是其获得高水平研究生教育机会的重要条件。研究结果还显示,以统考方式入学的第一代大学生占比为 52.6%,显著高于非第一代大学生的 38.9%($\chi^2 = 26.917$,$p < 0.001$)(见表 15-1)。可能的原因在于,当前我国免试推荐名额主要集中在重点建设院校,而第一代大学生更多就读于免试推荐名额稀缺的地方本科院校,[①]较难享受到推免政策的红利。家庭背景和本科教育背景劣势效应的叠加将许多家庭第一代大学生挤向了全国统考的赛道。

表 15-1　两类硕士生的入学背景

变量	家庭第一代大学生 ($N=854$)		家庭非第一代大学生 ($N=624$)		χ^2
	人数	百分比	人数	百分比	
民族					
汉族	818	95.8%	595	95.4%	0.160
少数民族	36	4.2%	29	4.6%	
生源地					
东部地区	381	44.6%	334	53.5%	11.467**
中西部地区	473	55.4%	290	46.5%	

①　张华峰,赵琳,郭菲.第一代大学生的学习画像——基于"中国大学生学习发展和追踪调查"的分析[J].清华大学教育研究,2016,37(6):72-78,94.

（续表）

变量	家庭第一代大学生（$N=854$）		家庭非第一代大学生（$N=624$）		χ^2
	人数	百分比	人数	百分比	
户籍类型					
农业户籍	526	61.6%	32	5.1%	489.151***
非农业户籍	328	38.4%	592	94.9%	
父母受教育水平					
至少一方未受过高中教育	642	75.2%	54	8.7%	640.367***
双方均受过高中教育	212	24.8%	570	91.3%	
本科院校类型					
重点建设高校	663	77.6%	568	91.0%	46.450***
非重点建设高校[a]	191	22.4%	56	9.0%	
录取方式					
全国统考	449	52.6%	243	38.9%	26.917***
推荐免试	405	47.4%	381	61.1%	

注：a. 在本研究中，"重点建设高校"包括"双一流"建设高校以及国/境外高校。
* $p<0.05$，** $p<0.01$，*** $p<0.001$。

综上，在硕士研究生群体中，家庭第一代大学生更大概率来自中西部以及农村地区，本科更有可能就读于非重点建设院校，且更有可能通过全国统考而非推免方式获得硕士生教育入场券。上述结论支持了家庭文化资本理论的基本观点，说明家庭文化资本的匮乏给低学历家庭子女优质教育机会获得的不利影响一直持续到研究生入学阶段。那么，两类群体的家庭和本科教育背景差距是否会进一步影响他们硕士研究生教育的过程和结果？下面将对此展开进一步分析。

（二）家庭第一代大学生身份对硕士生教育活动参与度的影响

高校人才培养通常是通过富有教育意义的活动来实现。根据学生卷入理论，学生在校期间在有意义的活动上投入的时间和精力越多，他们能从大学经历中所得的收获就越大。[①] 考虑到第一代大学生在教育中的劣势可能根源于其家庭资本的匮乏,本研究根据教育活动对家庭资源依赖程度的高低,将研究生教育活动划分为一般教育活动和资源驱动型教育活动,前者由"科研课题""讲座/沙龙活动""校外实习""勤工助学"活动测得,后者由国际化教育活动测得。

1. 家庭第一代大学生身份对硕士生一般教育活动参与度的影响

科研课题参与。本研究调查了两类学生读研期间的课题参与数量和卷入度,前者为学生"参与导师科研课题的数量"和"参与其他老师科研课题的数量"的总和,后者为学生自我汇报的"在参与的主要科研课题中发挥的作用"。结果显示,家庭第一代大学生曾"参加过1项以上课题"(81.1%)及"曾作为主要完成人参与科研活动"(68.5%)的比例分别比非第一代大学生高出5.1和7.8个百分点(见表15-2)。但在控制个人特征、家庭和教育背景变量后,第一代大学生在课题参与数量($B=0.228$,$p=0.097$)和卷入度($B=0.212$,$p=0.083$)上均不占优势(见表15-3,模型1A、1B)。结合已有研究可以发现,相较本科阶段,家庭第一代和非第一代大学生在硕士阶段的科研课题参与度均有所提高,且两类群体之间的差距在缩小。[②][③]

表 15-2　两类硕士生在各类教育活动上的参与情况

变量		定义	家庭第一代大学生（$N=854$）		家庭非第一代大学生（$N=624$）	
			均值	标准差	均值	标准差
讲座/沙龙活动参与	本院/系学术讲座	1=从来没有 2=一年一次或更少 3=每学期两次 4=每月一次 5=每周一次	3.55	0.82	3.44	0.90
	其他院/系学术讲座		2.57	0.99	2.43	0.97
	校级学术讲座		2.70	0.93	2.54	0.97
	研究生学术沙龙		2.60	1.10	2.59	1.19

---

① ASTIN A W. Student Involvement：A Developmental Theory for Higher Education [J]. Journal of College Student Personnel, 1984,25(4)：297-308.

② 张华峰,赵琳,郭菲. 第一代大学生的学习画像——基于"中国大学生学习发展和追踪调查"的分析[J]. 清华大学教育研究,2016,37(6)：72-78,94.

③ 钱莉. 本科生科研参与及其对学生学术能力发展的影响——基于南京大学 SERU 调查的研究[J]. 教学研究,2018,41(4)：93-98.

（续表）

变量		定义	家庭第一代大学生（$N＝854$）		家庭非第一代大学生（$N＝624$）	
			人数	百分比	人数	百分比
科研课题参与	参与数量	0—1 项	161	18.9%	150	24.0%
		1 项以上	693	81.1%	474	76.0%
	卷入度	未曾担任主要完成人	269	31.5%	245	39.3%
		曾担任主要完成人	585	68.5%	379	60.7%
课外实践参与	校外实习	曾参与	546	63.9%	441	70.7%
		未参与	308	36.1%	183	29.3%
	勤工俭学	曾参与	379	44.4%	202	32.4%
		未参与	475	55.6%	422	67.6%
跨境国际化教育活动		曾参与	159	18.6%	153	24.5%
		未参与	695	81.4%	471	75.5%

表 15 - 3　硕士生教育活动参与的影响因素[a]

	本土教育活动					1F 跨境国际化教育活动（*Logit*）
	1A 课题数量（Logit）	1B 课题卷入度（Logit）	1C 讲座/沙龙（Oprobit）	1D 校外实习（Logit）	1E 勤工俭学（Logit）	
家庭第一代大学生[b]	0.228	0.212	0.140*	−0.189	0.515***	−0.269*
	(0.137)	(0.123)	(0.055)	(0.118)	(0.116)	(0.134)
性别:男[c]	0.342*	0.195	−0.006	0.046	−0.626***	−0.050
	(0.142)	(0.128)	(0.058)	(0.124)	(0.120)	(0.141)
生源地:东部[d]	−0.030	0.068	−0.080	0.066	−0.287*	0.195
	(0.135)	(0.121)	(0.054)	(0.115)	(0.112)	(0.132)
民族:汉族[e]	−0.319	0.140	−0.064	0.039	−0.009	−0.216
	(0.342)	(0.286)	(0.130)	(0.278)	(0.267)	(0.321)
本科院校:重点建设高校[f]	0.179	0.135	−0.145	0.248	−0.087	−0.322+
	(0.183)	(0.168)	(0.076)	(0.159)	(0.156)	(0.190)
学科大类:理工农生[g]	1.178***	1.874***	−0.197**	−0.927***	0.284	−0.266
	(0.157)	(0.155)	(0.070)	(0.168)	(0.148)	(0.165)
录取方式:推荐免试[h]	0.176	0.217	−0.136*	0.236	−0.150	0.637***
	(0.149)	(0.133)	(0.059)	(0.126)	(0.123)	(0.150)

（续表）

	本土教育活动					1F 跨境国际 化教育活动 （Logit）
	1A 课题数量 （Logit）	1B 课题卷入度 （Logit）	1C 讲座/沙龙 （Oprobit）	1D 校外实习 （Logit）	1E 勤工俭学 （Logit）	
学位类型: 学术型硕士[i]	0.253 (0.144)	0.104 (0.129)	0.143* (0.057)	-0.452*** (0.122)	0.282* (0.118)	-0.434** (0.143)
课程满意度	0.027 (0.092)	0.202* (0.082)	0.180*** (0.037)	0.086 (0.079)	0.080 (0.078)	-0.091 (0.088)
导师指导满意度	0.159* (0.079)	0.068 (0.072)	0.192*** (0.032)	-0.038 (0.068)	0.180** (0.070)	0.134 (0.083)
常数	-0.676 (0.578)	-2.562*** (0.527)		1.158* (0.506)	-1.478** (0.496)	-0.982 (0.578)
Pseudo R^2	0.057	0.108	0.017	0.031	0.040	0.029

注:$N=1478$。a.括号外为非标准化系数(B),括号内为标准误;b.参照组:家庭非第一代大学生;c.参照组:女;d.参照组:中西部地区;e.参照组:少数民族;f.参照组:非重点建设高校;g.参照组:人文社科;h.参照组:全国统考;i.参照组:专业硕士。

* $p<0.05$,** $p<0.01$,*** $p<0.001$。

讲座/沙龙活动参与。相比于参与课题,讲座、沙龙等学术活动的参与更能够体现研究生的积极主动性。调查问卷询问了学生读硕期间参与"本院/系学术报告/讲座""其他院/系学术报告/讲座""校级学术报告/讲座""研究生学术沙龙"的频率,每题设"从来没有""一年一次或更少""每学期两次""每月一次""每周一次"5个选项,赋值1—5,并将上述四个题项均值作为受访者的讲座/沙龙活动参与得分。结果显示,两类硕士生的讲座/沙龙活动参与得分均接近3,即保持"每学期两次"左右的频率。进一步使用Oprobit回归,结果显示在控制其他变量的条件下,家庭第一代大学生参与讲座/沙龙的频率显著更高($B=0.140$,$p<0.05$)(见表15-3,模型1C)。

校外实习和勤工助学活动参与。本研究调查了硕士生在"校外实习""勤工俭学"这两类常见的课外实践活动上的参与情况。结果表明,家庭第一代大学生的"校外实习"参与率(63.9%)比非第一代大学生低6.8个百分点,而"勤工俭学"参与率(44.4%)则高出12个百分点(见表15-2)。控制了其他变量的Logit回归结果表明,两类硕士生在"校外实习"上的参与率($B=-0.189$,$p=0.111$)无显著差异,但第一代大学生在"勤工俭学"上表现出更高的积极性($B=0.515$,$p<$

0.001)(见表 15-3,模型 1D、1E)。已有将本科生为对象的研究也发现,第一代大学生本科期间兼职打工的时间显著高于非第一代大学生。[1][2] 可能的原因在于,匮乏的家庭文化和经济资本使得第一代大学生在求学道路上更难获得家庭持续稳定的经济支持,从而促使其更希望通过勤工助学活动减轻家庭经济负担。

2. 家庭第一代大学生身份对硕士生资源驱动型教育活动参与度的影响

国际化教育活动分为"引进来"的本土国际化活动和"走出去"的跨境国际化活动。本土国际化,又称在地国际化,在教育领域中指"除学生海外流动之外的所有与国际事务相关的活动"。[3] 本研究询问了硕士生在一些常见的本土国际化活动上的参与频率,包括:与国/境外学者面对面学术交流,与国外学者网上学术交流,参加国际学术会议、论坛或培训,用外文作专业学术报告。每个题项下设"从未""很少""有时""经常"四个选项,分别赋值 1—4 分,得分越高则默认硕士生的本土国际化活动参与频率越高。结果显示,两类学生读研期间在这些活动上的参与频率均介于"很少"到"有时"之间,二者之间的差异未达到显著水平。控制了其他变量的 Oprobit 模型揭示了类似的结果。

相较于本土国际化教育活动,跨境国际化教育活动往往对学生家庭经济资源有更高要求。本研究调查了两类硕士生在联合培养、国际会议、合作研究、学术竞赛、学习交流、服务性学习等跨境国际化活动的参与情况,发现家庭第一代大学生读研期间参加过跨境学术活动的比例(18.6%)比非第一代大学生(24.5%)低 5.9 个百分点(见表 15-2)。控制个人特征、家庭和教育背景后,第一代大学生在跨境国际化教育活动参与率上的弱势依然存在($B = -0.269$,$p < 0.05$)(见表 15-3,模型 1F)。国内以本科生为对象的研究也发现,第一代大学生本科期间曾有过"课程要求以外的语言学习"以及"海外学习"经历的比例均显著低于非第一代大学生。[4] 这说明第一代大学生较低的跨境学术活动参与比例并非硕士阶段特有现象。

① 张华峰,赵琳,郭菲.第一代大学生的学习画像——基于"中国大学生学习发展和追踪调查"的分析[J].清华大学教育研究,2016,37(6):72-78,94.
② 查奇芬,胡蕾,汪云香.大学生课外时间分配特征及对学习收获的影响——基于 2016 年 J 大学学情数据的调查分析[J].高教探索,2017(7):44-49.
③ BERND WACHTER. Internationalization at Home-A Position Paper: Internationalization at Home the Context [R]. Amsterdam: European Association for International Education, 2000:6.
④ 张华峰,赵琳,郭菲.第一代大学生的学习画像——基于"中国大学生学习发展和追踪调查"的分析[J].清华大学教育研究,2016,37(6):72-78,94.

综上,相较于家庭非第一代大学生,第一代大学生读研期间在一般教育活动上的参与度不低于非第一代大学生,甚至在讲座/沙龙、勤工俭学等活动上参与更为积极;但在联合培养等家庭资源驱动型教育活动上的参与度显著偏低。这表明,大学作为一个开放式的成长环境,给家庭第一代大学生提供了广阔的学习和成长空间,但家庭资本带来的教育活动参与度差异仍延续到研究生教育阶段。

(三) 家庭第一代大学生身份对硕士生教育收获的影响

对硕士生教育出口阶段的收获考察包括学业收获和毕业去向两个方面,前者通过学生自我汇报的课程能力增值、科研获得感及全球胜任力衡量,后者以学生的深造机会、一线城市就业机会、工作—专业匹配度衡量。

1. 学业收获:家庭第一代大学生的课程和科研收获与非第一代大学生趋同,但全球胜任力相对薄弱

(1) 课程能力增值。课程能力增值(克隆巴赫 α 系数为 0.932)包括"学术能力增值"和"通用能力增值"两个维度,前者包含"夯实知识基础""增加学习兴趣""了解学科前沿"三个题项,后者包含"学习科研方法""批判性思维""提高创新能力""提升实践能力""自主学习能力"五个题项。每个题项下设"没有提高""有一些提高""一般""较大提高""极大提高"五个选项,赋值 1—5 分,将上述 8 个题项均值作为受访者的课程能力增值得分。结果显示,两类学生读研期间的课程能力增值水平相当。OLS 回归模型进一步显示,控制个人、家庭、学校相关变量之后,家庭第一代大学生身份对硕士生课程能力增值水平无显著影响($B=0.038$,$p=0.214$)(见表 15 - 5,模型 2A)。

(2) 科研获得感。科研获得感(克隆巴赫 α 系数为 0.872)由硕士生自我汇报的参与科学研究的感受测得,包括乐趣("前沿创新,让我有探索与发现的乐趣")、意义("惠及社会,帮助到国家和他人让我有成就感")、品质("研究规范,培养了我诚实守信、实事求是的品质")和能力("科学严谨,增加了我处理复杂工作的能力")四个方面。采用李克特 5 点计分法,1—5 分别表示"非常不同意"到"非常同意",并将上述 4 个题项均值作为受访者科研获得感得分。表 15 - 4 显示,家庭第一代和非第一代大学生在科研乐趣、科研意义、科研品质和科研能力四个题项的均值介于 3.7—4.2 之间,结合选项含义可知,两类硕士生均"比较同意"读研期间的科研训练提升了自身的科研获得感。控制其他变量的 OLS 回归

方程进一步显示,家庭第一代和非第一代大学生的科研获得感无显著差异($B=$ 0.026,$p=0.318$)(见表 15-5,模型 2B)。以往研究指出,第一代大学生本科阶段在知识收获、能力收获与自我收获上均显著低于非第一代大学生。[①][②] 由此可知,硕士毕业之际,两类学生在科研收获上的差距在缩小。

(3) 全球胜任力。全球胜任力指主动理解和包容其他文化规范,并将所学知识运用于自身文化环境外进行有效沟通和工作的能力。[③] 课题组在借鉴已有研究的基础上编制了《研究生全球胜任力》量表(克隆巴赫 α 系数为 0.872),该量表包括"知识与理解""技能与行动"和"态度和价值观"3 个维度,共 12 个题项。[④] 量表采用五点计分法,默认 12 个题项均值越高,则个体全球胜任力水平越高。结果显示,家庭第一代和非第一代大学生硕士毕业时在"知识与理解"、"技能与经历"上的均值存在明显差异,而在"态度与价值观"上的均值差异不明显(见表 15-4)。控制了其他背景变量的 OLS 回归同样揭示了第一代大学生身份对硕士毕业生全球胜任力存在显著不利影响($B=-0.055$,$p<0.05$)。这与国内以往实证研究的结论一致。[⑤] 值得一提的是,从标准化系数来看,家庭第一代大学生身份对硕士生全球胜任力的影响远小于教育过程——包括国际化教育活动、课程和导师的影响(见表 15-5,模型 2C)。

2. 毕业去向:家庭第一代大学生的深造比例和工作—专业匹配度与非第一代大学生趋同,但一线城市就业机会较低

(1) 升学深造。在案例高校中,家庭第一代大学生获得硕士学位后继续深造的比例是 9.6%,低于非第一代大学生的 11.9%(见表 15-4)。控制了其他变量的 Logit 回归则表明,两类学生深造机会之间的差异并不显著($B=-0.337$,$p=0.073$)(见表 15-5,模型 2D)。国内大型调查数据显示,第一代大学生本科

① 张华峰,赵琳,郭菲.第一代大学生的学习画像——基于"中国大学生学习发展和追踪调查"的分析[J].清华大学教育研究,2016,37(6):72-78,94.
② 查奇芬,胡蕾,汪云香.大学生课外时间分配特征及对学习收获的影响——基于 2016 年 J 大学学情数据的调查分析[J].高教探索,2017(7):44-49.
③ HUNTER W D. Knowledge, Skills, Attitudes, and Experiences Necessary to Become Globally Competent [D]. Pennsylvania:Lehigh University, 2004.
④ 胡德鑫.中德顶尖研究型大学研究生国际化能力比较研究——以清华大学和柏林自由大学为例[J].研究生教育研究,2017(06):83-89.
⑤ 胡德鑫,李琳璐."双一流"背景下研究生国际化能力评价指标构建与影响因素研究[J].学位与研究生教育,2021(08):21-27.

毕业后的升学意愿、实际升学率均显著低于非第一代大学生。[1][2] 两相对比，印证了社会选择假设的基本观点：学生依靠努力和能力通过教育的层层选拔后，对家庭文化资本的依赖逐渐降低。

(2) 一线城市就业。家庭第一代大学生中，前往国内一线城市(北京、上海、广州、深圳)就业的比例为79.2%，较非第一代大学生低7.1个百分点(见表15-4)。控制其他变量的条件下，第一代大学生毕业后在一线城市工作的机会显著低于非第一代大学生($B=-0.429$，$p<0.05$)；且学生读研期间在课题研究、讲座沙龙、校外实习、勤工助学等活动上的参与对其最终是否留在一线城市工作均无显著影响(见表15-5，模型2E)。由此可见，研究生教育过程并非个体前往一线城市就业与否的主因，这在一定程度上表现出"研究生读书靠自己，一线城市就业靠家里"的迹象。

(3) 工作—专业匹配度。工作—专业匹配度由"研究生阶段所学专业与将从事的工作的相关程度"这一题项测量，从"非常低"到"比较高"赋值1—5分，3分表示"一般"。结果显示，家庭第一代和非第一代大学生硕士毕业后的工作—专业匹配度均值分别为3.22和3.37，均接近"一般"水平(见表15-4)。控制了其他变量的$Oprobit$回归进一步显示，两类硕士毕业生的工作—专业匹配度无显著差异($B=-0.104$，$p=0.106$)(见表15-5，模型2F)。

综上，家庭第一代大学生硕士毕业时在课程能力增值、科研获得感、深造机会及工作—专业匹配度方面与非第一代大学生趋同，但在全球胜任力和一线城市就业机会方面处于不利地位。

表15-4 两类硕士生的学业收获

变量		定义	家庭第一代大学生		家庭非第一代大学生	
			均值	标准差	均值	标准差
课程能力增值	学术能力增值	3个题项均值	3.76	0.70	3.71	0.80
	通用能力增值	5个题项均值	3.78	0.71	3.73	0.78

---

① 孙冉,梁文艳.第一代大学生身份是否会阻碍学生的生涯发展——基于首都大学生成长追踪调查的实证研究[J].中国高教研究,2021(5):43-49,108.
② 张华峰,赵琳,郭菲.第一代大学生的学习画像——基于"中国大学生学习发展和追踪调查"的分析[J].清华大学教育研究,2016,37(6):72-78,94.

（续表）

变量		定义	家庭第一代大学生		家庭非第一代大学生	
			均值	标准差	均值	标准差
科研 获得感	科研乐趣	1＝非常不同意 2＝比较不同意 3＝不好说 4＝比较同意 5＝非常同意	3.82	0.78	3.83	0.85
	科研意义		3.77	0.84	3.70	0.96
	科研品质		4.15	0.66	4.08	0.79
	科研能力		4.19	0.69	4.17	0.73
全球 胜任力	知识与理解	4个题项均值	3.58	0.65	3.69	0.68
	技能与经历	4个题项均值	3.83	0.55	3.90	0.62
	态度与价值观	4个题项均值	3.96	0.62	3.97	0.66
工作—专业匹配度[a]		1→5： 非常低→非常高	3.22	1.24	3.37	1.20
			人数	百分比	人数	百分比
一线城市就业[a]		0＝否	146	20.8%	69	13.7%
		1＝是	555	79.2%	434	86.3%
升学深造		0＝否	772	90.4%	550	88.1%
		1＝是	82	9.6%	74	11.9%

注：$N＝1478$。a.274名硕士生填写问卷时处于"拟深造""求职中""暂不就业"状态，故"工作—专业匹配度"和"一线城市就业机会"两个变量的样本量为1204。

表15-5　第一代大学生身份对硕士生毕业收获的影响[a]

	2A 课程能 力增值 (OLS)	2B 科研 获得感 (OLS)	2C 全球 胜任力 (OLS)	2D 深造 机会 (Logit)	2E 一线城市 就业机会 (Logit)	2F 工作—专 业匹配度 (Oprobit)
家庭第一代大学生[b]	0.038 (0.026)	0.026 (0.019)	−0.055* (−0.052)	−0.337 (0.188)	−0.429* (0.167)	−0.104 (0.064)
性别：男[c]	0.085** (0.059)	−0.045 (−0.033)	0.010 (0.01)	0.178 (0.199)	0.031 (0.173)	0.077 (0.069)
生源地：东部地区[d]	−0.009 (−0.006)	−0.017 (−0.013)	−0.011 (−0.01)	−0.188 (0.186)	0.074 (0.156)	0.047 (0.062)
民族：汉族[e]	0.122 (0.035)	−0.056 (−0.017)	−0.046 (−0.018)	−0.621 (0.390)	0.602 (0.346)	−0.004 (0.160)

（续表）

	2A 课程能力增值 （OLS）	2B 科研获得感 （OLS）	2C 全球胜任力 （OLS）	2D 深造机会 （Logit）	2E 一线城市就业机会 （Logit）	2F 工作—专业匹配度 （Oprobit）
本科院校：重点建设高校[f]	−0.011 （−0.006）	−0.055 （−0.031）	−0.020 （−0.014）	−0.446 （0.257）	0.240 （0.219）	−0.087 （0.093）
学科大类：理工农生[g]	−0.131** （−0.074）	0.090* （0.054）	−0.026 （−0.02）	0.323 （0.267）	−0.060 （0.225）	−0.473*** （0.088）
录取方式：推荐免试[h]	−0.008 （−0.005）	−0.002 （−0.002）	0.040 （0.037）	0.333 （0.208）	−0.164 （0.172）	−0.056 （0.068）
学位类型：学术型硕士[i]	−0.083** （−0.057）	0.031 （0.022）	−0.007 （−0.007）	0.810*** （0.193）	−0.054 （0.168）	−0.211** （0.068）
课程满意度	0.153*** （0.187）	0.312*** （0.402）	0.092*** （0.15）	0.181 （0.111）	0.025 （0.097）	0.226*** （0.039）
导师指导满意度	0.441*** （0.471）	0.204*** （0.231）	0.085*** （0.122）	−0.348** （0.119）	−0.007 （0.111）	0.138** （0.044）
课题数量：至少参加过一项以上课题[j]	−0.003 （−0.002）	0.063 （0.039）	0.019 （0.015）	0.021 （0.239）	−0.247 （0.210）	−0.104 （0.079）
讲座/沙龙活动参与频率	0.153*** （0.168）	0.118*** （0.138）	0.129*** （0.19）	0.089 （0.123）	−0.120 （0.103）	0.146*** （0.041）
参加勤工俭学[k]	0.052 （0.036）	0.058 （0.043）	0.043 （0.04）	−0.154 （0.192）	−0.210 （0.159）	−0.059 （0.065）
参加校外实习[l]	0.030 （0.02）	−0.033 （−0.023）	0.032 （0.029）	−1.699*** （0.192）	0.180 （0.168）	−0.094 （0.069）
参加跨境国际化教育活动[m]	−0.007 （−0.004）	0.055 （0.033）	0.246*** （0.191）	0.846*** （0.204）	−0.111 （0.191）	0.099 （0.077）
常数	0.908*** （—）	1.503*** （—）	2.727*** （—）	−0.861 （0.820）	1.564* （0.744）	— —
Pseudo R^2	0.394	0.332	0.149	0.145	0.021	0.040
N	1 478	1 478	1 478	1 478	1 204	1 204

注：a. 在 OLS 回归模型中，括号外为非标准化系数（B），括号内为标准化系数（β）；在 Logit、Oprobit 回归模型中，括号外为非标准化系数，括号内为标准误；b. 参照组：家庭非第一代大学生；c. 参照组：女；d. 参照组：中西部地区；e. 参照组：少数民族；f. 参照组：非重点建设高校；g. 参照组：人文社科；h. 参照组：全国统考；i. 参照组：专业硕士；j. 参照组：未参与过课题；k. 参照组：未参加过勤工俭学；l. 参照组：未参加校外实习；m. 参照组：未参加过跨境国际化教育活动。* $p < 0.05$，** $p < 0.01$，*** $p < 0.001$。

五、结论与启示

（一）研究结论

本研究使用阿斯汀的"投入—过程—产出"分析框架，对比了一所高水平研究型大学硕士研究生教育中的家庭第一代与非第一代大学生的背景、经历和收获。研究发现家庭和本科教育背景的不利效应叠加将家庭第一代大学生挤向了全国统考的赛道；进入研究生阶段后，家庭一代大学生在对家庭资源依赖度较低的本土及本土国际化教育活动上的参与表现并不逊色，甚至在讲座/沙龙这类对个体主动性要求较高的活动上显示出更高的积极性；与此同时，家庭文化资本给子女资源驱动型教育活动带来的差异仍延续到研究生教育阶段，这突出表现在第一代大学生在联合培养等跨境国际化教育活动上的参与度显著偏低。硕士毕业时，虽然两类学生在课程能力增值、科研获得感、深造机会及工作—专业匹配度方面与非第一代大学生趋同，但第一代大学生在全球胜任力和一线城市就业机会方面处于不利地位。

上述结论与已有将本科生为对象的研究发现既有共性，也存在差别，工作要求—资源理论（job demands-resources model）可对此做出一定解释。该理论指出，工作对个体生理、心理、社会角色或组织方面的要求，会给个体带来一定生理和心理消耗；而个体从工作中获得的心理、社会或组织资源能够减轻工作要求对其生理和心理的负性影响。[1][2] 通常情况下，高工作要求/高工作资源情境对个体的积极影响最为显著，而高工作要求/低工作资源情境则往往促使个体展现出消极的工作态度与行为。[3] 对科研课题、学术讲座/沙龙、校外实习、勤工助学、跨境国际化教育活动的特征深入分析发现，各类活动对学习者要求（如个人能力、精力、经济条件、毕业要求等）和学校资源（如学校提供的参与机会和支持条件等）存在差异，且随学段不同而发生变化。

[1] DEMEROUTI E, BAKKER A B, NACHREINER F, et al. The Job Demands-Resources Model of Burnout [J]. Journal of Applied Psychology, 2001,86(3):499-512.

[2] BAKKER A B, DEMEROUTI E, EUWEMA M C. Job Resources Buffer the Impact of Job Demands on Burnout [J]. Journal of Occupational Health Psychology, 2005,10(2):170-180.

[3] BAKKER A B, DEMEROUTI E. The Job Demands-Resources Model: State of the Art [J]. Journal of Managerial Psychology, 2007,22(3):309-328.

　　科研课题、讲座/沙龙等本土学术活动对本科生属于"高个人要求/中学校资源"活动,而对硕士生属于"低个人要求/高学校资源"活动。当前,我国本科阶段人才培养以通识教育和专业基础教育为主,本科生学术经验积累较少、深度参与学术活动资源有限。因此,来自家庭的建议指导对个体学术活动的参与及相关能力习得较为重要。而在研究生教育阶段,学生通过了研究生招生中关于学术兴趣和能力的基本考核,人才培养的学术资源也更多向研究生倾斜,研究生学位授予标准对毕业生的学术能力也提出了更高要求。因此,硕士生读研期间在学术活动参与和相关能力习得上对家庭资源的依赖更低。

　　校外实习、勤工助学等本土实践活动在本科阶段属于"中个人要求/中学校资源"活动,而在硕士教育阶段则是"中个人要求/高学校资源"活动。从个人要求的角度看,本科生和硕士生的校外实习和勤工助学岗位,工作难度通常在其知识和能力范围之内。但是,从学校资源的角度看,高校为研究生提供了数量更多、薪酬更高的"三助一辅"岗位;且硕士生课余时间更为集中,参与带薪实践的可能性更高。因此,在研究生教育阶段,校外实习、勤工助学等有偿工作对家庭经济资本相对匮乏的第一代大学生更具吸引力。

　　跨境国际化教育活动在本硕阶段均可视作"高个人要求/低学校资源"的活动。当前,高校本科和研究生招生考核内容虽涉及跨文化素养,但所占权重不大,且考核重点为学生外语读写水平,较少关注学生跨文化视野及交流能力。因此,国际化能力并不出众的学生依然能凭借良好的专业成绩获得本科和研究生教育机会。入校后,因跨境国际化教育机会稀缺,相对狭窄的跨文化视野及薄弱的外语交流能力往往使得家庭第一代大学生难以获得参与机会。此外,第一代大学生本科就读于非重点建设高校的比例偏高,跨境学术交流资源更为稀缺,这进一步加剧了该群体在国际化教育活动参与及相关能力习得上的不利地位。

(二) 研究启示

　　上述发现向我们释放了乐观的信号,即相对匮乏的家庭经济和文化资本并未阻碍家庭第一代大学生读研期间对本土教育活动及本土国际化教育活动的积极参与和能力习得。与此同时,研究结果也警示我们,家庭第一代大学生读研期间的努力"追赶"未能完全突破家庭经济资本劣势带来的限制,他们硕士毕业时在全球胜任力和一线城市就业机会上的短板仍然突出。家庭背景和本科教育的缺位之处正是研究生教育的可为之处。高校可从以下方面介入,优化家庭第一代大学生的就学体验。

第一,完善课程体系建设,提升课程育人质量。第一代大学生更可能来自非重点建设院校,且更可能通过全国统考的方式获得硕士生教育入场券。非重点建设院校的优质教育资源供给往往落后于重点建设院校。不少高水平研究型大学本科生司空见惯的教学方式及仪器设备,在非重点建设高校学生课堂上并不常见,导致家庭第一代大学生读研期间在专业课上往往面临更大的挑战。有鉴于此,高校有必要进一步完善课程体系。一要引导任课教师转变教学观念。进入研究生阶段后,学生的学习任务逐渐由中小学阶段的"学习已知知识"转变为"探索未知知识",在这条探索的道路上,任课教师的主要任务不在于"手把手"教学,而是构建知识体系的"大地图",鼓励学力不足的学生充分利用本科或网络课程资源,弥补不足、迎头赶上。二是有条件的学校可根据课程内容难度进行分级授课,鼓励学力不足的学生必修先修课程,以满足学生个性化需要,使每个学生都能在各自原有的基础上得到充分发展。

第二,加强研究生教育的国际化建设,提升学生国际化能力。"培养大批具有国际视野、通晓国际规则、能够参与国际事务和国际竞争的国际化人才"已成为我国高等教育的重要任务。[①] 当前,家庭第一代大学生在国际化教育活动上的参与度较低,这对其国际化能力、深造机会获得产生了负面效应。通常而言,相对匮乏的家庭文化资本一方面容易导致家庭第一代大学生在成长过程中难以获得充分的跨文化训练,从而缺乏参与国际化教育活动的意识、勇气及能力;另一方面容易导致其在国际化教育活动的信息获取、经济支付、考核遴选等方面存在劣势。结合高校国际化战略,高校可进一步提高本土国际化教育资源的供给,跨境国际化活动的宣传、选拔和资助可以适当向家庭第一代大学生倾斜,以提升其参与意愿和机会。[②]

第三,给予家庭第一代大学生发展型资助支持,减少相对不利的家庭环境给其学业带来的负面影响。作为"读书的料"的家庭第一代大学生在读研之后往往面临着比非第一代大学生更大的经济压力,他们"很清楚家长能付得起什么,不

---

① 中华人民共和国教育部. 国家中长期教育改革和发展规划纲要(2010—2020 年)[EB/OL]. (2010 - 07 - 29)[2022 - 01 - 20]. http://www.gov.cn/jrzg/2010-07/29/content_1667143.htm.

② 岑逾豪,江雨澄,刘俭. 本科生海外访学的成效及影响因素研究[J]. 清华大学教育研究,2020,41(3):110 - 121.

能付得起什么"。① 他们从相对不利的成长环境中形成的勤奋、懂事、感恩、体谅等品质往往使其很容易感受到父母的不易,以及家庭为自己求学所作出的牺牲,由此背负上沉重的道德负担。这使得他们读研期间较少参加跨境国际化活动等对资源要求较高的活动,而更愿意参加"讲座/沙龙""勤工俭学"等无资源要求甚至带来经济收益的活动。建议高校树立发展型资助理念,将资助与育人有机结合。具体而言,一方面规范"三助一辅"岗位的选拔、培训与考核工作,引导研究生将"三助一辅"工作与本专业知识、未来职业发展规划相结合,进而强化"三助一辅"的培养功能。另一方面,有条件的高校可为低收入家庭设置资源驱动型教育活动专项基金,将直接的经济补贴转化为鼓励其投入有效教育实践的支持奖励,引导研究生将宝贵的时间和精力投入到有利于其能力和未来发展的活动中。

　　需要指出的是,本研究仍存在一些局限。首先,本研究样本来源于一所研究型大学而非全国性调查数据,可能会对研究结论带来一定影响,但这也在客观上有效避免了地区和校际差异给研究结果带来的干扰。此外,受数据所限,在本研究中,仍有一些与家庭第一代大学生读研经历紧密相关的问题未得到分析,如家庭第一代大学生在硕士阶段的占比较本科阶段是否偏高? 家庭第一代大学生身份是否给硕士生学习成绩、工资收入、工作满意度等带来不利影响? 以上问题,希望在后续研究中有所突破。

---

① 安妮特·拉鲁. 不平等的童年[M]. 张旭,译. 北京:北京大学出版社,2009:58.

主要参考文献

［1］ ASTIN A W. Student Involvement：A Developmental Theory for Higher Education ［J］. Journal of College Student Personnel，1984,25(4)：297－308.

［2］ HUNTER B，WHITE G P，GODBEY G C. What Does It Mean to be Globally Competent? ［J］. Journal of Studies in International Education，2006,10(3)：267－285.

［3］ LUYCKX K，SCHWARTZ S J，GOOSSENS L，et al. Processes of Personal Identity Formation and Evaluation Handbook of Identity Theory and Research ［M］. New York：Springer，2011：77－98.

［4］ MAINHARD T，RIJST V D，WUBBELS T. A Model for the Supervisor-Doctoral Student Relationship ［J］. Higher Education，2009,58(3)，359－373.

［5］ RENN K A，ARONLD K D. Reconceptualizing Research on College Student Peer Culture ［J］. The Journal of Higher Education，2003,74(3)：261－291.

［6］ ROBST J. Education and Job Match：The Relatedness of College Major and Work ［J］. Economics of Education Review，1993,26(4)：397－407.

［7］ SCHAUFELI W B，BAKKER A B，SALANOVA M. The Measurement of Work Engagement with a Short Questionnaire：A Cross-National Study ［J］. Educational and Psychological Measurement，2006,66(4)：701－716.

［8］ 鲍威,张倩.扩招后我国研究生入学选择的实证研究[J].复旦教育论坛,2009,7(5)：5－11.

［9］ 岑逾豪.大学生成长的金字塔模型——基于实证研究的本土学生发展理论[J].高等教育研究,2016,37(10)：74－80.

［10］程伟华,张海滨,董维春.从"规模扩张"到"提质增效"：新时代来华留学研究生教育转型与制度重构[J].学位与研究生教育,2018(12)：32－38.

［11］高耀,杨佳乐,沈文钦.学术型硕士生的科研参与、科研产出及其差异——基于2017年全国研究生离校调查数据的实证研究[J].研究生教育研究,2018(03)：36－44.

［12］牛晶晶,周文辉.谁更愿意读博士——学术型硕士研究生读博意愿影响因素分析[J].中国高教研究,2021(04)：82－88.

［13］石中英.论专业学位教育的专业性[J].学位与研究生教育,2007(01)：7－11.

［14］汪霞.研究生课程的衔接性设计：原理、经验与策略［J］.研究生教育研究,2019(03)：22-28.

［15］王战军(主编).中国学位与研究生教育 40 年(1978—2018)［M］.北京：中国科学技术出版社,2018.

［16］文东茅,陆骄,王友航.出国学习还是校本国际化?——大学生国际化素质培养的战略选择［J］.北京大学教育评论,2010,8(01):17-26.

［17］于菲,邱文琪,岳昌君.我国研究生就业状况实证研究［J］.学位与研究生教育,2019(06):32-38.

［18］张华峰,赵琳,郭菲.第一代大学生的学习画像——基于"中国大学生学习发展和追踪调查"的分析［J］.清华大学教育研究,2016,37(6):72-78,94.

［19］张应强,姜远谋.后疫情时代我国高等教育国际化向何处去［J］.高等教育研究,2020,41(12):1-9.

［20］朱晓文,韩红.家庭背景与大学生学校归属感:人际网络的多重中介作用［J］.复旦教育论坛,2018,16(03):80-88.